贵州省白酒行业
知识产权保护研究

童俊 著

WUHAN UNIVERSITY PRESS
武汉大学出版社

图书在版编目(CIP)数据

贵州省白酒行业知识产权保护研究／童俊著 . -- 武汉：武汉大学
出版社，2024. 12. -- ISBN 978-7-307-24709-3

Ⅰ. D927.730.34

中国国家版本馆 CIP 数据核字第 202417M7U2 号

责任编辑:郭　静　　责任校对:鄢春梅　　版式设计:马　佳

出版发行: **武汉大学出版社** 　（430072　武昌　珞珈山）

（电子邮箱：cbs22@ whu.edu.cn　网址：www.wdp.com.cn）

印刷:武汉邮科印务有限公司

开本:720×1000　1/16　印张:20.5　字数:332 千字　插页:1

版次:2024 年 12 月第 1 版　　2024 年 12 月第 1 次印刷

ISBN 978-7-307-24709-3　　定价:99.00 元

前　言

为了深化对贵州省白酒行业知识产权保护的理解，本书对贵州省白酒行业知识产权保护进行了分析。本研究不仅限于对现有政策和法规的解读，更重要的是，我们试图探究相关政策在实际应用中的效果，以及它们如何影响贵州省的白酒行业，尤其是在促进技术创新和文化保护方面的作用。

首先，详细分析了贵州省白酒行业的当前状况，包括产业规模、市场结构、技术发展水平及其在全国乃至全球白酒市场中的地位。通过分析，揭示贵州白酒行业面临的主要挑战，包括但不限于市场竞争加剧、技术创新需求增加以及知识产权保护的复杂性增强等问题。

其次，分析了知识产权保护在贵州省白酒行业发展中的重要性。这包括对地理标志保护的重要性进行的深入研究。地理标志不仅是一种重要的知识产权形式，更是地区文化和历史的体现。本书分析了如何通过加强地理标志保护，提升贵州白酒的品牌价值，从而增强其市场竞争力。

最后，研究了专利权在白酒行业的应用及其重要性。在技术日新月异的今天，保护创新成果已成为促进技术进步和产业升级的关键。本书讨论了如何通过专利保护，激励企业和个人进行技术创新，以及这些创新成果如何帮助贵州省白酒行业保持其竞争优势。

在具体案例分析方面，特别关注了茅台酒的知识产权保护。作为贵州省乃至中国白酒行业的标杆，茅台酒的知识产权保护不仅关系到企业自身的利益，更影响着整个行业的健康发展。本书详细分析了茅台酒在知识产权保护方面的实践，包括其在品牌建设、技术创新和文化传承方面的经验，以及这些经验如何为其他白酒企业提供借鉴。

在政策分析方面，本书深入探讨了《知识产权强国建设纲要（2021—

2035）》《"十四五"国家知识产权保护和运用规划》以及《贵州省知识产权"十四五"规划和 2035 年知识产权强省建设远景目标纲要》等政策文件。本书还分析了这些政策在促进贵州省白酒行业知识产权保护方面的具体作用，以及如何通过这些政策更好地推动产业发展。

最后，提出了一系列具体的对策建议。这些建议旨在解决研究过程中发现的问题，同时也为政府部门、企业以及相关机构在知识产权保护和应用方面提供指导。这些建议涵盖了加强政策制定和执行、提升企业知识产权意识、加强知识产权执法和司法保护、促进知识产权的国际合作等多个方面。

本书的编写宗旨就是希望能够为贵州省白酒行业的知识产权保护提供全面、深入、切实可行的指导和建议。同时，也希望这些研究成果能够对中国乃至全球的知识产权保护和产业发展产生积极的影响。在知识产权日益成为全球竞争的关键因素的今天，相信本书的研究成果将对推动相关领域的发展具有重要的作用。

目　　录

第一部分　理论篇

第二部分　实证篇

第三部分　未来研究的讨论

第一章 绪 论

第一节 研 究 背 景

对于中国来说，酒业的国际化融合需要让中国的酒"走出去"，也需要其他的酒"走进来"。在新的经济发展背景下，酒业国际化融合迎来了新的机遇。中国白酒专利发展经过了萌芽期、过渡期、发展期、高峰期4个时期，专利总量是不断增加的，但是过渡期较长。从发展速度来看，各大企业的投入力度只增不减，其发展速度在"十二五"期间达到顶峰。2000年以前是由最初的萌芽期过渡到缓慢发展时期，呈线性趋势，发展水平低，专利数量较少；2000年至2006年由萌芽时期到过渡时期，专利数量变化高低不定，呈现跳跃式增长，但总体申请量增幅不大；2006年至2013年，国内白酒专利申请量由过渡时期走向高速发展时期，并且在2013年到达顶峰；但2013年之后，白酒产业专利申请数量出现下滑，整个白酒行业的专利发展遇到了瓶颈期。另外，全国白酒专利主要分为发明授权、实用新型、外观专利3种类型，其中，外观专利和发明专利所占的比重较大。据最新数据统计，四川省在数量上遥遥领先，共有10252件，在全国占比19%，其次是江苏省，共有7552件，在全国占比14%，贵州省则排到全国第10位，占比5%。这说明贵州作为白酒强省与白酒产业专利发展没有形成正相关，与同为"中国白酒金三角"地区的四川省相比，四川省排名全国第1，贵州省则排名第10，专利总量上只有四川的30%，可以说竞争力有待提高。①

酒产业是贵州省经济支柱产业，对国家的经济发展作出了巨大贡献，并且

---

① 数据来源：国家知识产权局、贵州省知识产权局。

带动相关制造业的发展，特别是以茅台为首的贵州白酒在全国白酒产业中占有举足轻重的地位。近年来，国内白酒产业发展可谓异军突起，贵州省白酒产业也发生了历史性的变化，以茅台镇为核心地区，各个产业集群的组合，各种白酒品牌的打造，让白酒产业呈现一片新气象。但总体来讲，贵州白酒企业在产业上重数量轻质量；在区域规模上，茅台镇地区产业越扩越大，其他地区发展却相对缓慢；从贵州白酒行业知识产权保护上来说，假冒伪劣产品肆意横行，专利类型发展不均衡，保护和使用上没有得到有效转化。贵州白酒产业专利申请始于1985年，截至目前申请并已公开的专利3063件。到2010年之前，贵州省白酒相关专利申请处于尝试和探索阶段，自2010年至2012年，专利申请进入高发期，每年专利申请量以数百件跨越式增长，2013年达到发展峰值396件，自2013年至2015年，专利申请量有所下滑，幅度较小，可忽略不计，但2015年下滑幅度接近50%，可以称为转折期，从2016年开始，申请量开始持续上升。①

在科技创新的背景下，知识产权的重要性日渐被人们所认识，但是由于白酒制造业不同于高新科技行业，对知识产权的敏感度不够，所以贵州省白酒制造业面临着极大的知识产权风险。这突出地体现在以下几个方面：第一，在专利方面，职务发明未及时申请保护；产品外观设计经常被他人抢先注册；一些专利权经常因为没有得到很好的维护而失去效力；专利的转让许可利用不充分。第二，在商标权方面，商标注册前缺少商标检索，因此有与他人在先权利上发生冲突的风险，商标设计上也存在不符合商标注册规定的地方，存在商标申请被驳回情况，还存在商标抢注、档案管理不当、丢失等问题。第三，在著作权方面，没有采取很好的保护措施，一些老字号涉及历史文化方面的著作权权属纠纷，如文化墙诗词的著作权纠纷。第四，在商业秘密方面，还存在商业秘密保护制度不完善、商业秘密保护力度不够、商业秘密管理机构缺失等问题。上述风险的大量存在表明，贵州省建立健全白酒产业知识产权风险防控体系已迫在眉睫。

---

① 数据来源：贵州省知识产权局。

第二节　国内外相关研究的学术史梳理及研究动态

一、酒的品牌角度

何冰（2013）从茅台等品牌的商标争议案例出发研究白酒知识产权的保护问题。赵青（2017）从茅台酒品牌被否研究了规范商标注册的问题。林鸣（2007）认为贵州茅台等国内驰名酒业知识产权品牌不断遭到侵权，已经严重危害了我国知名白酒产业的发展，白酒业知识产权的建立和维护已经刻不容缓；以徐乃仪、周新虎（2004）等为代表的学者研究了洋河股份的白酒知识产权保护问题，提出洋河股份保护知识产权中的可借鉴经验：加强商标、专利、著作权的保护力度，提高重视程度，制定实际的奖励制度等；赵忠义（2015）等人研究河套酒业的知识产权保护问题；杨力（2016）研究了重庆白酒品牌诗仙太白的商标保护问题，提出了制定战略、建立管理体系、突出核心商标等建议来保护白酒知识产权；刘丽华（2009）以杜康品牌为案例，研究了白酒知识产权的保护问题；李大和（2009）研究了剑南春酒的专利技术保护问题；李婵、张文德（2014）研究了著作权中网络信息资源著作权的风险评估指标体系构建问题。

二、白酒的不同地域分布角度

戴玉斌（2001）研究了阜阳市地区的酿酒企业保护知识产权的方法，其综合运用制度保护，利用新科技来打击假冒伪劣产品，保护企业合法权益，新的防伪技术促进了企业的品牌建设，保护了知识产权。周正署（2013）、杨柳、雷蓉等学者（2012）研究了川渝地区的白酒知识产权保护问题，认为应该发挥行业协会的作用，并加强质量管理体系的建设，集中管理川渝地区白酒品牌以达到保护该地区白酒知识产权的目的；田培沛、朱双庆等学者（2016）以安徽省的白酒上市企业为案例研究了安徽地区的白酒知识产权保护问题，重点研究了安徽地区的古井贡酒、金种子酒的专利保护问题，建议通过专利布局，增强意识，整合资源，以提高利用效率的方式来保护安徽地区白酒制造业的知识产权，从而促进该地区的经济效益发展。

三、知识产权的客体分类角度

吴汉东（2011）、冯小青（2005）、田培沛等学者（2016）从专利角度研究了知识产权的保护问题，田培沛则具体从安徽白酒企业的专利保护入手研究，并给出了通过完善专利布局，增强专利利用意识，提高专利利用效率的建议；戴玉斌（2001）从专利制度保护的角度研究，提出专利制度保护可以从根本上促进专利技术的创新发展；黄君（2012）研究了外观专利侵权问题，以案例的方式研究了我国白酒制造业内的专利权属纠纷问题；何冰（2013）、赵青等学者（2017）从商标角度研究白酒品牌的知识产权保护问题，建议白酒制造业在保护知识产权中要注重商标的规范注册、后续维护等。卢劼心、银莉等学者（2017）从商标权的质押融资角度出发，以乌毡帽酒业为研究对象，研究了我国白酒制造业知识产权的有效利用问题，总结出知识产权融资过程中容易出现的评估不规范、交易费用较高、由于交易平台不完善而导致潜在的风险问题，并提出完善交易平台、规范估值标准等建议；李杰、付新红等学者（2012）从专利信息角度研究，通过区域分析、竞争对手分析、专利技术分析研究中国白酒制造业和川渝板块的专利信息，以达到保护我国白酒制造业知识产权的目的；杨永（2012）通过分析我国白酒制造业地理标志的保护现状，提出白酒地理标志是促进经济发展的重要部分，建议完善我国地理标志产品的法律体系，来促进我国白酒制造业的产业发展和国民经济的发展；廖伯明（2006）通过广西某企业的商号纠纷案例研究了白酒知识产权中商号的保护问题，认为该案例产生的原因主要在于市场主体忽略了知识产权的重要性，在合作过程中没有知识产权的保护意识，建议市场主体提升知识产权的保护意识。陈小奇、李湘云（2006）通过"蒙牛酒业"与"蒙牛乳业"的商标商号冲突问题，研究了不正当竞争和商标抢注问题的解决办法。

四、法律角度

何帆、陈天华（2014）认为在各国各行业知产识权保护被提上日程，知识产权制度日渐完善的大时代背景之下，我国白酒知识产权保护却存在缺位问题，表现在我国关于白酒知识产权保护的立法数量不够、质量不高、司法实践中对侵犯白酒知识产权的行为打击力度不够等。建议政府从立法、执法和司法角度同时着力，构建一套行之有效的白酒知识产权法律保护体系；万敏（2010）认为企业知识产权的法律保障是企业知识产权发展的基础条件。黄君（2012）在吴汉东、刘斌斌等学者对在知识产权法研究的基础上对白酒知识产权中的权利用尽在外观专利中的适用问题进行了研究。

五、已有文献的评述

以上学者对我国白酒制造业知识产权保护研究的共同点是认为我国白酒制造业知识产权保护存在不足，知识产权保护的发展与企业经济发展不相匹配，认为我国白酒制造业的知识产权保护应该得到应有的重视。

就研究内容而言，以案例分析的方法来研究某一企业或者某一区域的知识产权保护问题，从专利、商标、地理标志产品的保护角度入手的多，全面研究的少；多数学者从管理、制度或者法律角度出发，很少有从知识产权风险防控体系角度研究的。

就研究对策而言，已有文献普遍缺乏理论的指导，即使个别文献以理论为依据，但整体思维性不强，存在着理论与实践脱节的现象。

第三节　研究内容

本课题主要关注的问题有：（1）对贵州省白酒产业知识产权风险防控的现状进行调研。（2）对贵州省白酒产业知识产权风险防控体系进行分析。基于研究问题及文献梳理，本课题建立如图 1-1 所示的研究框架及技术路线图：

具体研究内容如下：

1. 收集分析贵州省白酒产业知识产权风险防控的现状并分析存在的问题。从知识产权的客体、酒的品牌、地域分布、保护方式等方面展开，主要分析贵州省酒产业专利、商标、地理标志等知识产权现状及存在的问题。

2. 调研有代表性的白酒企业作为案例进行研究。选取贵州茅台集团的专利权、商标权、著作权、商业秘密、非物质文化遗产等为研究对象，分析其在管理机构的设置、管理制度的建立、风险防控等方面的特点，同时分析存在的问题。

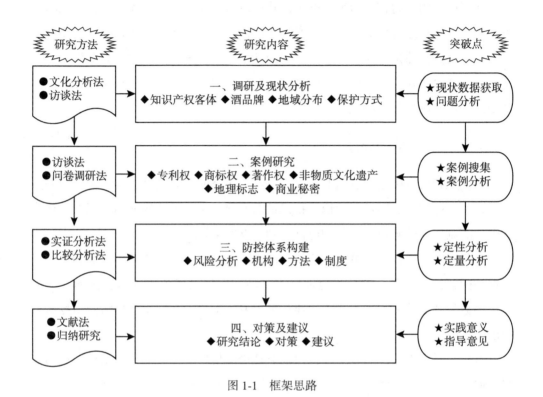

图 1-1　框架思路

3. 构建贵州省白酒产业知识产权风险防控体系。以贵州茅台酒的知识产权数据为基础，研究白酒产业在专利权、商标权、著作权、商业秘密、非物质文化遗产、地理标志等方面的风险，重点从机构、方法和制度三个方面研究贵州省白酒产业知识产权风险防控体系。

4. 谋划"政产学研介"共同推动贵州省白酒产业发展的知识产权对策与建议。总结上述研究结果，从白酒产业、相关企业发展过程中的知识产权需求出发，对贵州省白酒产业知识产权风险防控体系的建设提出相关建议。

第四节　研　究　方　法

本研究主要运用案例分析法和文献分析法，另外通过采取定量与定性分析相结合、时间和空间比较相结合的方法，多视角考察贵州省白酒产业知识产权风险防控存在的问题、改进的重点环节和重点方面以及可能存在的优化路径。

1. 文献分析法。研究各个时期国内外的酒产业相关文献,了解酒产业知识产权风险防控的研究现状、优势以及不足。充分了解酒产业的知识产权风险有哪些,观点研究有哪些,从而对本研究奠定基础。

2. 案例分析法。案例分析法是本研究的重要分析方法,通过实地调研和书报、杂志、电视广播等途径搜集贵州省白酒企业相关案例资料。特别研究茅台集团的相关案例,筛选适合本研究的案例分析,将案例中研究推论出的观点推广到白酒行业。

3. 实证分析法。在实证分析的基础上,研究贵州省白酒产业的知识产权防控体系,从而客观地揭示白酒企业在知识产权防控方面存在的问题、改进的重点环节和重点方面,以及未来的发展趋势。进行实地调研并获得数据是本研究的基础,同时在实地调研数据的支撑下进行实证研究。

4. 比较分析法。主要集中在贵州省白酒产业的区域分布之间,知名企业之间,与国内外行业之间在酒的风格、特色、规模与增长、发展趋势、经营策略、政府规制、行业管理和社会责任等方面异同的比较,从多个角度来揭示贵州省白酒产业知识产权保护的现状、存在的问题与差距。

第五节　创　新　点

1. 研究内容丰富。从知识产权的客体、酒的品牌、地域分布、保护方式等角度出发,主要分析贵州省酒产业专利、商标、地理标志等知识产权现状及存在的问题,完善基于贵州省白酒产业的知识产权管理体系。借鉴其他地区的管理模式,提出适合贵州省白酒产业的知识产权管理模式。

2. 研究视角独到。现有对白酒产业的研究主要集中在企业或行业市场营销、品牌经营、产业结构等方面,鲜有从知识产权层面对白酒产业进行研究,尤其对贵州省白酒产业知识产权风险防控的研究较少,本研究作为该层面的一个尝试,弥补了现有研究的不足。

3. 研究方法多样。评估贵州省白酒产业知识产权风险防控存在的问题。运用定量分析与案例分析相结合的方法分析评估贵州省白酒产业知识产权风险防控存在的问题，并提出适宜贵州省白酒产业的知识产权风险防控的方法。

　　4. 研究数据最新。本书所用研究对象的地理标志、商业秘密等相关数量、数据全部为一手资料，商标、专利等数据检索结果均为目前最新结果。

第一部分　理论篇

第二章　酒类知识产权风险防控研究现状

第一节　国外酒类产业知识产权风险防控现状

一、法国

法国在知识产权的保护上，为了葡萄酒在市场上不被冒牌商品侵害，1905年8月1日颁布法令确定了对地理标志的保护，不允许有假冒生产地。1935年7月30日颁布法令制定了葡萄酒和烈性酒的地理标志制度（简称 AOC 制度）并成立行政监督机构。但是1935年法令仅针对葡萄酒和烈性酒，直到1990年才扩大到其他产品上，并替代了之前的原产地名称制度，原产地名称被引入《原产地名称保护法》。1994年将地理标志保护纳入第94-2号法，该法让所有农产品都受到保护。随后关于地理标志的法律被纳入《消费者法典》。①

为了统一原产地名称保护制度和扩大 AOC 制度保护范围，葡萄酒和烈性酒国家委员会更改为国家原产地名称局（简称 INAO），同时成立了调查委员会、INAO 国家委员会。INAO 国家委员会具有认可 AOC 和确定生产条件的决策权，主要性质是咨询、决策机构，其中包括酒类、农产品类和其他类产品的国家委员会。至此，受监控原产地名称在 INAO 统一注册、监督和保护。在保证了行政部门制度的系统性前提下，各个部门工作更加流畅。除了 INAO，行业协会也参与其中。虽然行政管理机构较多，但多是在法国政府的统一管理下进行并且互不干

---

① 赵桂生 . 法中两国葡萄酒地理标志保护对比探析［J］. 酿酒科技，2014（10）：132-136.

涉。法国对地理标志是进行统一注册的，想要获得注册保护，就必须成立相关行业协会，其间行业协会作为申请主体，所有准备的申请材料需要递交到 INAO，INAO 对地理标志产品的地域及范围、生产标准进行制定，然后报告给国家委员会。法国的地理标志具有无形资产及文化遗产的性质，认为其是在公法和公权的范畴，国家必须对其保护和监督。这体现出法国的地理标志申请注册更像是以产品保护和共同财产的形式，不具有私利性。

法国的 AOC 是其保护地理标志的根基，一些行业协会有一定的行政职能，参与保护管理，发挥了重要作用，目的是保护葡萄酒产品，单独立法和配套机制表现其重视程度。其执行力在国际上有很大的影响，成了地理标志针对性立法保护的范例，为许多国家制定地理标志保护制度提供借鉴。

二、日本

在知识产权的保护方面，日本在 2003 年《知识产权推进计划》提出设立专门知识产权法院。2004 年召开的第 159 次国会通过《知识产权高等法院设置法》，以该法作为法理基础，2005 年 4 月 1 日东京高等法院下设一个特别支部，即知识产权高等法院。伴随东京知识产权高等法院的成立，发生了一些制度性变化：在管辖权方面，2003 年修订了《民事诉讼法》，规定：技术类民事诉讼案件一审仍分别由东京地方法院和大阪地方法院专属管辖，二审改由东京知识产权高等法院专属管辖，三审由日本最高法院管辖；非技术类案件一审由东京地方法院和大阪地方法院竞合管辖。由此，提高了东京地方法院和大阪地方法院的集中度，同时赋予东京知识产权高等法院对于技术类案件的二审专属管辖权；在配套制度方面，东京知识产权高等法院还导入大合议、技术调查官、专门委员等制度，旨在提高知识产权审判效率和增强法律判断的一致性。[1]

2014 年 6 月 18 日，日本颁布了《特定农林水产品等名称保护相关法律》（即《地理标志法》），建立了相关农林水产品的地理标志保护制度，主管行政机构是农林水产省。而早在 1994 年，日本国税厅基于《关于酒税保全及酒类行

---

① 刘影. 日本知识产权制度的历史考察及启示 [J]. 国外社会科学前沿，2020（11）：28-35，95.

业组织等的法律》（以下简称《酒类行业组织法》）已经制定了《地理标志标识标准》（已废止），以应对《与贸易有关的知识产权协定》要求的对葡萄酒和烈性酒（蒸馏酒）提供特殊的保护。酒类地理标志由日本国税厅管辖是因为在日本酒类行业的行政管理职能主要是由日本国税厅承担。[1]

2005 年，日本国税厅对上述标准进行了部分修订，将继承传统技能的特产清酒纳入制度保护范围。但实际上日本国税厅长官指定的酒类地理标志数量并不多。从 1994 年底制度设立到 2015 年的 20 年间，只指定了 6 件酒类地理标志。针对这一情况，日本国税厅经过分析，认为酒类地理标志制度未能得到充分利用的原因之一是未制定具体明确的地理标志指定标准。为提升日本产酒类产品的品牌价值、促进地理标志的有效运用，日本国税厅认为必须明确地理标志指定标准，打造消费者易于接受的统一的标识标记规则。2015 年 10 月 30 日，日本国税厅颁布了《酒类地理标志相关标识标准》（以下简称《标识标准》）将所有的酒类都纳入制度保护范围，并根据《标识标准》制定了更为翔实的《酒类地理标志指南》（以下简称《指南》）。2017 年 3 月，日本国税厅再次修订了《标识标准》。

一般来说，知识产权是根据申请日决定权利的先后关系。但根据《标识标准》，地理标志的指定是由日本国税厅长官依职权设定。因此，地理标志根据指定日决定权利的先后关系。根据《日本商标法》第 4 条第 1 款第 17 项（葡萄酒或蒸馏酒的产地标志）的规定，日本特许厅长官指定的葡萄酒或蒸馏酒产地标志不得被作为商标进行注册。目前，日本国税厅长官指定的葡萄酒和蒸馏酒地理标志已被日本特许厅长官进行了指定。因此，已经指定的葡萄酒或蒸馏酒的地理标志不得作为商标注册。但关于清酒及其他酒类的指定地理标志是否能作为商标进行注册，目前没有明确的规定。[2] 根据商标法的相关规定，如果不是作为地域团体商标，应不可注册。此外，根据日本特许厅发布的通知，由于"日本酒"被日本国税厅长官指定为地理标志，在提交商标注册申请时，指定商品或服务的名称

---

[1]　邹剑.日本酒类地理标志保护制度初探 [J].中华商标，2022（8）：46-50.

[2]　孙玉芸.美国知识产权战略的实施及其启示 [J].企业经济，2011，30（2）：187-189.

中不得含有"日本酒"字样。

三、美国

在知识产权上，1905 年美国的商标法对地理名称进行了法律保护，但当时只是对地理名称作为财产保护而不允许对地理名称私有。随着贸易发展，商标开始受到重视，美国加入了《TRIPS 协议》的国际性知识产权协定，美国为了履行其义务，不断完善商标法，同时加强了对葡萄酒与烈性酒的保护，最终形成了统一的《兰哈姆法》，该法对地理标志保护作出了明确规定。

美国的专利商标局对地理标志负责主要监管。地理标志普通商标和《兰哈姆法》中规定的商标注册都受到同等的保护，但作为商标的标记需有显著性，或者通过商业用途具有其他显著性。无论是作为哪种类型的商标来注册地理标志，注册机构不会制定生产、质量等相关标准，而是由申请地理标志的主体来制定相应的标准来规范地理标志其他使用人。作为证明商标的地理标志由政府进行管理，不破坏地理标志的合理性和符合条件的生产商可以使用证明标志，但地理标志使用人不等于所有人。美国对于地理标志的注册程序就比较简单，与普通商标注册无太大区别，但在使用权限上却体现出不同，明确规定，作为集体商标的申请主体不能是个人，而是社会组织或团体，注册后所有人也应是社会组织或团体，使用人是符合条件的多个主体共同使用。集体商标的使用权只有申请成员拥有，而证明商标的使用不同，如果其他商品或服务能够执行证明商标的标准，其商品就能使用同一商标。这时，保护实践就有一定的复杂性。

美国的酒类产品地理标志不是通过商标法体系进行保护，而是联邦政府发布的行政规章进行独立保护。[①] 美国烟酒税贸局（简称 TTB）对酒类地理标志负责。同时美国还用标签制度来划分葡萄酒和烈性酒，具体则需要申请美国葡萄栽培区（简称 AVA），但该地理标志只表明葡萄酒产自某地。申请条件有：葡萄酒地理标志与葡萄栽培区有一定联系并在该区域或国内有一定声誉；该区域存在的历史证据；该栽培区与其他栽培区的地理区别等。相比注册商标，葡萄酒和烈性

[①] 孙玉芸. 美国知识产权战略的实施及其启示 [J]. 企业经济，2011，30（2）：187-189.

酒的保护特别之处不仅体现在法律规章中，还体现在设立专门的行政机关对其进行的特殊保护上。

四、其他国家

在其他国家对酒类知识产权的保护中，澳大利亚采用的是不同途径下的保护制度。相对于美国，澳大利亚的产品质量保护要宽松得多，因为澳大利亚有自己的法律体系。澳大利亚的法律规定是针对侵犯商品的，如果有虚假的广告和欺骗消费者的标识，可以被处以有期徒刑或者罚款（澳元）。从澳大利亚地理标志保护制度起源及演进考察，发现澳大利亚对于葡萄酒地理标志保护可以从欧澳葡萄酒贸易协定开始，考虑到本国葡萄酒业的情况，澳大利亚制定了自己的保护制度，虽然体系还不够完善，但这也是一个正在成长和发展的趋势。[①]

由此可见，澳大利亚在地理标志的保护上，采取了一种非常多元的方法，一方面利用商标法来保护大部分商品，另一方面，还制定了一种特殊的法律，专门针对澳大利亚的葡萄酒。

第二节　国内酒类产业知识产权风险防控现状

一、中国酒业协会

中国酒业协会先后成立了知识产权保护工作委员会、反侵权假冒工作委员会，是在酒业知识产权保护方面的有益探索，并联合政府、企业等各方力量，实现资源整合、优势互补。每年开展"酒类行业商标保护情况问卷调查"工作，根据调研情况进行专题案例研究并形成行业商标保护工作发展报告对外发布。[②]

[①]　张晓，诸琳. 澳大利亚知识产权保护措施的特点及对我国的启示 [J]. 中国管理信息化，2016，19（16）：128-129.

[②]　"中国酒业协会知识产权保护委员会"正式成立 [J]. 中外酒业·啤酒科技，2020（19）：52.

中国酒业协会的两个分支机构主要围绕"保护"和"维权"两个方面发挥作用，重点开展四个方面的工作。一是做好基础性的保障工作。与中华商标协会共同开展"酒类行业商标保护情况问卷调查"工作，与北京正理知识产权公司共同开展"中国酒类行业知识产权报告"项目。二是加大知识产权保护力度。按照国家知识产权局商标局的要求，开展《白酒地理标志特定品质审查》工作，继续推进酒类证明商标注册和使用体系的构建。三是继续提升服务能力。积极配合相关管理部门工作，并提出合理化建议，开展职业技能培训工作，同时为酒类企业在国际化过程中提供知识产权服务，规避企业在国际化过程中的知识产权纠纷。四是加强消费教育。开展针对消费者的普及教育工作，做长期的科普教育，杜绝知假买假行为。

虽然我国酒类产业发展迅速，对市场经济的助推作用明显，但是很多企业由于缺乏知识产权战略规划和知识产权保护意识，酒类产业在激烈的市场竞争中遭遇了诸多知识产权侵权问题。中国酒类知识产权数量之多，可能在类别中"独占鳌头"。知识产权保护和反侵权假冒，对行业、企业，乃至政府和监管部门而言，都是痛点难点问题。鉴于一个是源头，一个是终端，为此保护工作要立体化，打假工作要系统化。

中国酒业协会作为行业组织，充分遵循"联合政府、深入行业、聚合资源、综合手段"的原则，坚持保护和打击两条线，通过分享互动，达成共识，全面提升酒业知识产权保护能力和反侵权假冒打击力度，加强知识产权合规使用管理，拓宽知识产权价值实现渠道。

二、四川省

四川省对酒类产品的知识产权保护工作有自己的规划路线，不仅延续了国家的整体制度，并且结合四川省酒产业自身发展需要，自上而下逐步且具体地完善了酒类地理标志的保护工作。省知识产权局设商标监督管理处，对地理标志、商标注册保护和专用标志进行监管工作，该行政部门还出台了《四川省酒类管理条例》，该条例主要是对酒类产品的安全和生产标准以及经营活动进行规范，其次提到要加强专用标志的规范使用，鼓励酒企申请地理标志产品专用标志。①

2012 年，四川省政府就部署了一系列知识产权保护行动，制定了四川省地理标志产品保护计划，计划要求进一步提高川酒国家地理标志保护相关工作质量，并根据实际情况制定了有关川酒的地理标志产品保护办法和《四川省地理标志产品保护工作管理细则》等地方性政府文件，开启了四川省酒类产品地理标志保护的地方性政府规章的准备工作。同时，四川借鉴了法国酒类地理标志的分层管理经验，将"中国白酒金三角（川酒）"地理标志产品保护分为了统筹保护、酿造区域保护、原料区域的原产地保护的申请工作，并统一了《地理标志产品中国白酒金三角（川酒）》的生产质量标准。由此看来，四川省由大到小的保护工作对酒类地理标志精准发力，能够针对酒类地理标志提供保护支撑。

三、其他地区

宁夏回族自治区针对贺兰山东麓葡萄酒产区资源，保障产区酿酒葡萄、葡萄酒的质量和品牌信誉，制定了《贺兰山东麓葡萄酒产区保护条例》，对区内葡萄酒产区的规划与建设、产品与质量、专用标志和证明商标及法律责任做出了较详尽的规定。与宁夏接壤的甘肃省也针对河西走廊葡萄酒国家地理标志产品的保护出台了《河西走廊葡萄酒地理标志产品保护管理办法》，包括武威、金昌、张掖、酒泉、嘉峪关 5 市、14 个县市区的 116 个乡镇和农林场所产的葡萄酒，并对能够加贴国家地理标志保护产品专用标志的葡萄酒质量标准做出了具体规定。浙江省绍兴市为了保护"绍兴黄酒"这一民族国粹，使绍兴黄酒行业健康有序发展，专门成立了"绍兴黄酒"知识产权保护委员会，使得以往单靠工商行政管理部门打假，转变为联合多个部门打假，从而共同维护绍兴黄酒声誉。②

---

① 谢敏. 地理标志农产品对品牌营销竞争力的影响——以四川省为例 [J]. 中国农业资源与区划，2017（4）：207-213.

② 杨永. 葡萄酒地理标志法律保护研究 [J]. 酿酒科技，2012（11）：128-130.

第三章　我国白酒产业知识产权保护研究现状

　　白酒是中华文化绵延传播的见证者，也是华夏儿女对美好生活的承载物；白酒历史悠久，既是人们美好生活的重要组成，又是人们社交生活的重要媒介；白酒产业作为国家发展中的重要产业，其未来发展影响着国家经济转型大局。作为典型的传统工艺与现代技术相结合的产业，白酒产业应寻求传统酿造工艺与新时代要求的结合，找到传统产业发展与社会环境、自然环境的契合点；白酒作为中华传统文化的有效载体，白酒产业作为标志性产业，应在将我国品牌推向世界的过程中发挥应有的作用，这就要求进一步提质保量。故从中华传统文化的传承、促进国家经济转型升级、促进民族品牌走向世界这三方面来看，白酒的质优化、高端化是产业发展的必由之路和关键之举，这离不开各方面制度的保驾护航。

第一节　白酒产业保护的相关概念及理论研究

一、法学视域下的白酒产业保护

　　知识产权与白酒产业的法律保护息息相关，本章将从概念、特点、制度与政策、客体等方面对国内外已有研究进行梳理。

（一）知识产权的名称起源及制度发展

　　1. 知识产权的名称起源。

　　虽然德国、日本学界曾经使用"无形财产权""无体财产权"的概念，但法国学者卡普佐夫（Carpzov）在17世纪中叶提出了"知识产权"概念，后为比利时学者皮卡第（Picardve）对定义予以完善，经过长期的发展，"知识产权"已经成为在国际上通用的法律术语。我国在加入世界知识产权组织（World Intellectual Property Organization，WIPO）后，除台湾地区仍旧沿用"智慧财产权"的说法外，学术界、实务界均已经采用"知识产权"概念取代"智慧成果权"。

2. 国内知识产权制度的建立。

20 世纪 80 年代初，江平、郑成思、张汇文、张志成等学者从社会发展、国家安全等角度论述了知识产权制度建立的重要性。① 随着全球知识产权的不断演进，结合中美贸易战中凸显的知识产权争端，何华（2019）分析了中美在知识产权政策、效果等方面的差异，提出我国需要加强与美国知识产权民间组织的沟通与交流以提升话语权。易继明（2018）认为企业和国家发展的内生需求是我国创新驱动发展战略应首先予以考虑的因素，并认为中国知识产权历经"制度构建——制度完善——强化执法——制度检视"循环的最后一环。周念利等学者（2019）提出可以在保障我国经济安全的前提下，通过知识产权制度之外的方式与美国进行沟通。杨起全（2004）认为国家发展的战略须以企业为主体，政府为主导。

通过对全球演进背景、国际发展格局以及知识产权在我国的发展阶段的分析，我国学者充分认识到知识产权制度建立的重要性，并围绕制度建立框架展开了积极讨论。吴汉东（2019）认为我国知识产权制度的思想引领是社会主义法治思想，知识产权制度的主要部分是法律和政策。法律层面上，我国颁布并修订了《中华人民共和国商标法》《中华人民共和国专利法》等法律，搭建了我国知识产权法律的基本框架；政策层面上，国家知识产权战略纲要标志着以知识产权为导向的公共政策体系开始形成。纲要强调政府治理在知识产权治理中的重要作用，认为推进国家治理体系现代化的重要举措之一是构建与强化政府公共服务职能相一致、与创新驱动发展要求相匹配的知识产权集中管理体制。刘华（2009）指出应寻求知识产权法律和政策的功能整合、体系衔接。

在知识产权制度的国情适应性上，易先忠（2007）指出自主创新对技术进步作用将逐渐凸显。朱雪忠（2018）认为我国的知识产权管理存在国情下的特殊

---

① 江平，马俊驹，王利明，等．民法典：建设社会主义法治国家的基础——专家学者谈中国民法典的制定［J］．法律科学．西北政法学院学报，1998（3）：4-32.

性，原因是其发端于缺乏知识产权保护氛围、战略思想、创造运用能力的客观环境，故应在国情分析的基础上解决知识产权制度的国际化、现代化问题。董涛（2013）在分析我国知识产权现状的基础上，认为应充分发挥知识产权的功能，与我国技术研发体制共同发挥作用。

3. 国外知识产权制度的建立。

现代知识产权制度起源于罗马法"财产非物质化革命"的制度创新产物，经过英美等国的发展，成为"制度文明典范"。孙玉芸（2011）借鉴美国的政府主导与市场推动相结合、国内外共同发力的知识产权制度运行方式，指出我国应该紧跟科学发展和技术进步的步伐，推动企业成为技术创新及应用的主体，与此同时应尽快形成我国的知识产权国际战略。林德明（2018）从多方面对中日两国2002年至2017年的知识产权战略政策进行对比后指出我国知识产权战略侧重政府的战略指导作用，以其作为知识产权强国建设的风向标；日本知识产权战略侧重政府协助作用，其战略制定更具国际化视野，具有提升国际竞争力的作用。王珍愚（2017）从支撑要素等方面对韩国知识产权政策进行研究后指出，知识产权保护的强化、知识产权政策的严格是大势所趋，且其与创新能力的提升双向促进、互相影响。综合来看，当前全球的知识产权制度呈现出明显的区域主义发展趋势，是以《TRIPS协议》为基础，涵盖双边、多边、地区性协议的复杂体系。

（二）知识产权的概念、本质及特征

皮卡第认为"Intellectual Property"是"一切来自知识活动的权利"，是不同于所有权的特殊权利范畴，主要区别在于知识产权具有时间上的限制性、可再生性，而所有权具有时间上的永恒性、不可再生性。20世纪90年代中期以前，我国学者们从"智慧成果权"的定义出发，多将知识产权定义为人们对其智力成果所依法享有的权利；90年代中期至今，学者们对知识产权提出了多种多样的定义。早期的有影响力的定义是郑成思（1997）提出的，他认为知识产权分为广义和狭义，广义上可以包括一切人类创作的智力成果，即包括世界知识产权组织公约中认定的范围；狭义上则包括专利权、商标权等工业产权和包含作者权、邻接权等的版权。刘春田（2000）认为知识产权是权利的总称，既包括智力成果的创造人依法享有的权利，又包括生产经营活动中标记所有人依法享有的权利。吴汉东（1986）认为是人们对于自己的智力活动创造的成果和经营管理活动中的标记、信誉依法享有的权利。张玉梅（2001）认为是民事主体排斥他人干涉，支配其智力成果、商业标志和其他具有商业价值的信息的权利。

我国学者对知识产权本质进行了热烈的讨论，其学术成果共同构成了日后研究知识产权制度的基本理论框架。吴汉东（2017）认为知识产权既是国家法律体系中的有机组成部分，又是为公共政策目标服务的制度工具，是在知识财产上所设定的私人产权。冯晓青（2007）强调利益平衡机制在知识产权法中的重要性，因为知识产权兼具公共产品属性和私人产权属性，同时兼具人身权和财产权的双重性质，既是公开的又是垄断的。郑成思（1997）指出要综合把握知识产权的特点，并在实践中把握其范围。

对我国学者关于知识产权的论述予以概括，得出知识产权有如下四个基本特征：

1. 专有性。

知识产权虽具有所有权的排他性、对世性，但却与所有权有着不同的效力内容。具体来说，侵害他人所有权需要采取非法侵入他人住宅、盗窃或者抢夺等明显为法律所不允许的行为，而侵害他人知识产权只要未经权利人许可擅自使用即可构成；所有权具有绝对的排他性，而不同属性的知识产权可以在同一知识产品上并存，即虽不能并存两个商标权，但可以并存商标权与专利权或著作权。

2. 地域性。

区别于有形财产权，知识产权需依据一国的法律产生，并在法律规定的范围内发生效力，如果两个国家没有签署双边互惠协议或均是国际公约的缔约国，知识产权不具有域外效力，权利人无法阻止其他人使用或要求支付报酬。

3. 时间性。

不同于所有权时间上的永恒性，知识产权只在法律规定的期限内受到保护，超过期限，权利即消灭，知识产品即进入公有领域，成为社会财富。例如著作权的最长保护期为50年，截至作者死亡后第50年的12月31日、发明专利权的最长保护期为20年、实用新型专利权和外观设计专利权的最长保护期为10年，均自申请日起计算。但商业秘密是例外，是否仍处于秘密状态决定其保护时间的长短，如果始终处于秘密状态，则商业秘密权可以一直存续下去。

4. 无形性。

不同于有形财产标的和标的物的统一，知识产权上的标的不同于标的物，例如转让专利权的标的物可能是专利产品的销售权，而非专利产品本身。因为知识产权的无形性，权利人被侵害的可能性比所有权要大得多，具体案件情况也更为复杂，维权较有形物困难。

（三）我国知识产权政策

中华人民共和国成立后，我国认识到知识产权保护的重要性，不断提升知识产权的保护力度，鼓励科技创新，具体发展脉络如图 3-1 所示。我国在 2020 年至 2021 年密集出台了知识产权体系建设的相关政策，标志着我国迈向知识产权大国，相关政策汇总如表 3-1 所示。

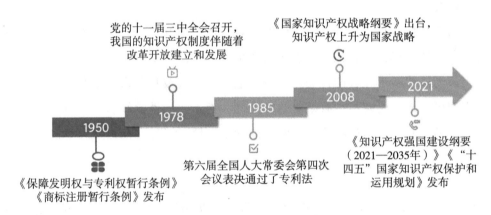

图 3-1 中国知识产权政策发展脉络图

表 3-1　　　　　2020—2021 年中国知识产权体系建设政策汇总表

时间	政　策	重点内容
2021 年 10 月 29 日	《关于加强新时代知识产权审判工作为知识产权强国建设提供有力司法服务和保障的意见》	依法公正高效审理各类案件，提升知识产权司法保护整体效能，深化知识产权领域改革创新

时　间	政　策	重　点　内　容
2021 年 10 月 28 日	《"十四五"国家 知识产权保护和运用 规则》	到 2025 年，知识产权强国建设阶段性目标任务 如期完成，知识产权领域治理能力和治理水平显著 提高，知识产权事业实现高质量发展，有效支撑创 新驱动发展和高标准市场体系建设，有力促进经济 社会高质量发展
2021 年 10 月 27 日	《关于加强知识产 权纠纷调解工作的 意见》	到 2025 年，知识产权纠纷调解工作基本覆盖知 识产权纠纷易发多发的重点区域和行业领域，建立 组织健全、制度完善、规范高效的知识产权纠纷调 解工作体系，形成人民调解、行政调解、行业性专 业性调解、司法调解优势互补、有机衔接、协调联 动的大调解工作格局，调解在知识产权纠纷多元化 解中的基础性作用充分显现，影响力和公信力进一 步增强
2021 年 9 月 22 日	《知识产权强国 建设纲要（2021— 2035）》	到 2035 年，我国知识产权综合竞争力跻身世界 前列，知识产权制度系统完备，知识产权促进创新 创业蓬勃发展，全社会知识产权文化自觉基本形成， 全方位、多层次参与知识产权全球治理的国际合作 格局基本形成，中国特色、世界水平的知识产权强 国基本建成
2021 年 7 月 15 日	《知识产权公共 服务能力提升工程工 作方案》	切实提高知识产权公共服务干部队伍综合能力 和专业化水平，进一步提升知识产权公共服务的可 及性和便利化程度
2021 年 6 月 15 日	《高校知识产权 信息服务中心建设实 施办法（修订）》	充分发挥高校在知识产权创造、运用、保护、 管理、服务全链条中的重要作用，切实提升高校 知识产权工作的能力和水平，不断提高高校的创 新质量和效益，助力提升高校服务经济社会发展 能力

续表

时　间	政　　策	重 点 内 容
2021 年 5 月 25 日	《关于加强协作配合强化知识产权保护的意见》	深化知识产权管理部门与公安机关协作配合，加快构建知识产权行政保护与刑事司法有机衔接、优势互补的运行机制
2021 年 5 月 11 日	《关于深化知识产权领域"放管服"改革优化创新环境和营商环境的通知》	持续压缩商标、专利审查周期，切实提高商标、专利申请质量，提高知识产权公共服务效能，进一步提升知识产权保护能力，加强知识产权服务业监管，促进知识产权转化运用
2021 年 4 月 22 日	《人民法院知识产权司法保护规划（2021—2025 年）》	到 2025 年，知识产权专门化审判体系更加健全，知识产权诉讼制度更加完备，知识产权审判质效全面提升，知识产权审判队伍整体素质显著提高，知识产权审判体系和审判能力现代化建设取得实质性进展
2021 年 4 月 16 日	《关于推动科研组织知识产权高质量发展的指导意见》	强化创新全过程知识产权管理，促进创新成果向现实生产力转化，提升知识产权风险防控能力，保障产业链、供应链安全，优化知识产权管理和运营机制，加大组织实施力度
2020 年 12 月 17 日	《产学研合作协议知识产权相关条款制定指引（征求意见稿）》	适用于企业与高校或科研院所之间，为促进技术成果知识产权转移转化签订协议的不同情形
2020 年 12 月 7 日	《关于知识产权领域的反垄断指南》	为对滥用知识产权行为适用《反垄断法》提供指引，提高反垄断执法工作的透明度
2020 年 6 月 16 日	《关于进一步加强知识产权维权授助工作的指导意见》	力争到 2025 年，知识产权维权援助覆盖范围基本合理，服务水平适应需求，工作机制得到健全，服务质量有效提升，支撑保障有力加强，机构队伍稳定壮大，社会服务满意度显著提高

续表

时　间	政　　策	重　点　内　容
2020 年 5 月 15 日	《2020 年深入实施国家知识产权战略加快建设知识产权强国推进计划》	深化知识产权领域改革，加大知识产权保护力度，促进知识产权创造运用，深化知识产权国际交流合作，加强顶层设计和组织实施
2020 年 4 月 30 日	《关于做好 2020 年知识产权运营服务体系建设工作的通知》	经过三年的时间，在重点城市构建起规范化、市场化的知识产权运营服务体系，建立健全知识产权运用促进的制度规范，促进知识产权市场价值充分实现，支撑区域经济高质量发展，重点城市要结合自身实际，在下列指标基础上，合理测算设定量化指标
2020 年 4 月 22 日	《推动知识产权高质量发展年度工作指引（2020）》	到 2020 年底，知识产权创造质量、保护效果、运用效益、管理水平、服务能力和国际影响力进一步提升，知识产权在推进国家治理体系和治理能力现代化中的作用进一步凸显
2020 年 4 月 22 日	《2020 年地方知识产权战略实施暨强国建设工作要点》	对各省市的知识产权建设发展提出针对性规划
2020 年 4 月 21 日	《关于全面加强知识产权司法保护的意见》	运用司法救济和制裁措施，完善知识产权诉讼程序，健全知识产权审判体制机制，有效遏制知识产权违法犯罪行为，全面提升知识产权司法保护水平，加快推进知识产权审判体系和审判能力现代化，为实施创新驱动发展战略、培育稳定公平透明可预期的营商环境提供有力司法服务和保障
2020 年 3 月 19 日	《关于推进中央企业知识产权工作高质量发展的指导意见》	到 2025 年，基本建立适应高质量发展需要的中央企业知识产权工作体系，企业知识产权创造、运用、保护、管理能力显著增强，同时提出了具体要求和量化目标

续表

时　间	政　　策	重 点 内 容
2020 年 3 月 2 日	《关于组织开展国家知识产权试点示范高校建设工作的通知》	建设 50 所左右凸显知识产权综合能力的示范高校，培育一批彰显知识产权特色和优势的试点高校
2020 年 2 月 21 日	《关于提升高等学校专利质量促进转化运用的若干意见》	到 2022 年，涵盖专利导航与布局、专利申请与维护、专利转化运用等内容的高校知识产权全流程管理体系更加完善，并与高校科技创新体系、科技成果转移转化体系有机融合。到 2025 年，高校专利质量明显提升，专利运营能力显著增强，部分高校专利授权率和实施率达到世界一流高校水平

（四）知识产权客体

1. 地理标志。

（1）概念、含义及特征

虽然全球大部分国家确立了地理标志保护制度，但尚未形成公认的通行定义。《保护工业产权巴黎公约》第 1 条第（2）款将地理标志规定为受保护的工业产权之一，认为地理标志（geographical indications）包括原产地名称（appellations of origin）和来源地标志（indications of source）两种类型。《TRIPS 协议》将其定义为"其标示出某商品来源于某成员地域内，或来源于该地域中的某地区或某地方，该商品的特定质量、信誉或其他特征主要与该地理来源相关联"。① 地理标志产品保护规定"地理标志产品，是指产自特定地域，所具有的质量、声誉或其他特性本质上取决于该产地的自然因素和人文因素，经审核批准以地理名称进行命名的产品"。《商标法》（2019 年修正）中定义"地理标志指标示某商品来源于某地区，该商品的特定质量、信誉或其他特征，主要由该地区

---

① 杭冬婷.对我国地理标志法律体系化完善路径的探讨［J］.法制博览，2021（22）：24-25.

的自然因素或者人文因素所决定的标志"。

地理标志包括三层含义：一是由国名、地方名等所构成的区别标志，包括但不限于行政区划名称。刘培峰（1996）认为其必须是实际存在过的地理名称，其构成方式以"地理名称+商品通用名称"为主，当达到一定知名度后，也可以仅由"地理名称"构成；二是具有质量、信誉等方面的独特属性；三是与地理来源（包括自然及人文因素）紧密相关。

地理标志具有如下三方面特征：一是具有显著但抽象的区别性，但黄勤南（2001）指出其"只能表明商品来源于何地，而不能表明商品来源何人"；二是具有知名度和社会影响，知名度体现在"公众"和"地域"两个方面，前者具有相对性，仅指使用该商品的消费者，后者根据影响的地域范围，可以分成世界性、全国性和地区性的地理标志；三是作为品质凭证，说明了商品独有的条件所赋予的品质，刘成伟（2002）认为是"因原产地名称的存在而对相关产品的品质、声誉或其他特征等产生一种善意的信赖利益"。

（2）国际保护

从《巴黎公约》到与贸易有关的知识产权协议，国际上对地理标志的保护趋于详细和完善，大致经历了起步、发展到成熟三个阶段：19 世纪末到 20 世纪初为起步阶段，代表性公约是《巴黎公约》和其子公约制止商品产地虚假或欺骗性标记《马德里协定》，虽有规定但缺乏有力的强制手段，且没有明确定义原产地名称；20 世纪中期到 20 世纪 70 年代末为发展阶段，代表性公约是保护原产地名称及其国际注册《里斯本协定》，标志着从真正意义上施行原产地名称保护制度，虽对原产地名称作了详细规定，但没有在国际社会中予以广泛适用；20 世纪 80年代开始至今为完善阶段，代表性公约为 1994 年的与贸易有关的知识产权协议，是对知识产权予以最高水平保护的国际公约，并对地理标志单独予以详尽可操作的规定。①

（3）国内保护

我国最早涉及地理标志（原产地名称）保护的是 1986 年 11 月 6 日国家工商

---

① 孙智. 地理标志国际保护新发展的路径分歧及我国选择［J］. 知识产权，2019（1）：86-96.

行政管理局商标局《县级以上行政区划名称作商标等问题的复函》。1993 年国务院制定的《商标法》实施细则中增加了集体商标和证明商标的内容，1994 年国家工商局公布了集体商标、证明商标注册和管理办法，首次以法规形式将"原产地名称"纳入证明商标的保护范围。① 2001 年我国对《商标法》进行了第二次修改，明确规定对证明商标和集体商标予以规定。此外，国家机关国家质检总局于 1999 年发布了原产地域产品保护规定对原产地域产品（其实质就是地理标志）进行保护。

在我国的法律体系中，地理标志的保护存在不同的法律渊源。《商标法》中规定地理标志可以作为集体商标或证明商标予以注册，从而获得《商标法》的保护；国家质量监督检验检疫总局于 2005 年颁布的《地理标志产品保护规定》从产品质量监督管理的角度建立了地理标志产品登记保护制度；农业部于 2007 年颁布的《农产品地理标志管理办法》从提高农产品市场竞争力和农产品质量安全监督管理的角度建立了针对农产品（来源于农业的初级产品）的地理标志登记保护制度。

截至 2022 年 1 月，依据贵州地理标志网所载，地标名录 142 个，其中白酒有黄果树窖酒、习酒、贵州茅台酒、鸭溪窖酒，共 4 个，约占贵州地标名录总数的 2.8%。依据贵州地理标志网所载，国内地理标志 305 个，其中白酒共 14 个，约占 4.6%。②

2. 专利权。

我国专利制度多以专营专卖独占权的形式出现，四大发明未获得长足发展的部分原因是历史上长期对发明创造未进行必要保护。魏源首先突破了视科学技术为"奇技淫巧"的传统观念束缚，洪仁玕于 1859 年在《资政新篇》中首次提出了建立专利制度的建议，是将专利制度引入中国的第一人。光绪皇帝于 1882 年 8 月批准郑观应等人的织布工艺享有 10 年的专利，这是我国存案在册的第一件专利；于 1898 年 7 月 22 日在百日维新运动的基础上颁行了《振兴工艺给奖章程》

---

① 蔺豆豆，衣娇. 地理标志概念探析 [J]. 中外企业家，2010 (4)：241+263.

② 童俊，王兵，王凯. 贵州地理标志保护现状研究——以贵州白酒为例 [J]. 科技创业月刊，2023，36 (4)：88-91.

并规定，根据发明创造的意义和实用价值的大小准许专利，这是我国首个鼓励技术、工艺发明创造的专利法规，但未能实施。1912 年民国政府颁布了《奖励工艺品暂行章程》，这是我国历史上实际付诸施行的第一部专利法。1923 年 3 月农商部公布了《暂行工艺品奖励章程》并增加了实施细则，把专利保护对象扩大到制造方法的发明或改进。在 1912 年至 1944 年的 32 年内（内缺 3 年统计）总共批准了 692 件专利、批准褒奖 175 件。白酒酿造工艺的独特和酿造工具的设计和改造就涉及专利权，白酒的外包装则涉及了外观专利设计权。①

3. 商标权。

我国现今保存最好的宋代商标是北宋时期山东济南刘家针铺所用的"白兔"商标。1904 年清政府颁布的《商标注册试办章程》是我国首个关于商标注册的法规，具有半封建、半殖民地性质。1923 年北洋政府公布《中华民国商标法》和商标法实施细则，这是真正付诸实施的我国第一部商标法。1946 年《苏皖边区政府的商品商标注册暂行办法》、《晋冀鲁边区政府的商标注册办法》，1949 年《陕甘宁边区政府的商标注册暂行办法》和《华北区人民政府的华北区商标注册办法》等区域性商标法规的颁行，标志着中华人民共和国商标法规的出现。白酒制造企业的生存发展与商标权息息相关。根据中华人民共和国商标总局官网资料显示，带有酒字的注册商标大概有 9000 多件。

4. 地理标志与商标。

地理标志与商标都具有重大的商业价值，是企业无形资产的重要组成部分，但地理标志的使用是为了将产自特定地域且商品特性同该地区存在直接联系的商品与产自其他地域的商品区分开来，而商标使用是为了将来自商标权人的商品与其他同类商品区分开来，两者的区别有以下几点：一是地理标志只能使用在特定地域产出的并具备特定属性的产品上，故地理标志无法同商标一样在全球范围内进行转让；二是在制度层面上，地理标志的保护需要有针对地理标志产品特异性的具体描述；三是地理标志是共有型集体权利，而商标具有极强的排他性，只属于商标注册人；四是地理标志的使用是绝对的无期限的，而商标的无期性需要通

---

① 郗万富. 民国时期专利立法与专利保护初探［J］. 江西社会科学，2006（3）：109-112.

过不断续展来实现；五是地理标志主要用于商品，商标还可以用于服务；六是地理标志的保护主要是从"禁"着手，即禁止不正当使用以保护正当的经营者，而商标的保护是通过"禁"和"行"两个方面着手的，既可以积极行使自己的权利，也可以禁止他人的不当使用。

茅台酒厂早年在已经获准商标注册的前提下，又将"茅台"申请成地理标志的行为，虽然茅台镇当时只有一家酒厂，但当"茅台"成为地理标志，就不能禁止满足条件的其他人使用，故将使茅台酒厂陷于尴尬境地。

二、经济学视域下的白酒产业保护

Dwijen Rangnekar（2004）从经济理性、信誉理论、农村发展和当地知识保护、产权理论、供应链管理、产品差异化和市场细分等方面为地理标志保护提供了一个经济学研究框架，指出对其进行保护的经济理性源于在信息不对称条件下对企业信誉的投资；在地理标志中会出现"搭便车"和"囚徒困境"的现象；实现产品差异化和市场细分的前提条件是确定地理标志产品及产品独特的地域品质，这也是供应链管理最关键的内容。Siddamallaiah（2007）指出地理标志不仅仅是一种发明创造，还是商业市场中的一种知识资本，应将其作为一种文化进行公众教育及培训。

王笑冰（2005）对地理标志进行信息经济学分析后认为，地理标志的法律保护既要发挥其传达产品质量、特征、声誉等功能又要发挥其保护地区文化传统的功能；并对地理标志自身价值分析后认为，地理标志具有产品增值效益和自身的投入成本；通过对地理标志产品供应链管理的分析，论证公共机构的干预对地理标志产品生产营销管理的必要性。马清学（2007）指出因地理标志具有利益区域共享的特点，在管理中应遵循开放公平、有序竞争、行业准入制等原则。张龙等学者（2014）以特色农产品产业进行研究得出地理标志产品对区域经济发展起到了显著作用。胡铭（2008）认为，农产品地理标志的保护对其他经济资源具有聚集效应，有助于引导和开发地理标志农产品的产业集群；而农业产业集群的形成和发展又将会提升地理标志农产品的质量、信誉与品牌，从而进一步强化农产品的地理标志保护制度。

曾洁（2009）在研究绍兴黄酒地理标志保护中，构建了一个涵盖经济内涵、效应、制度解析及对县域经济影响的框架，并通过实证模型分析了地理标志保护的经济效率。探讨了地理标志作为俱乐部物品的产权解释、信息不对称下的传递机制、酒类地理标志的经济价值及基于信誉的动态质量决策。强调地理标志保护对产业集群形成和生产商竞争优势的影响，并提出制度设计时应考虑社会结构、法律成本收益和国际贸易状况。

张米尔等人（2022）采用区域面板数据，构建地理标志与生态标签的面板误差修正模型，运用面板格兰杰因果检验开展实证研究，得出地理标志与生态标签有显著的相互促进作用。

三、传播学视域下的白酒产业保护

美国哈佛商学院教授迈克尔·波特（Michael E. Porter）提出著名的"波特钻石模型"（Michael Porter Diamond Model），认为形成产业竞争力的四大主要原因是：生产要素、市场需求、企业战略结构及同业竞争、相关及支持性产业。资源禀赋和特定的文化优势有助于形成地理标志产品特有的市场竞争力。

一是品牌价值影响方面。Jeon H. M. & Yoo S. R.（2021）认为品牌体验对品牌资产有着重要影响，尤其是感官、情感、行为等因素对品牌忠诚度有直接影响；David Aaker（2015）通过实证研究认为地理标志的原产国（地）形象、品牌标识、包装、促销活动、公共关系、广告语等对品牌价值影响很大；程江豪和王秋红（2019）认为品牌持有人的管理能力对品牌价值的影响显著。二是品牌价值评价方面。李娜娜和邓淑红（2019）采用 AHP 分析法，从市场因素、地理文化因素、盈利因素、消费者因素 4 个方面，构建地理标志农产品品牌价值评价体系；周发明（2018）运用"层次分析法"构建农业区域品牌价值评价体系。三是品牌文化挖掘方面。范孝雯（2021）从原产地角度出发，认为对于人文历史聚集型品牌，应挖掘原产地人文环境等要素；对于资源优势聚集型品牌，应将生产文化和使用习惯等融入品牌故事构建中。何清（2016）认为应注重从非功能属性特别是文化角度来提升品牌价值；计慧（2021）认为当下已从"消费产品"转向"消费品牌"，建议"政府赋能+企业助推"来提升地理标志品牌价值。

郭旭和徐志昆（2020）认为贵州白酒的品牌体系建设具有如下特征：一是贵

州白酒品牌体系建设初见成效，具有一定的市场影响力；二是在品牌建设上具有显著的区域性特征；三是在消费者心中塑造了"高价高质"整体品牌形象；四是着力打造文化内涵，品牌文化建设取得成效；五是通过融媒体等方式进行营销创新，模式创新传播效果良好，逐步实现在营销中传播、在传播中营销的整合营销传播；六是整体品牌价值逐步提升；七是贵州茅台品牌价值建设成效显著，在世界及中国品牌价值排行榜中位于前列。

第二节　白酒产业发展的现状研究

赵凤琦（2014）认为白酒产业发展的现状主要体现在以下9个方面：一是税收平稳高速增长，占国家比重持续上升；二是促进了白酒产地的就业；三是拉动消费并对关联产业起带动作用；四是行业规模不断扩大，白酒产量不断提高；五是产销衔接良好，出口增长较快；六是加强管理、控制成本的潜力较大；七是整体行业的盈利能力较强；八是地域性优势明显；九是大型企业的规模优势突出。鲍春（2018）通过统计得出我国白酒企业有41000多家，白酒品牌35000多个。从地域来划分，大致可以将白酒划分为北方酒和南方酒，北方酒以汾酒为代表，南方酒以茅台为代表。叶天宏（2017）通过分析得出中国白酒产业现状具有如下特点：一是周期性波动特征明显，产量稳步增长；二是产业地域分布广，行业集中度低；三是中高端产品市场迅速发展；四是进出口规模小，以内销为主；五是市场被啤酒、葡萄酒等产品挤占。肖闻（2016）对白酒产业的年度产量和同比增长率进行分析得出，自2004年开始，我国白酒产量不断提升，到2013年后增速放缓，整体呈回落态势，但贵州白酒始终保持稳中有进；并对贵州白酒产业的特点进行了分析：第一，白酒产业是贵州的优势和支柱产业，是贵州经济中极为重要的组成部分；第二，产业结构较为成熟、产业链较为完善；第三，规模白酒企业数量不断增长，占全国规模白酒企业的比重不断提升；第四，发展态势良好，占全国规模白酒企业利润总额的比重不断提升。

地理标志保护制度的不完善，使得我国白酒产业发展面临国内、国际两大困境，就国内而言，商标化的地理标志对地理标志权主体利益的保护有限，大量酒类地理标志失去地理化属性，应有的市场价值无法凸显；就国际而言，削弱了我国酒类产品的国际竞争力。

第三节　白酒产业保护不足之处的研究现状

赵凤琦（2014）认为当前我国白酒产业存在的主要问题有四点：第一，市场无法配置资源，原因在于政府消费和地方保护；第二，消费者缺乏理性；第三，企业缺乏社会责任；第四，安全事故频发，并对"剧毒敌敌畏茅台"等案例进行了分析。何帆和陈天华（2014）认为我国白酒知识产权保护存在以下问题：一是立法不完善；二是虽对侵权行为有处罚规定，如《商标法》第60条，但整体处罚较轻；三是侵权现象严重；四是海外维权援助制度不够健全。

周正蜀（2013）在分析中国白酒金三角地理标志产品保护时指出白酒产业存在以下问题：一是保护机制不完善；二是后续监管工作不到位；三是质量评定标准体系待完善；四是专用标志使用资格界定不明晰。

孙智（2022）认为我国现行的对地理标志的保护立法中并存着"地理标志""地理标志产品"和"农产品地理标志"等术语概念，其含义分别规定在商标法地理标志产品保护规定和农产品地理标志管理办法中，存在较大差异，造成了保护上的冲突。吴旭峰（2004）认为我国地理标志保护存在体制和使用两方面问题。就体制而言，地理标志的保护主体有国家工商总局和国家质检总局，两个部门针对同一客体通过两套法规同时管理，势必造成管辖权的冲突。就使用而言，存在地理标志保护意识落后、恶意抢注现象严重、侵权泛滥、合法使用人不当使用的问题。郭禾（2022）认为我国虽然突破了基于地方保护的"块块"约束，但是地理标志保护工作在"条条"层面上却出现了类似"九龙治水"的局面，即出现了多头管理、多套制度并存的情形。

综上所述，我国白酒产业保护中存在的问题突出体现在地理标志保护制度上，主要有以下三点：第一，现有法律规范体系对地理标志术语称谓不统一，概念不明晰，造成使用上的混淆；第二，现有法律规范体系对地理标志的法律保护存在多元化，部门交叉保护不仅造成执法困难，而且有损法律权威；第三，对白酒地理标志权利人保护不到位。

第四节　白酒产业保护提升对策的研究现状

周正蜀（2013）认为应当充分发挥行业协会的作用，区分使用、健全质量保证体系，集中控制以完善酒类地理标志产品保护工作。叶天宏（2017）针对中国白酒产业所面临的挑战，建议坚持产品质量和推动科研技术创新，增强营销渠道的创新力，深入理解消费者需求并重构服务体系，整合资本以增强企业实力，以及积极拓展国际市场。关于产业保护，有学者认为应完善产业和国家规制，以促进健康、可持续发展，强化市场资源配置，完善市场进入与退出机制，并实现企业的优胜劣汰。国家规制部门应完善产业进入、价格和投资规制。

赵凤琦（2014）提出针对中国白酒产业发展的对策，涉及国家、地方政府、社会、行业协会和企业五个层面。在国家层面，她建议加强食品安全法规，促进产业集群发展，提供政策支持，提高行业准入门槛，加强质量管理，建立危机管理预案，完善地理标志保护，并强化质量安全监督。在地方政府层面，应提升白酒产业准入门槛，促进产业协作，建立防伪和追溯系统。在社会层面，需要营造良好舆论环境。行业协会应明确定位，改进治理结构。在企业层面，她强调随市场变化创新，强化质量意识，并承担社会责任。

孙智（2022）提倡基于《商标法》定义整合地理标志概念，考虑声誉及自然和人文因素，主张分阶段立法：先制定保护条例与完善商标法，再制定地理标志法。郭禾（2022）强调地理标志需与地域特性相关，支持专门立法，注重长期利益和执法效率，主张为每个地理标志制定技术描述或标准，以平衡公私利益。吴旭峰（2004）提倡用商标法保护地理标志，以充分利用法律资源和解决商标冲突。他建议制定地理标志保护条例，处理操作问题，并完善保护制度，包括建立注册登记、使用管理和侵权救济制度。此外，建议对直接侵权者采用无过错责任，对间接侵权者采用过错责任，并增强对误导型侵权的法律责任。他还主张为白酒建立特别保护制度，以避免因地理标志与地名商标引起的冲突。

岳章名（2020）建议完善地理标志保护规则，包括借鉴欧盟的商标与地理标志规定以明确两者关系，统一审查标准，合理制定命名规则，以及细化我国现行规则参考欧盟 FTA 保护规则。杨舜分析了商标法和专门法模式的优势和局限，提倡整合两套制度并解决冲突，建议在商标法模式下建立专家审查制度，对易产生误导的地理标志增设规定。在专门法模式下，他主张当地理标志与商标权发生冲突时，依据先后顺序决定保护方式，实现平等保护和合理共存。

何帆和陈天华（2014）认为我国白酒知识产权法律保护应从以下四个方面予以完善：一是在完善基本立法、加大白酒业管理法规的同时，鼓励地方结合本地区白酒业的发展情况出台地方性法规；二是加大白酒知识产权的侵权执法力度、提升监督机制建设，打击与宣传双管齐下；三是充分发挥司法保护白酒知识产权的主导作用；四是完善我国白酒知识产权海外维权援助制度。杭冬婷（2021）分别从比较法学、国情、法理学、经济学角度进行分析，认为完善对酱香型白酒地理标志的法律保护应当结合我国当下的国情、贴合国家目前的实际发展状况，结合地理标志独有的自然、人文等因素，借鉴其他国家的立法模式，寻求适合我国的地理标志保护法律规范体系并完善侵权救济制度。她赞同将重心放在完善商标法的实际应用中，以减少财力、人力等方面的消耗，侵权补偿制度也可在实际应用中予以完善。林秀芹和孙智（2020）的分析视角和基本观点与杭冬婷类似，认为根本出路是"一依托、两回归、三改造"，其基本思路是指以民法总则为根本依托；回归私权保护及商标法保护；改造相关立法，改造地理标志授权确权制度、完善确权技术审查制度、破除地理标志的重叠保护，改造地理标志侵权判定标准和损害赔偿认定标准等。

第五节　未来研究方向

综合分析近年国内外关于白酒产业保护的文献，尽管还存在改善空间但显现出该领域研究的深化和中国白酒产业保护力度的加大。未来研究应聚焦于以下几个方向：首先，采取多学科视角研究白酒产业保护。考虑到白酒产业保护涉及法律、政策、经济、管理和传播等多个领域，必须结合跨学科知识和中国国情，深入探讨有效的发展策略。其次，应用统计学等实证研究方法。目前的研究主要集中在知识产权和立法模式选择，未来应结合统计和数据分析，对白酒产业现状及发展趋势进行深入分析，以实际数据支持理论。最后，细化研究不同白酒企业的保护策略和发展路径。鉴于中国白酒的多样性，考虑酿造技术、生产区域和口味特色等因素，有针对性的研究将有助于提出更具实效的保护措施。

第四章　贵州白酒地理标志保护的研究

第一节　白酒产品地理标志保护的法律分析

中国加入世贸组织后，国家出台了一系列关于地理标志的政策，如 2021 年 3 月 1 日《中华人民共和国政府与欧洲联盟地理标志保护与合作协定》（简称《中欧地理标志协定》）正式生效。仅仅四个多月，通过《中欧地理标志协定》的"国际通行证"，240 多个地理标志产品远渡重洋，获得中欧地区的高质量保护。我国对地理标志保护的重视程度也逐步提升。

一、酒类产品地理标志保护的国际条约和模式选择

（一）酒类产品地理标志保护的国际条约

1.《巴黎公约》。

国际条约的建立到目前为止已经延续了好几百年的历史，从 17 世纪开始，在欧洲国家出现了专利制度，产生之初是为了保护各自国家的发明权，在这样的背景下，1883 年颁布的《巴黎公约》目的是让条约的缔约国可以向其他签署条约的国家申请专利。与此同时《巴黎公约》第 9 条和第 10 条也明确禁止将来源标识用于可能误导消费者的词语，以及没收使用虚假标识的原产地和制作此类标识的商品，这是首次在国际上签署的关于地理标志的协定，而《巴黎公约》所确定的保护原则为以后各种协议的签订提供了依据。

2.《马德里协定》。

1891 年颁布的《马德里商标国际注册》也称为《马德里协定》。申请人在国

外申请商标的方法有两种，一种是通过国家的商标注册，在不同的商标管理部门进行注册；另一种是通过《马德里商标国际注册》进行，即缔约方的申请人如果要在其他缔约方申请商标，可以根据在国内注册的商标，将商标的权利延续到其他缔约方，在马德里联盟成员国间进行商标的国际注册。《马德里商标国际注册》事实上是《巴黎公约》的一项补充协议，在各缔约国之间互相约束，制止采用虚假的原产地名称。

3.《里斯本协定》。

1958 年在斯德哥尔摩修订的《里斯本协定》，禁止带有"类""样""仿"等这类会造成误会的字词。原产地名称赋予了产品声誉，从而产品被世界知晓并在各地流通，所以《里斯本协定》在国际注册保护的程序上比较严格，根据所在国家的规定得到名称的使用权。因此，《里斯本协定》在管理机制和保护力度上大于《巴黎公约》。

4.《TRIPS 协议》。

2017 年修订后的《TRIPS 协议》又称《与贸易有关的知识产权协议》，其中第22 条第 2 款规定，如果消费者误解了地理标志的真正来源，被侵权人或者相关利害人可以采取法律援助的方式补救。第 22 条第 3 款所述表明商标和地理标志的关系，即如果使用了商标，造成了公众对其真正的产地的误解，缔约国的成员可以根据法律予以驳回，或将其撤销，从而避免造成误解，这在一定程度上保护了各方的利益。这一协议能够更好地保护地理标志，是迄今为止世界上最严格、最广泛、最明确提供保护的国际公约。

（二）酒类产品地理标志保护的模式选择

1. 法国——专门法保护模式。

法国是世界上第一个提出地理标志的国家，它的主要特点是原产地保护制度，1919 年，因为原产地名称的使用不当，致使其在人民心目中失去了声誉。1935 年，法国通过修订《控制原产地名称系统》（AOC 系统），这条法律不但增加了保护的范围，而且还加强了注册和批准的过程。

地理标志是一种独立的标志，法国是世界上对地理标志认识最深的国家，它在利用其命名的基础上，对建立地理标志的制度提供了很好的参考价值。

2. 美国——商标法模式下保护。

美国对地理标志保护采取的方式始终都是使用证明商标和集体商标作为保护的模式，对葡萄酒作出了创新的规定，由美国酒类、烟草等管理局实施的美国葡萄酒产地制度（AVA），作为葡萄酒的标准，在地理范围方面有着严格的标准，种植葡萄的产地必须有明确来源地。它的创新点在于邀请权威的评酒师以及有知名度的酒类杂志进行客观的评定，在品酒师品评之后会在葡萄酒的瓶身附上等级或者打出分数，供消费者依据自己的喜好挑选自己喜爱的葡萄酒，这样使得美国的葡萄酒在国际上获得更多关注度，提高了产自于美国葡萄酒的品质。

美国作为较早制定地理标志保护制度的大国，坚持将商标和集体商标作为地理标志保护的模式，但并不是照抄照搬概念的定义，而是使用符合国情的方法。美国在借鉴原产地名称概念的基础上，成功维护了葡萄酒的生产。

3. 澳大利亚——不同途径下的保护制度。

澳大利亚的地理标志保护制度，相对于美国，它的产品质量要求要宽松得多，因为澳大利亚有自己的法律体系，澳大利亚的法律规定是针对侵犯商品的，如果有虚假的广告和欺骗消费者的标识，可以被处以有期徒刑或者罚款（澳元）。

对澳大利亚地理标志保护制度起源及发展过程进行考察，对建立制度、发展前景具有深远的意义，澳大利亚对于葡萄酒地理标志保护可以从欧澳葡萄酒贸易协定开始，考虑到本国葡萄酒业的情况，制定了自己的保护制度，虽然体系还不够完善，但也是一个正在成长和发展的趋势。

由此可见，澳大利亚在地理标志的保护上，采取了一种非常多元的方法，一方面利用商标法来保护大部分的商品；另一方面，还制定了一种特殊的法律，专门针对澳大利亚的葡萄酒。

二、我国白酒地理标志保护现状分析

（一）我国白酒地理标志保护的机制

1. 政府。

政府通过宏观调控手段对白酒地理标志加以保护，政府手段是最直接、最有效的管理白酒地理标志的手段，而在某些时候也会存在政府失灵的情况。第一，政府不可能掌握所有必要信息，这就会导致信息不充分，使得决策受到局限。第二，组织机构庞大，工作职责重复交叉，导致政策不完善、落实不到位的问题。标准的制定既有利于白酒产业的发展，更有利于市场的规范与管理。

2. 利益相关人。

利益相关人指白酒生产商、白酒经营者以及白酒市场活动相互关联的自然人，当权益受到侵害可通过法律途径进行法律救援，也可以通过多种手段进行维权，比如可以使用社会舆论的力量促使受侵害权益人得到赔偿，也可以通过向人民法院提出诉讼来进行权利主张。利益相关人利用私人成本维护自身权益以保护地理标志权的措施具有高效性。通过利益相关人保护的方式可以加快权益保护进程。

（二）白酒地理标志注册现状

目前，我国酒类地理标志主要集中在白酒上，虽然已有地理标志商标注册的历史，但在其他方面的保护还比较薄弱。据国家知识产权局统计，2022 年合计酒类地理标志注册数量为 7 个，白酒的注册数量为 3 个，其中贵州地区分别是贵阳市、遵义市、毕节市。① 从这一点可以看出，贵州省的地理标志处于很低的注册数量。地理标志不仅指因特有的地域环境而产生的特有的产品质量，而且所产生的产品也具有深厚的文化内涵，因此，在消费趋势上，白酒将会是消费者选择高端白酒的主要选择，因为它含有丰富的微生物成分，符合现代人日益增长的生活质量要求。总之，要对高质量的白酒进行保护并对地理标志的注册程序加以完善。

三、我国白酒地理标志保护存在的问题

（一）地理标志申请注册程序不完善

目前，对地理标志的保护机制还存在一些突出的问题。在商标法的模式下，

---

① 童俊，王兵，王凯. 贵州地理标志保护现状研究——以贵州白酒为例 [J]. 科技创业月刊，2023，36（4）：88-91.

地理标志的保护主要是以美国为代表，但美国商标法并没有对其进行保护，因此，在商标体系下，地理标志的使用，要比普通的驰名商标更加容易，因为地理标志是一种商品的品质标识，在消费者的心目中，很容易会被认为是一种商品的共同名称。所以，"重商标轻地理标志"不符合我国保护地理标志的要求。

我国资源丰富，物资种类也十分多样，为了彰显白酒的优势，商标的发展具有重大意义。保护好商标是实现优秀品质的重要步骤。我国通过《商标法》保护地理标志，使得地理标志得到保护与增值，但在实践过程中，有不少需要学习之处。贵州省酒类产业以"贵州茅台"为代表闻名全世界，然而，白酒类地理标志商标注册保护的数量却甚少。

由于地理标志的立法不足，注册机构不明确，保护层次较低等问题，往往在实践过程中会发生冲突，导致大众无法感知到地理标志的重要作用，这使我国白酒在地理标志注册程序上存在一些问题。除了贵州省最有影响力的"贵州茅台"以及几家贵州本土酒业获得了地理标志保护，其余的优质白酒在这方面的保护还是相对空缺的，以至于市场没有标准的规范。

（二）执法部门管理权责不清晰

完善我国白酒地理标志保护的立法，除了《商标法》外，还应建立专门的保护地理标志的法律体系，并对其地理标志的保护进行专门的论述，明确其组成成分，全面、系统地保护白酒的地理标志。地理标志商标注册保护、地理标志产品保护、农产品地理标志保护使得这三者之间存在冲突，这样在注册过程中会存在重叠的注册程序，最终会导致权责不明、程序混乱的结果，势必会影响我国其他优质地理标志的资源开发，拖延整体发展的结果。

首先，在申请主体上，目前大多数的企业是临时组建的，以注册地理标志为目的。由于申请商标的人力和财力有限，即使取得了商标的注册，也普遍存在着宣传力度不够、保护不够等问题。

其次，商标登记和使用复杂的问题，应当明确商标的登记是否具有合法的效力，而白酒地理标志申请注册，应当与专利权、商标并列。但法律上对违反地理标志没有明确的界定。

最后，在程序上没有明确白酒地理标志的登记，如注册登记是否应遵循"自愿登记"的原则，是否制定"变更""撤诉""无效"等规定。

（三）地理标志法律宣传力度的不足

由于地理标志维权机制的缺失，导致地理标志主体维权意识淡薄，明知地理标志商标的来源但还是将其窃取，进行误导消费者的虚假宣传，这一行为被定义为"间接侵权"。致使白酒地理标志注册量极少的原因并非因为资源匮乏，而是源于很多当事人对于地理标志注册意识和维权意识薄弱。

四、我国白酒地理标志保护的建议

（一）明确地理标志注册程序

《中华人民共和国地理标志法》是由全国人民代表大会通过的。第一，它对地理标志的审查核准、地理标志申请人资格、地理标志批准条件与程序、地理标志行政执法机关、设立专门的章节制度都有严格的规定，将其用来规范白酒地理标志保护具有重要意义。第二，修订现行的《商标法》，以防止在地理标志注册时出现使用集体商标和证明商标之间的矛盾。

（二）重新规划地理标志相关执法部门的职责

要避免目前地理标志审批和行政执法工作的混乱局面。第一，成立各级地理标志局与国家商标局、专利局并列，负责受理关于核准和注册有关的工作能够达到多部门协同合作的工作要求。第二，将地理标志注册程序界定清楚，责任落实到位，商标的注册也应按照严格的标准执行。

（三）提高地理标志宣传力度

保护白酒生厂商之间的合法竞争，加强对于白酒地理标志的传播与宣讲，有助于改变当前我国白酒市场较为混乱的竞争状况，提高我国白酒在市场的竞争力，争取经济利益最大化。强化地理标志的国际注册与保护，使其在国际上得到更好的保护。第一，政府大力宣传白酒，发展白酒产业，当地政府从多方面支持白酒的发展，如在宣传推广、招商引资方面都给予支持，通过政府保护是最为直接且有强制性与权威性的保护手段。第二，充分挖掘和运用地理标志中的产品附加价值，加强国际市场的营销手段，增强我国白酒的国际竞争力，拓展我国的对外贸易。

第二节 白酒产品地理标志保护的制度分析

自经济全球化以来，知识产权成为热点话题，地理标志在国际上受到重视。中国在 21 世纪才进入地理标志保护领域，相关法律法规、制度政策大多借鉴于国外，国内有关地理标志保护制度的学术研究需进一步开展。为适应经济贸易全球化，直到 2001 年我国才开始建立关于地理标志的保护机制并逐步完善地理标志保护体系。一系列法律法规为我国地理标志保护提供强有力支撑，证明了我国对其保护的重视程度。

白酒产品的地理标志得不到有效的保护，造成白酒类市场出现不正当竞争，保护工作需进一步加强。近年来贵州得到快速发展，挑战与机遇并存，地理标志成为推动贵州经济发展的重要因素。贵州独特的地理优势孕育出了许多优质的酒类产品，有效地保护贵州省酒类地理标志，可推动贵州酒类品牌建设。为了给贵州酒类地理标志保护提供支撑，贵州省市场监督管理局（知识产权局）印发了有关保护办法。因此，进一步探讨贵州酒类地理标志保护制度显得尤为重要。

一、我国地理标志保护制度

（一）法律法规

对于我国来说，地理标志保护制度的建立是因为外界因素，为了履行加入国际条约后的义务进而对国外制度上的移用，1993 年我国《反不正当竞争法》规定不能伪造产品生产地址等信息，但没有明确规定是指地理标志。经过几次修正到现在，《商标法》以及经过修改的《商标法实施条例》规定将地理标志视为商标类别。到 2007 年，原国家质量监督检验检疫总局和原国家农业部依据相关法律制定了一系列政府规章，经几次修改一直沿用到现在。这些法律法规的颁布进一步为各类产品的地理标志进行保护。

（二）保护制度

在外界因素推动、内部因素拉动的情况下，我国建立了不同的保护机制。一是原工商局依托商标法体系，规定"地理标志"可以注册为集体商标或证明商标。但这样的注册规定是与《商标法》本质相背离的，商标可授权给其他生产商而地理标志受到地域限制。然而该制度所保护的商标种类除了地理标志外，还包括不具有地理标志特色的普通商标，概括性较强，针对性较弱；二是原质检总局通过《原产地域产品保护规定》对地理标志形成行政部门管理保护，并设计了"原产地域产品专用标志"。到 2005 年，修订为《地理标志产品保护规定》和"地理标志产品专用标志"，但在制度内容上并没有进行明确的修改，仅仅在名称外延上作出调整。三是独立在前两个制度之外的农业部行政部门根据部门规章对农产品进行登记，而该制度只针对农产品。我国默认已有的行政制度都包含了酒类产品，但未提到对其进行单独保护。这三种保护制度分别由不同行政机构对地理标志进行管理保护。

2018 年，我国进行行政机构改革，新建了国家知识产权局，农业部也变为农业农村部。国家知识产权局下设的商标局根据之前的相关法规负责将地理标志注册为集体商标、证明商标并履行管理、监督工作；知识产权保护司负责非商标类的地理标志产品。农业农村部根据相关法规单独负责登记农产品地理标志。

二、酒类地理标志保护制度分析

（一）贵州省酒类地理标志保护制度

第一，保护形式。贵州省在省市场监督管理局设立了知识产权保障处，对国家地理标识、地理标志等品牌产品实施保护；省农业农村厅所属的农产品质量安全监管总站主要承担农产品地理标志的登记与维护等管理工作。但是，贵州省的分类保护行政部门体系实则是各行其是，缺少有效配合。此外，因为贵州脱贫攻坚和乡村振兴的需要，贵州省关于知识产权的"十四五"规划和远景目标中仅仅提到了要利用地理标志兴农和乡村振兴，把重点放在了农产品地理标志的保护上。①

第二，注册程序。要注册为地理标志产品，首先需要企业和行业协会准备申报产品的名称、类别、产地范围、与自然人文之间的关系等证明材料，然后申请人需自己制定规范技术标准。注册地理标志集体商标、证明商标存在注册商标的性质，所以注册程序与注册商标程序相同，申请人需要是来自该地域的成员组成，并需要该地区的政府或相关管理部门的批准，结合地理标志的性质来准备相关资料。农产品地理标志登记申请人为该地域政府选择的相关组织、行业协会，并向上级人民政府农业行政部门提出登记申请，并提供申请人资质、产品典型特征描述、生产地域分布图等证明材料，产品的产地环境、产品质量需要符合国家强制性技术要求。

第三，政府政策。贵州对于酒类地理标志的保护没有专门的地方性法规及政府规章，酒类行业协会除了辅助申请工作外也没有其他职能。《贵州酒类产品生产流通管理办法》第 24 条第 3 款规定："酒类销售者不得销售伪造地理标志保护产品专用标志等侵犯知识产权的酒类。"这仅是从打击伪冒产品角度对酒类产品进行保护，没有具体到对酒类地理标志本身进行保护。为了统一不同行政管理部门设计专用标志，防止同一产品使用多种标志，2020 年贵州省根据国家规划的专用标志改革方案，纠正了专用标志在地理标志产品上的使用，但实际上无明显效果，虽然优化了申请地理标志专用标志的程序，但大多数酒类产品并没有积极申请，申请的也没有使用在产品上，包括酒类地理标志产品。在政策激励方面，还印发了《贵州省知识产权创造运用促进资助办法》，充分利用财政资金吸引更多产品申请地理标志以及推动地理标志高质量发展，不断挖掘新地理标志。

（二）四川省酒类地理标志保护制度

第一，保护形式。四川省对酒类产品的地理标志保护工作不仅延续了国家的整体制度，结合自身酒产业发展需要，自上而下逐步且具体完善了酒类地理标志的保护工作。四川省在知识产权局设商标监督管理处，对地理标志产品、地理标志商标注册保护和专用标志进行监管工作。农业农村部负责保护农产品地理标

① 童俊，王兵，王凯.贵州地理标志保护现状研究——以贵州白酒为例［J］.科技创业月刊，2023，36（4）：88-91.

志，对酒类产品主要是保护酿酒农作物原料。除了监管机构的保护外，四川省政府还积极引导川酒行业协会对川酒地理标志进行宣传与监督。[①]

第二，注册程序。由于四川省和贵州省是按照国家发布的相关管理办法对地理标志进行注册登记，因此，四川省对酒类地理标志的注册程序与贵州省相同。

第三，政府政策。四川省知识产权局出台了《四川省酒类管理条例》，该条例主要是对酒类产品的安全和生产标准以及经营活动进行规范，并提到要加强专用标志的规范使用，鼓励酒企申请地理标志产品专用标志。2012 年，四川省政府就部署了一系列知识产权保护行动，制定了四川省地理标志产品保护计划，计划要求进一步提高川酒国家地理标志保护相关工作质量，并根据实际情况制定了有关川酒的地理标志产品保护办法和《四川省地理标志产品保护工作管理细则》等地方性政府文件，开启了四川省酒类产品地理标志保护的地方性政府规章的准备工作。同时，四川省借鉴了法国酒类地理标志的分层管理经验，将"中国白酒金三角（川酒）"地理标志产品保护分为统筹保护、酿造区域保护、原料区域的原产地保护的申请工作，并统一了《地理标志产品－中国白酒金三角（川酒）》的生产质量标准。由此看来，四川省由大到小的保护工作对酒类地理标志精准发力，能够针对酒类地理标志提供保护支撑。

（三）贵州省与四川省酒类地理标志保护制度比较

从整体上看，同样是酒产业强省，四川在保护和发展酒类地理标志方面都能兼顾，贵州却出现酒产业强而酒类地理标志保护制度欠缺的情况。由于贵州省和四川省都是在国家制度下保护酒类地理标志，因此在保护形式和注册程序上两省相同，主要对两省的政府政策进行比较。

从保护力度上看，贵州省没有像四川省具体地针对酒类地理标志进行保护，没有形成地方性保护特色。在行政管理机构设置上，贵州与四川较为相似，但在制定地方性政府规章方面有一定的差距，贵州没有明确的酒类地理标志政府规章和发展酒类地理标志的规划动作，仅靠对酒产品市场的监督管理来"抓痒"。

---

① 谢敏. 地理标志农产品对品牌营销竞争力的影响——以四川省为例 [J]. 中国农业资源与区划，2017 (4)：207-213.

"仁怀酱香酒"和"川酒"都是酒产业集群发展的结果，但"仁怀酱香酒"没有受到像四川省那样的着重保护，四川依靠完备的酒类地理标志保护工作，打造了川酒"五朵金花"。受保护的川酒还受到川酒地理标志生产标准的监管，从酒产品自身规范上加大了酒类地理标志的保护力度。而贵州没有制定酒产业集群中各种酒产品的酒类地理标志标准和统一的保护规范。为了清晰地比较它们与其他国家的不同制度，此处以图表形式进行表达，见表4-1。

表4-1　　　　　　　　　贵州省与四川省酒类地理标志保护制度比较

省份	制度	政府规章	优点	缺点
贵州省	商标管理制度、地理标志管理制度、农产品地理标志管理制度	针对酒类地理标志颁布了如《中国白酒金三角（川酒）地理标志产品保护办法》《地理标志产品——中国白酒金三角（川酒）》生产质量标准等政府规章	深化了酒类地理标志的保护层次，对酒类地理标志保护有针对性	增加了管理成本
四川省	商标管理制度、地理标志管理制度、农产品地理标志管理制度	印发了《四川省知识产权创造运用促进资助办法》，利用资金政策吸引产品申请地理标志，但没有针对保护酒类地理标志的政府规章	能吸引更多酒类产品申请地理标志，丰富酒类地理标志资源	对酒类地理标志的保护缺乏针对性

三、贵州酒类地理标志保护制度的不足之处

（一）制度不完善

1. 无具体法律依据。

贵州对酒类地理标志的保护是按国家制度实施，但我国没有保护地理标志的

具体法律。我国的《商标法》只针对注册为集体商标、注册商标的地理标志，而其他类地理标志是受相关行政法规保护，这无疑会在法律权益上造成一定混乱，并且缺乏规范性和系统的执行力，增加执法成本。

2. 监管机构权力重叠。

目前对地理标志的监管机构有知识产权保护司、知识产权局商标局、农业农村部。虽然我国将原国家质检总局和工商局进行整合，并新组建农业农村局，但对地理标志的保护并没有统一，各监管机构权力相同，不同主管部门对酒类地理标志有不同的保护体系。这就造成了每个管理部门工作内容一致却没有关联的状况。在处理酒类地理标志问题上，不同监管机构存在不同标准，申请人无法确定在哪个机构能够获取有力的保护并解决问题。

3. 注册程序不统一。

因行政监管机构不统一，存在同一酒类地理标志在其他行政管理部门注册，出现多重保护的问题，究其原因是不同行政管理部门存在各自的注册标准，造成申请人申请成本、各部门管理成本升高，给申请人造成不便。

第一，各监管机构对申请主体要求不同。贵州省知识产权局知识产权保护处和农业农村厅要求申请主体为生产企业、行业协会或是政府指定的相关组织，对地理标志集体商标、证明商标的申请主体要求是来自产品生产地域并符合申请条件的各企业成员，造成申请主体的不确定性。

第二，对申请需要准备的材料要求不同。注册为地理标志需要准备产品的名称、类别、产地范围、与自然人文之间的关系等证明材料，而注册为农产品地理标志需要准备产品典型特征描述、生产地域分布图等证明材料。若想获得更全面的保护，申请人需要提供不同的申请材料，就会出现较大的申请成本。

（二）对酒类地理标志保护不重视

1. 政府层面。

政府对酒类产品地理标志的保护没有针对性。近年来，贵州省政府是通过打击伪冒酒产品来保护商家及消费者权益的，没有发挥贵州酒类产品优势，针对性地对酒类地理标志进行保护，酒类地理标志保护宣传力度不够，没有形成专业性的保护机制。通过对比贵州省与四川省酒类地理标志保护情况发现，贵州省没有地方性的政府规章，反观四川省，打造了酒产业集群的地理标志保护并制定相应政府规章，贵州省在重视酒类地理标志保护程度上相对欠缺。

2. 企业层面。

酒企业在注册地理标志后忽略了保护工作。目前酒类市场上已出现了较强的市场竞争，贵州许多申请地理标志的酒产品虽取得了不错的成绩，但还没形成贵州酒类地理标志一家独大的局面。很多酒企积极申报地理标志的名额，但申请之后就忽略了注册的本质，进而对地理标志的使用管理和保护不作为，地理标志最终变得没有意义。酒企业注册了地理标志却置之不管，或是简单地在产品上使用地理标志产品专用标志来彰显其荣誉或区别于其他产品，把其视为一种荣誉标志，如果受到侵犯，就通过维权进行处理，酒企业很被动地对地理标志进行保护。

3. 行业协会层面。

第一，行业协会在辅助企业申请地理标志后没有协同政府部门对地理标志进行保护。在前文所提到的我国的地理标志保护制度以及贵州酒类地理标志保护制度中，行业协会可能只是作为申请注册的主体，申请事后并没有参与相关保护工作。行业协会主要是政府为了沟通企业、经营者与消费者而设立的非营利性组织，帮助企业进行品牌建设、形象建设，还制定规章对协会成员进行规范。可以说行业协会能够作为第三方保护主体，辅助政府对酒类地理标志进行保护。

第二，目前行业协会行政权力受限，与酒企业之间没有进行良好沟通，只能作为中间人对酒企业进行市场监督。这方面政府没有利用好行业协会的纽带作用对酒类地理标志保护进行宣传、监督等工作。

四、完善白酒类地理标志保护制度的建议对策

国家需要建立多层次而不是多主体的地理标志保护体系：最高层次为专业性、全国性的法律保护；第二层次是统一的主管部门监管；第三层次是地方政府的规章制度；相关行业协会的宣传和监督为第四层次。由于贵州的酒类地理标志保护制度是按国家总体的制度实施，在完善贵州酒类地理标志保护前应立足于国情，对国家地理标志保护制度进行完善，再对贵州的制度进行详细优化。

（一）完善地理标志保护制度

第一，制定具体的保护法。国家应采用力度较大的保护制度，从国家总体制度上制定专业性、全国性的法律来保护地理标志，处理《商标法》和相关行政法规之外没有完善的法律问题。因此需要制定《中华人民共和国地理标志法》，统一地理标志的概念界定，并制定地理标志法律保护的基本原则。

第二，整合监管机构。需要对知识产权保护司、知识产权局商标局、农业农村部等部门在地理标志保护方面的职能进行整合，在市场监管局下设地理标志部门，统一对各类地理标志进行监管。借鉴相关国家对酒类地理标志保护采取的法律制度方面的设计理念，突出酒类产品与其他地理标志产品的不同之处，明确对应的行政机关专门负责对酒类产品地理标志保护，出台指导性意见或者管理办法，各地方政府结合自己实际情况设立保护部门、完善保护制度。

第三，统一注册程序。在注册程序上，应该由地理标志监管部门依据法律法规进行统一。首先，监管机构要统一申请人，明确权利主体，在申请地理标志时，规定申请人为生产企业与相关行业协会，行业协会在申请过程时进行监督。其次，监管机构要统一申请材料为产品名称、生产范围、技术、质量、自然因素、人文因素。再次，行业协会要对申请人提供产品质量标准进行严格检查和监督，确保申请产品与本地域有合理关联性，确保申请人具有达到技术、质量标准的生产能力。最后，要完善合理的撤除机制，对注册地理标志却不使用的，对其进行合理撤除，以免浪费资源。

（二）提高各社会主体对酒类地理标志的重视

第一，完善酒类地理标志保护政府规章。贵州省应借鉴四川省和其他国家对地理标志保护的经验，制定地方性政府规章，如《贵州省地理标志产品保护条例》《贵州酒类地理标志管理办法》等。地方政府主动帮助对本地域具有一定影响力的酒类产品进行申请，避免自愿原则下酒企的申请不力。政府的规章在第三层次为酒类地理标志提供保障，在一定程度上加强了地域性的保护，突出酒类产品的地域性特色。通过比较贵州省与四川省酒类地理标志保护情况来看，四川省出台了酒类地理标志保护的政府规章对其进行保护，这点贵州省可以借鉴。为了更好地打造贵州品牌，针对保护如"仁怀酱香酒"等酒类地理标志，需要制定如《仁怀酱香酒地理标志产品管理办法》等政府规章，加强建设中国酱香型白酒核心产区（仁怀），或申请注册为地理标志。同样可借鉴美国联邦政府用规章管理，这方面就需要贵州省政府提供强有力的规章。

第二，加大酒企的宣传保护力度。获得酒类地理标志注册保护的酒企必须加大宣传力度，要意识到其重要性，端正态度，并逐步让广大消费者了解及认同地理标志产品独特的人文和自然地理内涵。同时，酒企要转变地理标志专用标志的使用思路，不能把专用标志视为荣誉标志，而是发挥其对酒产品质量和工艺特性的监测作用，进行自我监督。

第三，引导行业协会对酒类地理标志进行宣传监督。行业协会作为政府连接生产者、经营商、市场的桥梁和纽带，在商业环境中处于行业一线，相比政府更加了解生产企业和市场环境。我国行业协会的发展依赖于政府部门的力量，但是在地理标志的管理上，产业协会要自己"站起来"。在贵州酒类地理标志的保护上，贵州省政府应倡导酒业协会发挥对酒类地理标志的协同保护作用，帮助酒企业做好保护宣传工作，对酒企业的产品标准、专用标志的规范使用进行监督。

第三节　白酒产品地理标志保护的经济学分析

自经济全球化以来，知识产权成为热点话题，地理标志在国际上受到重视。中国在 21 世纪才进入地理标志保护领域，相关法律法规、制度政策大多借鉴于国外，国内有关地理标志保护制度的学术研究需进一步发展。为适应经济贸易全球化，直到 2001 年我国才开始建立关于地理标志的保护机制并逐步完善地理标志保护体系。一系列法律法规为我国地理标志保护提供强有力支撑，证明了我国对其保护的重视程度。

白酒产品的地理标志得不到有效的保护，造成白酒类市场出现不正当竞争，保护工作需进一步加强。近年来贵州得到快速发展，挑战与机遇并存，地理标志成为推动贵州经济发展的重要因素。贵州独特的地理优势孕育出了许多优质的酒类产品，有效地保护贵州省酒类地理标志，可推动贵州酒类品牌建设。为了给贵州酒类地理标志保护提供支撑，贵州省市场监督管理局（知识产权局）印发了有关保护办法。因此，进一步探讨贵州酒类地理标志保护制度显得尤为重要。

一、白酒地理标志保护的经济学内涵

地理标志保护制度在保护地理标志的同时，也赋予了地理标志产品深刻的经济学内涵，使之成为一种知识产权，体现出商品或品牌、信用产品、垄断产品、差异产品、俱乐部产品的特征。这些经济属性决定了地理标志存在价格溢价机制，凭借着其主要依附于农村的地理属性，地理标志可以作为一种工具，直接或者间接地推动经济发展。首先，地理标志的出现可以有效地区别地理标志产品与其他产品。因此，消费者可以通过产品的原产地获得关于白酒特征的关键信息，生产者也可以通过地理标志传递产品的关键信息，从而使自己的产品获得足够的价格溢价。第二，从消费者的角度看，白酒地理标志不仅意味着产品的原产地，还代表着白酒的质量标准和生产方法。同商标的作用一样，作为信用产品的地理标志依然能够节省消费者的时间、精力、搜寻等交易成本。第三，地理标志保护虽然不能阻止其他地区生产者生产同类的产品，但可以禁止其他地区生产者使用同样的地理标志销售产品，地理标志产品生产者在某种程度上获得了地理标志产品的垄断地位。第四，地理标志在赋予产品差异性的同时，也提升了地理标志产品的质量。在没有引入地理标志之前，消费者会认为产品是同质的，他们仅会购买价格最低的产品，从而导致市场上只有低质量的产品供给。引入地理标志以后，由于差异产品的存在，部分消费者会转向高质量、高价格的地理标志产品，而其他消费者依然只会购买低质量的非地理标志产品。最后，地理标志具有一定的排他性，又不具有竞争性，事实上是俱乐部产品，即只有特定地区的生产者才有资格参加俱乐部，俱乐部的参与者必须严格遵守质量标准和业务守则，这也提升了市场准入标准。地理标志俱乐部将小的生产者组织起来以获得竞争优势，从而使地理标志产品具有集体垄断的性质，这意味着地理标志产品的生产者依然可以获得价格溢价。

二、白酒地理标志保护的经济效应

总的来看，地理标志对白酒发展具有直接利益和间接利益。直接利益在于，地理标志的生产者可以排斥非地理标志的生产者，顺利地进入小众市场，获得相应的经济利益，这必然导致地理标志生产者及其团体中公平的利益分配。间接利益主要有两个方面：一是地理标志保护制度具有较好的示范效应。对一种产品实施地理标志保护可以激励其他传统生产方式也加入地理标志保护的行列，从而确保了代际公平；二是地理标志产品的生产具有一定的产业拉动作用。有效益的地理标志产品的生产不仅可以创造本地就业和减少人口流失，而且其地理属性的特性也有利于提高地区知名度，促进旅游产业的发展。如茅台镇于 2022 年 8 月被确定为第二批国家级夜间文化和旅游消费集聚区。当然，依赖地理标志发展当地经济需要一定的条件。第一，将众多小的生产者组织起来生产地理标志产品，组织内部的制度和监管决定了地理标志产品的价格水平和生产者所获得的溢价。第二，地理标志产品的生产过程、加工水平、市场渠道、供应链结构以及地理标志产品对土地和环境的影响决定了农村经济发展的可能性。第三，地理标志产品能否促进当地经济可持续发展还依赖于所在地区对生产者的支持程度。第四，来自其他地区替代品的压力也决定了地理标志产品的溢价水平。

三、白酒地理标志保护与区域经济发展

白酒地理标志除了承载着独特的自然环境条件外，更是积淀和蕴含着极为深厚的历史文化资源。将这种具有独特自然因素、人文因素的地理名称用于标识一项白酒所形成的地理标志产品，不仅赋予了白酒独特的品质、风味等产品特质，更赋予了白酒历史文化内涵。与此同时，通过地理标志白酒产业化开发、品牌化营销，不仅促进区域农业农村经济的发展，而且将一个地区的自然、人文等环境通过地理标志载体进行广泛的宣传推介，也促进了区域经济社会的发展，使白酒地理标志成为区域经济社会发展的地标名片。此外，对白酒地理标志产品历史文化内涵的挖掘，有利于拓展行业的多元功能，如与旅游产业、文化产业联姻形成的乡村旅游产业、农耕文化产业等。这种以白酒地理标志为主导形成的产业集聚，放大了区域产业经济的发展规模，成为区域产业结构调整和区域经济发展的重要引擎。

第四节 贵州白酒地理标志保护现状分析

地理标志是各国目前发展重要的一部分，地理标志相关保护在其他国家已经发展了很多年。自经济全球化的迅速发展以来，知识产权不断出现在人们的讨论中，地理标志的保护既是世贸组织关于国际贸易的一个重要议题，也是目前我国知识产权领域迅速发展的一个热门议题。虽然我国在地理标志保护方面起步较晚，但正在不断地完善相关的法规。从《地理标志产品保护规定》《农产品地理标志管理办法》《商标法》等法规的完善，再到《集体商标、证明商标注册和管理办法》及《地理标志保护法规定》等法规的出台都显示出国家在保护地理标志方面的决心。

目前，贵州省整体情况都在发生快速变化，地理标志保护也进入了迅速发展期，相关地理标志产品保护数量也在快速上升，带动了相关地区经济的发展。但与此同时也发现了一系列的问题，白酒类地理标志产品的保护数量非常少，它所占的比重同时也很小，对白酒品牌不重视，缺少快速有效的地理标志保护法规和政策支持等。因此，对贵州白酒地理标志保护现状进行分析和提出相关建议显得尤为重要。

一、贵州白酒地理标志保护现状分析

（一）贵州白酒国家地理标志的概况

1. 贵州白酒地理标志注册数量。

贵州地理标志保护发展相对较晚，然而根据《2020 年贵州省知识产权保护与发展状况白皮书》，2019 年全省新产生的地理标志有 47 个，商标占了 9 个，地理标识保护产品 1 个，农产品 37 个。从目前状况来看，贵州省现存 386 个地理标志产品，可白酒地理标志保护也相对较少，近年来白酒地理标志的申请数量不多，白酒企业对地理标志的理解和关注点还处于早期发展阶段。①

---

① 郭旭，徐志昆. 贵州白酒品牌体系构建现状、存在问题及对策研究［J］. 贵州商学院学报，2020，33（4）：19-29.

贵州作为拥有上千家白酒酿造企业的省份，对于白酒地理标志申请相关保护的却只有 8 件，并且申请数量逐年减少，与贵州"名酒之乡"不符。实际上白酒是有着特定的品质和产品声誉特点的，既是相应地区经济发展不可缺少的一部分，又是当地文化和风俗习惯的象征。贵州有着独特的气候环境和酿造工艺，水资源丰富，且还有众多名酒可以挖掘注册。如：国台酒、董酒、安酒、百年糊涂酒、钓鱼台酒等，这些企业都是近年来发展比较快且实力比较强的，都是可以进行申请注册的。总的来讲贵州白酒地理标志的保护与发展工作还存在较大的发展空间。

2. 贵州白酒地理标志产品区域分布。

地理标志申请注册主要由三部门进行审核。我国白酒地理标志保护虽然起源相对较晚，但目前已获得地理标志保护的白酒品牌有 87 个，分布在全国各个地方，贵州作为生产白酒的大省，获得白酒地理标志保护的却很少。如图 4-1 所示，主要分布在以下几个地区，分布较多的在遵义市。

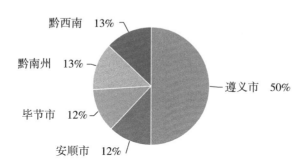

图 4-1　贵州白酒地理标志保护区域分布（数据来源：贵州省知识产权局）

截至 2021 年，贵州省 6 个地级市 3 个自治州，获得白酒地理标志保护的产品只有 8 件。其中遵义市所占比重为 50%，毕节市所占比重为 12%，安顺市所占比重为 12%，黔南州所占比重为 13%，黔西南州所占比重为 13%，遵义市所占比重相对最高。而遵义市中有茅台酒、习酒、鸭溪窖酒、仁怀酱香酒这 4 件。由于各地区自然条件和文化的不同，整体呈集中的趋势，主要集中在遵义市，占总数的 50%，其主要原因是遵义市中的仁怀市是贵州白酒的核心产地。①

3. 贵州省白酒商标注册数量。

贵州白酒商标的申请量与同一时期白酒行业的发展情况、舆论事件、政府出台的相关政策息息相关。如图 4-2 所示结合白酒商标申请量的变化趋势分析，将贵州白酒商标申请量分为三个阶段。

第一阶段白酒商标申请量相对缓慢。2012 年至 2016 年由于国家出台限制"三公消费""禁酒令""中央八项规定"以及塑化剂事件等因素的影响，使得许多白酒企业纷纷倒闭，而白酒企业是申请白酒商标的主体，进而使得白酒商标申请出现了减缓。因此，2010 年至 2016 年白酒商标申请量相对较缓慢。

第二阶段白酒商标申请量停滞。由于受塑化剂事件冲击之后，贵州白酒整体相对混乱，致使白酒市场出现很多假冒产品，然而这些产品却可以为企业带来丰厚的利益，导致很多企业忽视了品牌管理以及对商标的保护，使得白酒市场比较乱。因此，出现了 2017 年白酒商标注册量出现停滞。

第三阶段白酒商标申请量呈增长。在市场乱象发生后，国家及时制止了这些行为，自 2018 年起国家相关部门加大对《商标法》的管理，对假冒产品进行严厉打击和处罚，这使很多白酒企业开始重视白酒商标的注册，市场也慢慢开始恢复正常。因此，2018 年至 2021 年白酒商标注册总体呈增长趋势。

（二）白酒地理标志的相关法律法规

1. 贵州白酒商标和地理标志的法律保护。

白酒行业在贵州省经济发展中起着重要的作用，因此加大白酒地理标志的法律保护力度是至关重要的。对于白酒地理标志的法律保护首要环节就是有法可依，目前我国很少有关于白酒地理标志的完整法律，根据白酒地理标志的一些特点，从理论上来讲，部分法律可以对白酒地理标志提供一定的保护，主要有以下三种：

第一，根据《商标法》的规定，通过对白酒地理标志的证明和集体商标的注册，对其实行保护；第二，《地理标志产品保护规定》通过地理标识专门的商标

---

① 数据来源：贵州省知识产权局。

图 4-2　贵州白酒商标注册数量（数据来源：贵州省知识产权局）

以及将白酒产品质量与专用标识管理方面相结合，从而进行一定的保护；第三，《地理标志产品质量保护规定》通过构建白酒产品的质量监控体系，实行的是公共标识与原产地名称结合对地理标志进行保护。

总的来说，三种保护都有一套自己的制度，《商标法》着重于白酒地理标志运用的管理；《地理标志产品保护规定》则是在《商标法》的基础上加大对白酒地理标志的品质、质量的把控；《地理标志产品质量保护规定》是在两者的基础上将质量把控和专用标志结合使用。三种法律规定对地理标志都有一定的法律保护作用，但相对太零散并不能形成一套完整的预防、保护及规范制度。

2. 贵州白酒地理标志相关政策规定。

近年来，贵州省白酒热度持续提高，品质保证、品牌效应等都已成为贵州白酒的高频词，保护白酒地理标志，关乎贵州省白酒产业的高质量发展。为了贵州白酒产业更好地发展，国家及贵州省政府在贵州白酒地理标志保护上不断完善白酒商标、地理标志等方面的法规和政策。

在现行的保护制度中，以《贵州省工商行政管理局农产品商标、地理标志注册与保护指导意见》为依据，加大对特色白酒商标的保护，带动相关产业发展。再到《乡村振兴战略规划（2018—2022）》条例中提及加强对白酒地理标志的保护和商标的注册，对地理标志的假冒、不规范使用给予严厉处罚。而后 2020

年《中华人民共和国政府与欧盟地理标志保护协议》中将有地方相应特色的地理标志进行整合，中国典型的白酒代表茅台酒入选其中。2021 年 6 月 28 日，贵州省知识产权局根据《贵州省知识产权高质量发展资助办法》对于地理标志符合申请要求的给予一定的奖励。以上相关规定都提到对白酒地理标志进行保护且鼓励对白酒地理标志注册，总的来说贵州省对白酒地理标志保护的相关法规较少。相信未来通过相关的法规和政策能更好地提高贵州白酒地理标志的保护。

3. 贵州白酒地理标志的经济效益。

白酒产业在贵州省经济发展中占有十分重要的地位，自 2012 年来贵州省白酒行业由于受到相应政策和塑化剂事件的限制，全省白酒行业进入整合期，全省白酒产量增加情况出现先上升后下降的趋势，如图 4-3 所示，相关企业开始重视白酒质量以及产品品牌，从而提高销售收入，增加经济效益，因此可以将其分为两个阶段。

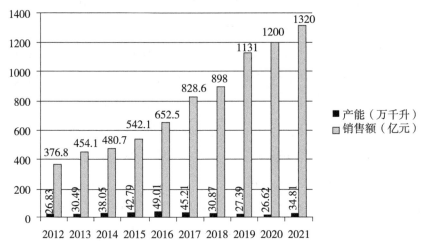

图 4-3　贵州白酒行业产能及销售额（数据来源：贵州省知识产权局）

第一阶段贵州白酒行业带来经济效益增速缓慢。2012 年至 2016 年由于受到国家"中央八项规定""禁酒令"政策以及塑化剂事件的冲击导致白酒需求量减少，产能过剩，销售额增速较慢，因此 2012 年至 2016 年贵州白酒产业所带来的经济效益较低。

第二阶段贵州白酒行业带来经济效益增速较快。2017 年白酒企业开始注重白酒质量的提升以及对白酒品牌进行保护，2017 年至 2021 年白酒产能虽减少但提高了销售额，其中茅台占据主要地位，近年茅台产量和销售额都在不断上升，带动了相关企业的发展，进而提高了经济效益。

二、贵州白酒地理标志保护中存在的不足

(一) 地理标志保护机构不统一

目前，我国已有许多保护地理标志的法规，包括商标法、多部门规章以及相应的商业制度规范。现有三个不同部门主管地理标志的审批机构，分别是国家质量监督管理总局、农业部门、商标局，三个不同部门的工作职责分工不是很清楚，让很多企业无法适应。质检总局按照《地理标志产品保护规定》的要求，对地理标志进行特殊注册加以保护；工商局则通过《商标法》对其地理标志注册共同存在的商用标识及能够证明的商标进行管理；农业部门则是运用《农业法》对地理标志进行保护管理。三种申请部门同时存在，使地理标志保护互相交叉，管理机制不统一，增加了申请难度，也导致很多误会，让很多白酒企业不知到底要去哪个部门申请地理标志保护才算合理。管理机制不统一让本来保护意识薄弱的白酒行业人员更加不注重地理标志的保护。另一方面就是出现同一种产品多次申请注册，进而形成了重复现象。另外，除了三部门外政府也参与其中，出台了相关地理标志的一些管理机制，管理部门多而权力混乱，申请人难以适应。

(二) 忽视产品质量和品质特征，监管和追溯不力

地理标志相关产品的市场价值主要是由产品的质量和品质所决定的，只有产品品质的优良，才能得到消费者的喜爱，而人们更是对白酒的质量和口感有着极高的要求。但很多时候人们只注重产品的产地，却忽略了产品的品质，这也会降低白酒地理标志产品和大多数白酒在其质量上的不同。再一个就是对白酒地理标志保护产品质量体系不重视，没有加以完善补充，进而造成质量问题的监察和控制比较困难。特别对于那些没有达到相关质量要求的白酒产品来说，恶意抢注、多种仿制品等现象经常出现，地理标志产品在质量评定方面没有制定一套规范的

标准，而且对白酒地理标志产品酿造和输出方面，如：白酒生产区域、白酒酿造技术、相关白酒专用标识运用方面等没有合理地进行管理。就目前而言，贵州省白酒地理标志产品的一系列标准还处在早期阶段，部分企业冒用地理标志产品，滥竽充数，不利于对白酒地理标志的相关质量指标的完善。

（三）地理标志保护意识淡薄

虽然贵州省目前有几百个地理标志产品，地理标志产品总数在不断上升，但对于资源丰富、民族多样化、白酒企业数量众多的贵州，白酒方面的地理标志保护产品却寥寥无几。出现这样的情况是由于我国在对地理标志的认识和了解程度上还比较薄弱，很多白酒企业不重视对品牌的保护，导致市面上出现很多不是出自同一家企业的同一种白酒产品；同时对申请流程也不清楚，加上申请机构机制不统一，导致没有真正了解白酒地理标志所带来的好处和价值。与此同时，还存在大多数消费者对地理标志产品的认识水平也相对较低，进而使保护的意识变得很低。

三、贵州白酒地理标志保护的建议对策

（一）强化地理标志保护机制

目前地理标志保护主要是在三个部门的法律下进行的，为了更好地节约资源，应该将三个部门进行整合，相互配合提高工作效率，杜绝同一种白酒产品多次注册的情况，同时让地理标志申请更加合理。首先，结合贵州省独特的自然条件和白酒文化，整合相关地理标志保护的法律规定，建立适合贵州省情况的白酒地理标志保护制度。其次，由市场监管局对贵州省白酒制度进行整理，制定出一套白酒的法律制度，直接减少申请时的烦琐过程，缩短申请时间。再次，要充分发挥行业协会的保护功能，并承担一系列的地理标志保护工作。

（二）重视白酒产品品质，加强质量监控

具有白酒地理标志的企业生产者必须严格按照国家相关标准进行生产与销售，保证白酒的质量，建立并加强白酒的质量体系，维护好白酒地理标志的品质

和声誉。从白酒的酿造出发，从源头把控白酒一系列质量问题。加强对白酒酿造企业的培训，以地理标志为枢纽带动规模生产和具体化生产，充分发挥白酒产业带动地方产业的优点，带动相关产业的发展。对于仿制品、扰乱市场而注册白酒商标等一切不合理的行为要严厉打击，给予相应处罚，从而保证白酒生产经营者的合法权益。

（三）增强地理标志保护意识

为了充分发挥白酒行业所带来的价值，笔者认为应该加强对白酒地理标志保护的宣传，对白酒行业的企业及人员进行培训，让他们了解更多地理标志带来的价值，同时也要提高消费者对白酒地理标志的认识。政府部门首先要加大对白酒地理标志保护政策的支持，可以给予申请人一定的奖励，制定出相关的法律来加强对白酒地理标志的保护。其次，促使有实力并且有资格的白酒企业对其白酒产品的地理标志进行申请和使用，为白酒地理标志提供一个良好的发展空间。

综上所述，通过对贵州白酒地理标志保护现状进行分析研究发现，贵州省地理标志保护进程正在一步一步地推进，多样化的地理标志资源可以为贵州省快速发展提供有效的支撑。从白酒地理标志注册数量、区域分布、相关法律法规及白酒所带来的经济效益等现状进行分析，发现大多数白酒企业对地理标志保护意识不够，地理标志保护申请机构不统一以及企业的白酒产品质量体系不够完善。本研究的提出的对贵州白酒地理标志保护的建议，希望能够为贵州省白酒产业的整体发展和保护起到一定促进作用；引起企业对白酒地理标志保护价值的重视，更好地发挥地理标志在知识产权保护中的作用和价值，促进白酒行业的健康发展。

第五章　贵州白酒产业专利保护的研究

　　随着国民经济发展的步伐不断加快，白酒市场的竞争逐步表现为专利竞争。由于专利信息包含了法律、技术、著录、策略等信息，可以通过专利信息了解到白酒企业的专利水平、专利状况和具体技术方案，以此来制定相关战略，保障企业的经济利益。目前，我国对专利保护的法律和制度进行了多次修订，正在逐步完善，如《中华人民共和国专利法》《中华人民共和国专利法实施细则》等。贵州省根据相关的法律法规制定了《贵州省专利保护条例》《贵州省知识产权"十四五"规划和 2035 年知识产权强省建设远景目标纲要》《贵阳市"十四五"市场监管现代化专项规划》等，对专利信息的规范性和完整性进一步加强。

　　白酒产业不仅是贵州省主要的经济支柱产业，更是助力贵州省农村脱贫的重点产业。随着白酒市场的竞争越来越激烈，对贵州白酒产业的专利信息进行调研分析，在提升白酒企业的专利保护水平、白酒产品的销售量以及白酒企业科技创新能力等方面起到了重要作用，促进了贵州白酒产业的高质量发展。通过对贵州白酒企业的专利授权量、申请人、类型、有效专利数量、空间区域分布和法律状态等方面进行分析，发现贵州白酒产业存在一些问题，提出了相应的建议和对策。

第一节　贵州白酒产业专利信息分析

一、专利授权量变化趋势分析

　　从专利授权量来看，贵州白酒产业的专利授权量与同一时期的白酒行业的发展情况、政府出台的相关政策、舆论事件等外在因素息息相关。结合贵州白酒产

业专利授权量变化趋势图（见图 5-1）进行分析，以时间为节点将 2010 年至 2021 年贵州白酒产业专利授权变化情况分为缓慢增长期、发展增长期、高速增长期和缓慢回落期四个阶段。

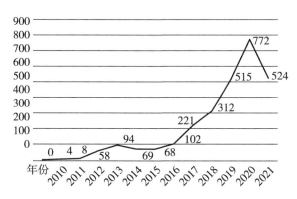

图 5-1　贵州省 2010—2021 年白酒产业专利授权情况（数据来源：贵州省知识产权局）

　　第一阶段，缓慢增长期（2010—2012 年）。2008 年国家第三次修订《中华人民共和国专利法》，对专利使用权和侵犯专利权规定进一步明确，减少了白酒企业和发明人关于专利被侵权的顾虑，对知识产权的保护意识也有所提高。因此，该阶段贵州省白酒产业的专利授权呈现缓慢增长趋势。

　　第二阶段，发展增长期（2012—2016 年）。贵州省白酒行业为打造中高端品牌，白酒企业为保持市场份额、保护创新成果，防止侵权现象的发生，开始重视通过申请专利来对自身成果进行保护。2015 年贵州省颁布《贵州省专利条例》，以设立专利奖的形式鼓励发明创造、申请专利。提出一项有效发明的专利申请至少可获得 5000 元的奖励、实用新型专利至少能得到 2000 元的奖励，外观设计专利相对于发明专利而言至少能得到发明专利奖励金额的五分之一。此专利奖条例的实施有效激发了发明者申请专利的积极性。因此，该阶段白酒产业专利授权数量有一定的增长趋势。

　　第三阶段，高速增长期（2016—2020 年）。随着人民生活水平的提高和消费观念的转变，白酒企业纷纷通过打造高端产品来提升市场份额、增加企业利润，也使得企业有充足的资金投入技术研发、引进新设备、招纳人才。因此，该阶段的白酒授权专利高速增长，并以上百件的数量增长，最高峰值达到 772 件。

第四阶段，缓慢回落期（2020—2021 年）。该时期贵州白酒产业受到新冠肺炎疫情的短暂冲击，企业发展受到了一定程度影响。消费者对待白酒产品的消费观念发生变化，导致对高端白酒的消费呈下滑趋势，企业盈利额下降，科技创新研究工作、专利申请、授权工作放缓。但此阶段，贵州省专利奖励政策的实施，激励了发明人对专利的申请，申请的下降幅度并不严重。因此，该阶段专利授权呈现缓慢回落阶段。

二、专利的类型和有效情况分析

从专利的类型来看，贵州省白酒专利的申请主要以外观设计专利为主、实用新型专利次之、发明专利最少。截至 2021 年底，贵州省白酒专利数量共计 2796 件，其中白酒发明专利的数量 205 件，占比为 7.3%；白酒实用新型专利 515 件，占比为 18.4%；白酒的外观专利 2076 件，占比则高达 74.3%（见图 5-2）。① 贵州白酒的有效发明专利较少。从保护期限来看，发明专利虽然具有优势，但保护的费用却比其他两种要高，研究难度大，花费的时间和费用多。另外，专利的申请人大多注重瓶装设计，忽略了核心技术发明专利才是白酒产业的核心发展要素。

从专利的有效情况来看，有效专利中以外观设计型专利和发明专利为主。1284 件有效专利中，发明专利只有 462 件，占比 36%；实用新型专利 350 件，占比 27%；外观设计型专利 487 件，占比 37%。有效专利数量有所增加，但每年的数量较少。2009 年 10 月《中华人民共和国专利法》进行了第三次修订，调整了专利保护的政策和审查要求，因此 2010 年至 2012 年授权量有所提升。后因受塑化剂事件和白酒行业调整的影响，贵州白酒专利授权量减少，有效专利也随着减少。直到 2015 年《贵州省专利保护条例》的颁布才使白酒专利授权量得以回升。2020 年受新冠肺炎疫情的影响，专利申请、审查、授权等工作受到一定的影响，专利授权量和有效专利都有所减少。

---

① 数据来源：贵州省知识产权局。

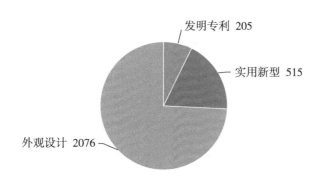

图 5-2　贵州省白酒产业专利类型分布（数据来源：贵州省知识产权局）

三、专利的法律状态与申请人分析

从专利法律状态的角度来看，截至 2021 年底，2796 件授权专利中保持有效授权专利的 1284 件，占比 45.9%，近一半的授权专利是得到保护和认可的。处于审查阶段的专利有 482 件，其中大部分发明专利处于实质审查阶段，这是授权发明专利较少的原因之一，体现出白酒产业的技术创新的潜力较大。①

从专利申请人的角度来看，2736 位申请人中属于工矿企业类的有 1715 位，其中有 266 位申请人以合作申请的形式申请专利，共 131 件；属于个人类的有 457 位申请人，其中有 110 位申请人以合作申请的形式申请专利，共 34 件；属于大专院校类的有 515 位，其中有 268 位申请人以合作申请的形式申请专利，申请专利 121 件；属于科研单位类的有 57 位，其中 18 位申请人以合作申请的形式申请专利，申请专利 8 件。企业在贵州白酒产业中占据创新主体地位，说明企业的市场研发能力和创新能力较强。2010 年至 2021 年贵州产业专利申请人共 108065 位，专利申请量超过 25 件的申请人有 10 位，其中有 8 家企业、2 所大专院校，10 位主要申请人中专利申请量超过 100 件的主要申请人只有两位，专利申请人最多有 312 件专利，最少只有 27 件专利。主要申请人的专利申请量差距较大，且专利申请量低于 50 件的主要申请人占多数，整体来看主要申请人的专利申请量

---

①　数据来源：贵州省知识产权局。

较少。①

四、专利区域分布和保护期分析

按照区域空间分布来看，贵州省内白酒专利申请量最多的是遵义市，其他市级地区以及自治州专利申请量均不高。专利申请的数量与白酒产区的企业数量、地方政府的奖励激励制度以及行业的发展状况等因素息息相关。贵州省有六个地级市三个自治州，其中遵义市的白酒专利申请占比 58%，贵阳市白酒专利申请占比 24%，其余市、州白酒专利申请合计占比 18%（见图 5-3）。由于《贵州省专利条例》与《贵州省知识产权奖励的办法》的实施，以及对中高端白酒品牌的打造，贵州白酒专利的申请数量得到了提升。从白酒生产企业数量来看，遵义市的白酒生产企业最多，占到了全省的 80%。遵义市的县级市仁怀是白酒的核心产区，据 2020 年统计年鉴显示，仁怀市有白酒企业 1758 家，规模以上白酒生产企业 113 家。

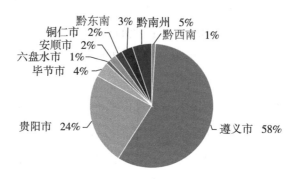

图 5-3　贵州省白酒专利区域分布（数据来源：贵州省知识产权局）

专利保护的创造者在一定时间内独有其使用权，保护的对象是新技术和创新产品。通过走访调研发现，贵州白酒的专利保护可以分为三个阶段：弱保护期、过渡保护期、发展保护期，贵州白酒专利保护现处于发展保护期。第一阶段，弱保护期（2010—2013 年）。贵州白酒企业对知识产权保护意识低，认为申请专利

---

① 数据来源：贵州省知识产权局。

会泄漏核心技术、核心产品；第二阶段，过渡保护期（2013—2017 年）。在国家限制"三公消费""禁酒令"等政策的影响下，白酒行业的发展进入寒冬，利润降低使企业新技术、新创意的研发速度放缓，白酒专利保护处于震荡阶段；第三阶段，发展保护期（2017—2021 年）。在这一阶段，白酒企业注重品牌的影响，知识产权维权意识逐渐增强，白酒产业专利保护得到重视。贵州省政府依据《中华人民共和国专利法》等法规持续完善白酒产业专利保护法律法规，为白酒产业专利提供保护。在其此间颁布了《贵州省知识产权奖励办法》设置奖励标准分别为 50 万元、10 万元、3 万元，并且每两年有一次专利评选大会，鼓励白酒产业专利的申请并给予保护，进一步唤醒白酒企业专利保护意识。

第二节　贵州白酒产业专利保护现状及存在的问题

一、贵州省白酒产业发展状况

（一）发展现状

贵州省是我国白酒生产酿造历史最为悠久同时也是资源条件最优的酱香型白酒产地。茅台被誉为我国国酒，是国内品牌知名度、美誉度最高同时也是市值最高的白酒企业。2020 年，贵州白酒企业共计 22313 家，数量位居全国第二，作为酿酒大省，贵州白酒产业的一大特点是发展快，特别是进入 2021 年后贵州白酒产业在贵州省的大力推动下进入了高速发展的快车道，2021 年贵州省规模以上白酒企业白酒产量达到 34.81 万千升，同比增长 30.5%；贵州白酒产业的另一大特点是带动工业增加值高，根据中酒协的统计数据，2019 年贵州规模以上白酒企业的白酒产量不足 30 万千升，占比约 5%。然而，就是这不足 30 万千升的产量，完成了产值 1131 亿元，其中茅台更以占全国 0.57% 的产量，实现了全国酒厂 37.02% 的利润。①

---

① 数据来源：贵州省统计局。

（二）发展模式

产业集聚对区域经济增长有着重要的影响作用，能够有效地提升效率，提高区域竞争力。在白酒产业集聚方面，贵州省白酒企业产业集聚效应最高，贵州白酒产业主要聚集在赤水河水源地附近的遵义市，遵义市境内的赤水河拥有"美酒河"之称，其得天独厚的生态环境，使遵义市成为全省白酒生产的主要集聚地，集群效应十分明显的仁怀市在 2009 年被中国社会科学院等国家相关部门评定为中国第一个白酒产业集群。截至 2019 年，遵义市共有白酒企业超过 1500 家，其中规模以上白酒企业 97 家，白酒产能占贵州全省的 85%，产业集聚效应明显；2018 年遵义市规模以上白酒企业销售收入超过 850 亿元，工业增加值达 620 亿元，占贵州省规模以上工业增加值的 14.4%，产业集聚带来的经济效应明显。①

（三）产品结构

贵州省白酒产业主要以酱香型白酒产品为主，贵州省当地独特的地理、气候条件造就了酱香型白酒卓越的品质，而以茅台为代表的知名企业让贵州酱香型白酒在全国范围内形成了强大的品牌知名度和美誉度。

（四）产业链

贵州省白酒产业从高粱种植到酿酒加工，再到酒旅融合，整个产业链涵盖一二三产业。遵义市辖区内规模较大的白酒企业都建立有原料基地，实行合同种植，保护价收购，同时大力推进白酒产业和包装产业的配套联动，并建设以茅台酒镇为核心的世界名酒旅游带和国内知名山地旅游目的地，国家级工业旅游创新示范区。

二、贵州省白酒产业专利保护状况

贵州省白酒行业的技术创新能力和专利保护力度快速提升，特别是茅台酒体现了贵州白酒行业在国内的优势，也为贵州发展白酒产业奠定了良好基础。贵州

---

① 数据来源：遵义市统计局。

白酒领域专利申请主要集中在配制酒、包装、设备和工艺方面，检测、废弃物利用方面的专利数量与跨国公司相比有较大的差距，需要相关企业加强质量控制检测技术、资源综合利用方面的技术创新，以符合白酒行业国际化的发展要求。与国内其他省份相比较，贵州省专利申请情况具有以下特点：

1. 专利获批的数量较高。虽然在全国的排名不是领先，但从 2016 年开始申请量持续上升。这种局面的形成，既有政府相关管理部门多年来不断引导的原因，也有企业意识增强后的自我保护的原因。

2. 专利申请结构不合理。发明专利申请数量较少，以外观申请为主，在白酒领域未形成专利技术的合理布局，说明在其专利保护体系中，对企业核心技术的保护力度亟待增强，与企业技术创新的能力不相吻合。

3. 核心技术专利申请少。专利申请主要集中在配制酒、包装、设备和工艺方面，而工艺中以蒸馏技术和发酵技术的专利保护较为突出，说明贵州省内企业已开始萌发对核心技术的专利保护意识，但力度还需进一步增强。

4. 专利申请主体是企业。贵州省的专利申请人企业特别是一线酒企占据了主导地位，这为贵州省实施"打造中国酱香型白酒产区的战略"形成了有力支撑。贵州省的主要白酒企业技术重点各有不同，"打造中国酱香型白酒产区的战略"需要政府适当引导企业的技术发展方向，从宏观上进行产业规划，形成整体性的竞争力。

三、贵州省白酒产业专利保护存在的问题

（一）专利信息运用不足，信息服务不完善

一是白酒企业专利信息运用不足。运用专利信息是白酒产业掌握白酒领域专利情况的重要方式，能提高专利授权概率。主要表现为：一方面，部分白酒企业在技术革新之前，没有有效开展专利信息的检索，缺乏对同行技术研发状况的了解，从而使其创新成果存在侵权风险；在白酒酿造过程中的发酵、智能化、信息化等方面缺乏核心技术和专利权。另一方面，部分企业没有搜集和分析国内外市场上的主要竞争对手的专利信息，缺乏专利布局和知识产权保护的意识。

二是专利信息服务平台不完善。相关部门对白酒产业专利信息运用的支持力度不够，信息公共服务平台还需进一步建设，专利信息数据库、检索平台、统计和分析系统不完善；已有的专利信息公共检索平台虽能免费提供专利信息，但其服务功能有限。面向白酒企业、科研机构的相关工作人员提供专业化的信息应用培训不够，商业专利检索平台和中介服务机构虽能帮助申请人快速掌握白酒领域的专利技术情况，但费用昂贵。

（二）重点技术领域专利较少，保护比例不高

从专利类型和授权量来看，贵州省有关专利的申请主要集中在配制酒、外观包装、设备和酿造工艺等方面，其中外观专利申请数量是最多的，是发明和实用新型专利总和的两倍。酿造工艺中，以发酵技术、蒸馏技术和勾兑技术的专利保护较为突出，说明白酒企业对核心技术的专利保护意识有所增强。与国内的其他产业专利相比，白酒产业专利保护水平仍处于较低阶段，其核心技术的保护也相对匮乏。在贵州省白酒产业的授权专利中，实用新型专利和外观设计型专利占大多数，但是发明专利授权量少、授权率低。表现为：一是部分发明专利缺乏创新性、创造性和实用性；二是处于审查阶段的发明专利占多数；三是部分发明专利因申请人或授权人未及时续费而导致失效，专利授权量虽呈现曲折增长态势，但每年有效专利数较少。

（三）专利代表作用不明显，类型不均衡

一方面，通过对白酒产业主要申请人的专利技术区域分布和专利技术领域分布进行分析发现，贵州白酒产业主要申请人的重点研究方向与白酒产业的重点研究方向存在偏差，主要申请人的专利不能准确地代表白酒产业的研究方向和研究重点，其主要原因在于获取专利信息的成本较高。公共专利检索平台能免费提供专利信息，但其服务功能有限；而商业专利检索平台和中介专利机构能帮助申请人快速掌握白酒领域专利技术情况，但是其费用昂贵，难以长期维持。因此，部分主要申请人通常会利用公共专利检索平台获取基本的专利信息，对白酒产业的研究情况只是简单了解，导致申请人的重点研究方向与白酒产业的重点研究方向存在偏差，申请人的专利代表作用不明显。

另一方面，创新主体明显不均衡，参与专利申请的高校和科研院所较少。第一，高校和科研院所缺少资金支持，发明创造条件不足，独自完成的创新立项较少；第二，由于专利法以及专利法实施细则中对责任划分方面的不够明确，在申请专利的过程中部分申请者为了避免法律纠纷，以共同申请人的形式进行申报。

（四）专利保护方式单一，应用能力较弱

贵州白酒产业专利申请的总体趋势是逐步增长的，白酒企业在政府的引导下专利保护意识已不断提高，开始通过专利对核心技术进行保护。在科技人员的不断探索下，运用现代科技实现了传统工艺的技术进步，但还是存在对专利保护白酒领域技术创新成果的作用认识不足，采取的保护方式较为单一等问题，因此发明和实用新型专利出现了增长，但增速较为缓慢、数量不多。很多企业为了满足城乡不同层次消费者的需求，开发出多品种、多价位、多品牌的系列酒，实施多品牌的经营战略，因此外观类专利申请的数量大幅上升。

从白酒专利的平均年龄来看，虽然白酒专利的授权量在不断增加，说明政府对白酒产业专利的保护力度在不断加大，但白酒产业专利的平均年龄都在 10 年以下，申请人通过专利方式进行技术保护的区间较短，保护意识较弱，专利保护应用策略有待于提高。一方面我国对专利权的保护相对其他国家较晚和专利的维护成本与实际收益不匹配，多数白酒企业对于专利的保护不主动，对知识产权进行维护较为困难。另一方面白酒消费减少，盈利额下降，企业对专利申请重视程度下降，科技创新研究工作、专利申请工作放缓。对白酒产业专利保护的意识不提升且不积极，对建立的专利保护制度优化有一定的阻碍，对白酒产业的发展也产生一系列影响。

第三节　贵州白酒产业专利保护的建议对策

一、加强专利知识宣传教育，提升专利信息运用能力

针对贵州白酒产业专利知识进行宣传教育。一是继续推进专利法律法规落

实。强化对侵权行为的经济赔偿与法律追究，以此提高贵州白酒产业的发明人使用专利制度的热情，提高其对专利工作的信心和决心。二是加大专利知识推广。通过开展普法教育活动和科技推广计划来普及专利保护相关法律法规知识，推广知识产权保护的制度政策，组织技术发明、专利知识竞赛、改革探索等，以增强白酒行业的专利保护意识。三是引导公众正确认识专利信息。相关部门对专利申请的宣传从积极的角度进行推广，防止错误宣传引起公众的误解。

提升贵州白酒产业运用专利信息的能力。一是拓展线上专利信息培训渠道。网络培训以灵活性强、突破时空限制的优势已成为适合大多数人学习的方式，可以通过拓展线上专利信息学习渠道，以视频教学等方式传授专利信息检索、管理、分析等知识，提高专利信息的运用能力。二是制定白酒产业专利信息人才培养方案。白酒企业制定适合自身发展的专利信息人才培养方案，不断从外部引进专利信息人才，从内部培训和提拔专利信息岗位的优秀员工，有效提升现有从业者的水平。三是认证专利信息职业证书。设置专利信息相关职业证书，按照低级、中级、高级的等级划分评价专业水平，使从业者获得社会认同感。

二、规范白酒专利申请体系，简化奖项申报流程

一是规范申请人的申请行为。不正当地使用专利申请权并造成滥用专利申请权者或机关应承担法律责任；根据情节轻重，采用批评教育、罚款、拘留、列入黑名单等处罚。二是规范化专利申请的流程。提高专利申请要求，严格控制专利申请，杜绝重复申请、恶意申请，做到"严进严出"，减少低质量专利。三是构建专利情报应用体系。以市场需求为导向，做好企业的专利配置，运用技术机密、专利技术等多方面的技术保障措施，提高贵州白酒行业的专利申请量和质量。四是简化奖项申报流程。为了各项创新奖励措施能够落实，要降低申请奖项的成本。奖项的评选成本由各地科技厅、行业协会承担，申报时间采取循环进行，不局限特定时间申报。推进中小企业不断创新，及时有效地将科技成果转化为企业效益。

三、降低企业专利信息获取的成本，鼓励专利申请

为了有效降低白酒专利信息获取的成本，充分利用专利信息为白酒行业的发

展提供专业化的服务。一是完善公共服务数据共享平台。加大公共服务平台、数据开放共享、政策业务资源等方面的建设力度，以公众号和小程序等方式为社会公众和白酒企业提供基础性服务，及时、便捷、低成本地获取白酒专利信息资源。二是建设白酒专利信息检索平台。构建具备数据检索、加工、整理、统计、分析等功能的一体化平台，建立覆盖白酒产业专利信息的专业数据库，为白酒产业技术创新和专利保护提供行业分析、预警分析以及发展技术动向报告，为政府及其相关部门提供决策参考。三是开展白酒行业专利信息应用项目培训。面向白酒行业内的企业、科研机构、技术创新人员提供信息应用培训，降低研发费用、缩短研发周期、避免专利纠纷，以此降低白酒企业获取专利信息的成本，提高技术创新的水平和效率。

鼓励高校和科研单位申请白酒专利。一是按照白酒专利转化收益的比例对高校和科研院所予以奖励。采用白酒专利转化收益的奖励方式，调动高校和科研院所创新的积极性，推动创新成果运用到白酒企业的运营中，实现创新价值。二是完善合作研发相关政策和法规。一方面需明确合作主体之间的权责，避免合作专利出现侵权时没有法律可依；另一方面需加强合作合约的规范和约束，以便监督合作各方执行合约，解决合作中遇到的问题。三是加强高校和科研院所的专业能力建设。鼓励高校和科研院所设立知识产权管理的专门机构，并加快建设专业化人才队伍。划拨知识产权管理与运营专项资金，为专利申请事前评估、高价值专利培育、专利布局等提供专业化服务和经费支持。

四、加强重点领域技术创新，提升管理能力

针对目前贵州白酒产业专利区域分布不平衡的情况，一是举办白酒产业技术前沿交流会。通过开展各种学术交流会，向国内外先进企业学习先进技术、管理体制等方面的经验，从白酒工艺、白酒菌类、酿造污染处理等方面延长白酒产业链，促进白酒行业专利的申报。二是加强"短板"的技术创新。加强白酒检测、白酒工艺、副产物利用、环境保护和资源综合利用等方面的研究，开展白酒领域边缘学科技术创新，充分利用专利信息加强技术领域创新。引导企业开展专利合作，鼓励灵活采用自主研发、购买专利、交叉许可等合作模式，缩短创新周期，在专利申请方面实现量的飞跃，提高技术水平和核心竞争力，让白酒产业高质量

发展。

加强白酒行业相关知识产权的管理、执法和服务的能力建设。一是实施知识产权促进工程。面向企业、高校、科研院所、产区实施试点示范推进工程，加强知识产权相关法律政策的宣传培训，建立行业知识产权保护联盟，促进整个行业对专利创造、运用、保护和管理能力的提升。二是促进白酒领域的专利成果转化。围绕产业链发展的重点领域，支持一批发明和实用新型专利，特别是国际专利的申请；扶持一批技术含量高、市场前景好的专利项目实施转化；鼓励企业在研发、生产、销售和服务等环节合理运用专利。三是提高企业管理层对专利保护的意识和能力。在对外贸易过程中注重做好专利、商标、版权、技术秘密的创造、注册申请和保护，逐步提高企业管理层学习能力和知识实力，把握好基础研究与核心专利的研发和控制。四是建立涉外应对和维权援助机制。加强对国外知识产权法律制度和国际规则的学习和研究，建立科学决策、快速反应、协调运作、有效应对的突发危机处理机制，提高企业应对涉外知识产权纠纷的能力。

五、构建专利保护风险防控体系，推进风险分担机制

一是建立企业专利保护风险防控体系。白酒企业要认识专利保护的重要性，建立科学合理、适用自身的知识产权风险防控体系，把白酒专利转化为企业的核心竞争力，提升企业的风险防控能力和危机处理能力，形成强有力的防御体系。二是推进专利风险分担机制，鼓励企业购买专利保险。政府鼓励专利保险创新产品，建立具有公信力的信息平台，推动企业购买专利保险保障利益；保险公司积极促进专利保险相关产品的改革创新；企业加强专利保险的认识和了解，选择购买合适的专利保险产品，合理规避风险。

第六章 贵州白酒产业知识产权
保护的案例研究

第一节 白酒产业知识产权的法律保护现状研究

随着世界经济发展的速度加快，各国对于自己企业品牌的知识产权维护也日渐重要，我国于1950年颁布了《保障发明权与专利权暂行条例》《商标注册暂行条例》等知识产权法规，这些法规对实施专利、商标制度做出了初步的探索，而2008年《国家知识产权战略纲要》的出台，意味着我国将知识产权上升为国家战略，2021年我国发布《知识产权强国建设纲要（2021—2035）》，代表我国朝着世界知识产权强国发展。这些法律的颁布、完善足以表明我国对知识产权保护的重视。贵州省凭借着独特的地理位置和气候条件，拥有了白酒酿造的独特优势，对于贵州省而言，白酒产业不仅仅是贵州省的主要经济产业，更是带动贵州省脱贫致富的重要产业，而一个产业的可持续发展需要有知识产权保护作为基础。虽然我国对知识产权的保护在日渐完善，但贵州省白酒知识产权的保护却没有得到应有的重视。因此，对贵州省的白酒知识产权的法律保护进行研究和提出相关建议显得尤为重要。

一、贵州省白酒知识产权法律保护的现状分析

（一）白酒知识产权保护内容

1. 白酒专利保护。

对白酒专利的保护，涉及范围很广，从酿酒原料到酿酒工艺，到酒瓶的包

装，只要能对白酒进行革新，并创造经济效益，都可以申请专利。根据白酒特有的属性，大致可以将白酒专利划分为三类。

第一类是白酒的发明专利，白酒企业通过一定的方法、技术产生的智力劳动成果，符合《专利法》申请标准的可以对其申请发明专利，有关白酒的发明专利包括白酒的生产技术、贮存方法等方面。第二类是实用新型的白酒专利，其专利主要是为产品的形状、结构或者二者的结合而设计的一项新的实用技术。第三类是白酒的外观设计专利，白酒独特的外包装造型会对白酒产品的销售以及宣传产生影响，有关白酒的外观设计专利主要包括白酒产品的瓶身设计、图案设计等方面。

2. 白酒商标权

在我国白酒产业发展中，白酒的商标权是白酒产业发展的重点，贵州省的白酒产业亦是如此。商标权不仅在我国知识产权的法律保护中占据重要地位，也是贵州省白酒知识产权的重要组成部分。对于贵州省白酒企业而言，白酒商标权的作用不仅仅代表着白酒企业所生产的白酒产品，它真正的作用是把相似的白酒产品区分开来从而提高白酒产权的市场竞争力，达到给白酒企业带来经济效益的目的。对于白酒企业而言，为企业生产的白酒产品申请商标注册也是至关重要的，它不仅是对白酒产品的一种质量保证，也是消费者用来区分白酒产品的重要依据。白酒本来就是一种特殊的商品，而贵州省因其独特的白酒酿造环境而使得白酒产品更加特殊，因此，贵州省的白酒企业可以通过申请白酒产品的商标注册来形成白酒市场的独占权，同时，消费者也可以通过白酒产品的商标来识别白酒产品的产地、来源等，从而正确地选择白酒产品。另外，贵州省的有关酒类监管部门还可以利用商标来规范白酒的经营。贵州省白酒产品的商标权是区分并提高其在国内市场竞争能力的重要因素，白酒企业的白酒产品商标权可以更直观地展示出该白酒产品的品牌、产地等，同时还可以根据白酒商标权对白酒产品进行保护。

3. 商业秘密保护。

从商业秘密的具体保护内容和保护形式来看，可以将白酒的商业秘密大致划分为两种不同的类型。第一类是白酒的配方、秘方，凡是含有淀粉、糖的原料都能酿造出不同的酒，其酿造方法也各不相同，也就形成了不同的白酒配方、秘方。第二类是白酒独特的生产加工工艺和酿造技术，白酒的生产加工工艺和酿造技术极其复杂，而且有些白酒的生产加工工艺和酿造技术具有一定的保密性，许多白酒企业较少有参与白酒整个酿造过程的技术人员。白酒企业这些流传千年的配方、秘方、加工工艺和技术都是属于白酒知识产权，可以推动白酒产业的发展。因此，对白酒商业秘密加以保护，能让白酒知识产权的保护在法律上有强有力的支持，健全我国白酒知识产权的法律保护体系。

4. 白酒地区性保护。

白酒地区性保护是根据该地区白酒特有的属性，对白酒产品进行的一种保护，它在保护该地区白酒知识产权的同时还能促进该地区白酒产业的发展，为该地区白酒产业的发展提供了保障。白酒酿造的特殊环境与所在地区的自然条件、特有的加工工艺、生产工艺、文化背景等因素有着密切的关系。在白酒市场竞争激烈的背景下，一些地方政府为了能更好地发展本地区的白酒产业以及扩大本地区的白酒市场，会发布能促进白酒产业发展的相关政策、法规或者保护白酒产业的措施。例如，为了能更好地保护四川省白酒历史文化遗产，四川省政府出台了《泸州市白酒历史文化遗产保护和发展条例》对其进行保护，并将生产窖池、酱香型白酒生产车间、酿酒车间、储酒场所列为重点保护对象，积极推动了四川省白酒商标和地理标志的保护。安徽省的《促进安徽白酒产业高质量发展的若干意见》中对白酒企业生产经营者实行信用等级分类管理，支持白酒酿造技术的发展和人才的培养，同时根据安徽省白酒产业的特殊性有针对性地提出了推动本省白酒产业发展的思路举措，并加大了白酒产业知识产权的保护力度。

（二）贵州省白酒知识产权法律保护的现状分析

对于白酒知识产权的法律保护的首要环节就是有法可依。到目前为止，贵州省对于白酒知识产权的保护主要分为参考部分知识产权法律提供保护和实施相关行政法规进行保护两类。

第一类是相关知识产权法律对白酒知识产权提供保护。首先，通过《中华人民共和国专利法》对白酒的专利权进行保护。该法将"动物和植物的品种"排除在授予专利权之外，这意味着白酒生产中所需的植物原料无法获得专利的保护，但这样的规定并不影响和否定部分白酒企业的酿造配方以及对白酒酿造的创新技术能够获得专利，这样的规定可以防止对白酒酿造所需的植物原料被垄断。即使有《专利法》的保护，但贵州省很多白酒企业没有申请专利的意识，他们认为白酒酿造技术是传统技术、传统工艺，把白酒技术和工艺传授给别人是一种"责任和义务"。其次，《中华人民共和国商标法》可以为已注册商标的白酒产品或白酒企业提供保护。"茅台商标侵权案"和"两贵之争"，都侵犯了商标权中特定品质的标志，因此贵州茅台根据《商标法》来维护自己的合法权益，并得到了相应的赔偿。但贵州省很多白酒企业对于商标的注册并不重视，而且保护意识也不强，例如贵州省大关酒厂的"大关"商标遭到日本企业抢注，在铜仁市政府的积极维权下才失而复得。有的白酒企业虽然有自己研制开发的技术和新工艺，却并没有申请专利，导致该技术专利被别人抢先申请。最后，符合白酒商业秘密的申请流程，并申请了保护的白酒商业秘密，《反不正当竞争法》对此提供了白酒商业秘密保护的法律依据。在我国，对白酒商业秘密的法律保护不存在时限，而在该法中主要保护白酒酿造的一些配方、秘方以及生产工艺和制造技术。但商业秘密保护制度也有它先天的局限性，例如有些白酒企业的商业秘密拥有者，他们既可以非法获取其商业秘密，又可以在一定程度上实现对白酒行业的垄断；但从长期和整体上看，这既妨碍了贵州省白酒文化的交流与传播，又限制了其白酒产业的发展。

第二类是相关行政法规对白酒知识产权进行保护。首先，《贵州省名优白酒条例（草案）》在《贵州省酒类生产流通管理条例》的基础上增加了对白酒商业秘密的保护，此条例涉及了白酒的专利、商标、地理标志、商业秘密等方面的保护，形成了对贵州白酒知识产权保护比较完整的条例，同时还鼓励贵州白酒企业加强对白酒新技术、新工艺、新产品的知识产权申请和保护，要充分利用商标、专利、地理标志、商业秘密等保护资源，提升名牌产品的市场竞争力。其次，《贵州省专利条例》为了鼓励加强专利权的保护意识，还专门设置了"专利奖"，该奖项的设置可以鼓励更多的白酒企业申请自己的专利进行保护。最后，贵州省还在司法领域加大了对白酒知识产权的保护力度，贵州省司法部门专门建立了专门的行业知识产权司法保护研究基地，主要对贵州省白酒知识产权的保护进行调研；与此同时，贵州省还成立了"白酒知识产权保护工作小组"，对贵州省白酒的专利、商标、商业秘密等知识产权的保护进行研究，以此来为白酒企业提供知识产权保护。

二、白酒知识产权法律保护存在的问题

（一）相关立法不完善

我国对知识产权的保护主要依据《专利法》《商标法》《反不正当竞争法》等有关法律法规，但在白酒行业中，有关知识产权的法律法规并不能很好地运用到白酒的知识产权保护中去。贵州省拥有独特的白酒酿造环境，其白酒产业是贵州省的主要经济来源，因此，贵州省必须意识到保护知识产权的重要性。贵州省的一些相关条例、法规、政策可以为部分白酒知识产权提供保护，但是这些条例、法规、政策中对白酒知识产权的保护内容没有明确规定，使得贵州省的知识产权不能得到很好的保护。

法律其实是为了解决现实生活中普遍存在的一些问题，在社会不断地发展和进步的过程中，法律也需要紧跟时代的步伐，能够解决市场出现的新问题。白酒知识产权的立法更应如此，面对各种各样的白酒知识产权侵权行为时需要有相关法律进行保护，但是我国目前现有的立法和贵州省的相关条例、法规、政策中对侵犯白酒知识产权的某些行为没有进行规定，这使得贵州省白酒知识产权存在普遍的侵权现象。

（二）侵权现象严重

贵州省白酒知识产权还存在严重的假冒现象。虽然我国已有保护知识产权的相关法律，但法律保护起步比较晚，且相关法律还需要随着社会的发展进行修改完善，因此想要把这些法律很好地运用到实践中还需要一定的时间，特别是在白酒这一特殊领域。仿制假冒知名品牌白酒的情况层出不穷，同时我国对知识产权侵权者的处罚不重，也没有一项有关白酒法规的完善制度，这些也直接或间接地导致了贵州省的白酒知识产权的侵权现象严重。

此外，尽管贵州省政府出台了保护我省白酒知识产权的相关法规和政策，但是在白酒领域内，对侵权行为的打击力度却是有限的，这使得贵州省很多白酒企业的白酒知识产权被严重侵权。仅 2020 年，就查获 10605 瓶假冒茅台酒，674 瓶

习酒窖藏 1988 等高档酒，2354 瓶虚拟特供酒，2000 瓶其他假冒酒，涉案金额 4300 余万元。①

（三）法律保护意识不强

贵州省的白酒企业普遍存在着观念上的落后和对自身产品知识产权保护意识不强的问题，贵州省白酒知识产权相关立法的缺乏以及白酒企业对知识产权保护意识的淡薄，使得贵州省白酒知识产权的法律保护寸步难行。其中有关白酒知识产权保护的相关法律、法规和政策的缺乏以及相关执法部门的执法打击力度较弱是造成贵州省白酒知识产权的法律保护意识不高的主要原因。

首先，贵州省政府虽然为白酒知识产权的法律保护提供了相关法律、法规、政策作为保护依据，但由于白酒的特殊属性使得这些法律、法规、政策不能很好地对其进行保护，保护白酒知识产权相关法律法规的不足，导致了政府和相关部门的监管力度不足和缺乏，使得大部分贵州省的白酒企业丧失了保护白酒知识产权的积极性，造成了贵州省白酒知识产权法律保护整体意识不高的局面。其次，贵州省对于自己的白酒酿造工艺缺乏保护意识，认为白酒酿造工艺是千年的传统工艺，不具有保护价值，并且把这种传统工艺传授给别人是一种"责任和义务"，这导致了贵州省的大部分白酒酿造技术没有得到很好的保护，缺乏对传统白酒酿造技术的保护意识，当白酒知识产权受到侵害时无法利用现有的法律来进行保护。

三、完善白酒知识产权法律保护的建议

（一）完善白酒知识产权的相关立法

（1）弥补目前白酒知识产权立法的不足

我国在 1982 年和 1984 年颁布实施了保护知识产权的相关立法：《商标法》和《专利法》。这两部法律随着我国经济的发展进行了多次修改和完善，表明我

---

① 童俊，杨曝菡，王凯．白酒产业知识产权保护现状与对策建议——以贵州茅台酒为例 [J]．科技和产业，2020，22（11）：123-127.

国很重视知识产权的立法保护，同时也说明我国知识产权的相关立法在面对市场中不断出现的新情况时，不能很好地应对。因此对于复杂多样的白酒知识产权市场，立法机关可以对白酒企业进行实地走访，根据白酒企业在知识产权保护方面的需求对现行白酒知识产权法律的不足进行补充完善；同时贵州省政府也可以通过走访省内相关白酒企业，了解目前贵州省白酒企业在知识产权法律保护中存在的问题，并把这些问题上报到国家立法机关获得其重视。

（2）地方政府出台相关制度政策

在国家现有立法的基础上，贵州省白酒企业的白酒管理法规还需要加强和完善。在《贵州省酒类生产流通管理条例》中应该根据白酒市场的新变化进行修改和完善，同时贵州省酒类的相关管理法规中应建立准入制度并严格执行。除此之外，针对贵州省白酒酿造技术的保护，立法机关不能因其历史悠久而忽略了对白酒酿造技术的专利保护，且对于专利保护的年限较为短暂，所以应在现有《专利法》基础上适当增加年限。

贵州省虽然有一些保护白酒的法规，但由于贵州省的地理位置特殊，导致白酒知识产权的有些方面无法通过知识产权的相关法律法规进行保护。因此，在进行白酒知识产权的立法时，可以根据贵州省茅台酒独特的白酒酿造环境把生产茅台酒的区域申请注册为相应地理标志，同时也可以考虑将贵州省传统的酿酒文化纳入贵州省白酒知识产权的保护范围内，以此更好地保护贵州省白酒知识产权。将贵州省生产的白酒申请为地理标志产品，在传播贵州省白酒文化的同时可以加强贵州省白酒知识产权的法律保护。

（二）加大白酒知识产权侵权执法力度

针对白酒知识产权严重的侵权现象，有关执法部门应该发挥职能优势，对白酒侵权行为加大打击力度，并采取各种有效措施对白酒知识产权进行保护，建立白酒企业与执法部门之间的协调机制，有效运用该协调机制对白酒知识产权进行保护。同时可以对知识产权的相关执法人员进行白酒知识产权理论知识的培训，以此来提高执法人员的白酒知识产权相关理论水平，从而加大白酒知识产权的执法力度。此外，可以在各地进行白酒知识产权方面的法治宣传教育，加强企业的白酒知识产权维护意识，一旦出现侵犯知识产权现象，走正规程序、积极上报有关执法机关，严格打击侵权者。

（三）提高白酒企业知识产权的法律保护意识

　　提高白酒企业知识产权的保护意识，首先要明确我国白酒的知识产权保护，使其具有相应的法律基础。国家立法机关和当地政府可以根据白酒知识产权保护的市场需求出台保护白酒知识产权的法律、法规、政策，让白酒企业意识到企业的发展离不开白酒知识产权的法律保护，以此来提高白酒企业对自己白酒产品法律保护的相关意识。其次，让白酒企业明白有法律就要用法律的道理。虽然有关法律可以为白酒的知识产权保护提供依据，但是目前执法部门对侵犯白酒知识产权的打击力度不够，从而使相关的白酒企业在遭受侵权时，不会采取法律途径进行维权。因此，执法部门应加大保护白酒知识产权的相关法律的执行力度和执行效力，加强政府和有关部门对侵犯白酒知识产权行为的监管力度，从而提高白酒知识产权的法律保护意识。

　　综上所述，从白酒知识产权的法律保护角度出发，对当前白酒知识产权的法律保护现状进行研究。从贵州白酒知识产权法律保护的现状来看，在白酒专利、商标、商业秘密保护、地区性保护等方面得到了很好的保护，但相比较于我国其他行业而言，贵州省白酒的知识产权保护还存在一些阻碍和发展瓶颈。主要表现为大部分白酒知识产权还没有明确的法律对其进行保护以及保护意识不高，导致白酒的知识产权不断遭受侵犯。应有针对性地从立法、执法、司法等方面对白酒知识产权的保护进行完善，加大白酒侵权行为的执法力度和打击力度，强化白酒产业的知识产权保护，构建适合的知识产权保护体系。同时，也希望能通过本研究引起对白酒行业知识产权法律保护的重视，营造良好的白酒市场竞争环境来促进白酒产业的发展。

第二节　贵州茅台酒知识产权保护现状研究

　　在国际经济环境加快发展的背景下，各国间经济总收入不断攀升，知识产权保护的重要性也变得格外明显，逐渐变成各个企业发展的重要保护资源，在有效支撑经济达到高质量发展、积极建设现代化经济体的过程中，发挥着极为重要的作用。企业会根据自身的特征和市场需求，对自身的知识产权保护进行管理，在某个方面上决定了市场竞争力。《国家知识产权战略纲要》于 2008 年颁布并实施后，知识产权法律制度、知识产权管理制度、知识产权保障体系等都有了很大的提高。2019 年 1 月 25 日国务院常务会议《多措并举，知识产权保护全面加强》提出，"保护知识产权的关键是要创造一个良好的营商环境"。2020 年发布了《贵州省知识产权保护与发展状况白皮书》，提到高质量发展取得了明显进步。这些文件的颁布，能够很好地表明国家对知识产权保护高度重视。贵州省拥有比较特殊的地理位置、气候环境，具有优良的酿造技术。贵州省茅台酒不仅是贵州省支柱性的产业，更是贵州省脱贫的重点项目支撑。要想贵州人民能够发家致富，就要保护好其知识产权，这与习近平总书记在扶贫工作中所作的重要指示相一致。因此，对于贵州茅台酒知识产权保护的相关探析显得尤为重要。

一、贵州茅台酒知识产权保护的现状分析

（一）贵州茅台酒知识产权法律保护

1. 贵州茅台酒专利权的保护。

《中华人民共和国专利法》中提到，制定有关法律以保障权利人所享有的合法权利，积极鼓励知识产权人从事创新活动。一个可以有效地推进创新的实体，能够增强知识产权人的创造性，推动科技进步，推动社会经济健康发展。

第一，发明专利。人们利用某种技术手段所创造的智力成果。在茅台集团内，优秀的工程师们对发明专利作出了很大的贡献，其中有"一株耐乳酸的产酯毕赤酵母""一种地衣芽孢杆菌及用其制备方法""以生姜、芥末为原料，提高酒精烈度的调制方法"以及"百种酒类残留量的测定"等核心酿酒技术申请了专利。

第二，实用新型专利。指的是对产品形状、结构或结合提出的并能够适用于全新的技术工具方案所形成的专利。在贵州茅台酒酿造工具中有曲粉装料系统、纤维棒和酿酒器具、白酒厂房多样化结构等申请专利，这些主要内容均与白酒的生产有关。

第三，外观设计专利。贵州茅台酒的内外包装造型中蕴含着独特的韵味，这

在销售的过程中、在广告和推广中起到了很大的作用。因此，外观设计的专利不仅要注重其新意和美感，还要兼顾用户的使用方便和实用。其中贵州茅台酒产品的瓶身、酒盒设计都采用带有美感的设计，并且能够很好地适用于各个工业的生产，从而进行申请外观设计专利，并获得了奖项。

2. 贵州茅台酒商标和地理标志的保护。

商标是企业的一个重要标志，能有效地提升企业的知名度，提高产品的销量，并在一定程度上建立起一个稳定的消费市场。商标的有效期一般是 10 年，因此，注册商标是对品牌进行有效保护的首要步骤，经过国家审查同意后，认定为"注册商标"，并由法律所保障。那么对贵州茅台酒怎样进行保护呢？

第一，商标、驰名商标的注册。"贵州茅台""茅台""赖茅""茅"等字样是贵州茅台集团使用在酒产品中的商标，其商标专用权受到法律的保护。驰名商标是一种对大众熟知的商标进行保护的一种手段。"贵州茅台"是国家工商行政管理局首批认定的驰名商标之一，其目的在于防止贵州茅台酒被人模仿、复制和翻译，以免引起市场混乱或损害其权益。加强对驰名商标的保护，确保市场上各种抄袭和侵害驰名商标名誉的行为，是促进品牌、经济、社会发展的重要保障。

第二，地理标志的申请与签署。《商标法》中的地理标志指一个产品中包含着特有的区域、人文、品质因素等。在"中泰 3+3"地理标志互认互保中，"贵州茅台酒"被列为中国首批 3 个互认互保的试点项目。贵州茅台酒是中国著名的白酒代表，也是国际知名的民族品牌。

3. 贵州茅台酒著作权的保护。

《中华人民共和国著作权法》规定，该法所称的著作权即版权。给予艺术、文学和作品的创作者，对自己所创作的作品在规定的时限内所享受的个人权利。

第一，包装、宣传元素保护。在贵州茅台酒中，包装中的书法和书画作品、在广告宣传中具有的书法、书画元素等都涉及贵州茅台酒的版权保护。其中，贵州茅台酒有一款最具代表性的"九龙墨宝"酒，它的瓶身和包装设计具有典型的传统文化与当代书法家作品相结合的文化特点，这样的设计就需要对著作权进行保护。当设计的作品具有独创性时，权利获得的方式就是通过自动保护原则对权利人创作的作品进行保护。

第二，版权登记预防风险。以企业名义申请的版权保护期限为 50 年，而不是 10 年。由于贵州茅台酒的版权登记、著作权确认、法律上的保障以及防范都有可能出现争议，所以，版权登记能够有效维护商标权益的稳定性，避免因注册商标而造成的权益损失并具有重要意义。如果有竞争者模仿、复制标签、外包装、广告中的内容和元素，从而误导消费者，那么企业就可以使用著作权进行维权。

4. 贵州茅台酒商业秘密的保护。

《中华人民共和国民法典》将商业秘密作为知识产权的对象加以界定，其最显著的特点包括：秘密性、实用性和商业价值性。贵州茅台酒在酿造传统工艺上有着独特的工艺，也符合商业秘密保护的条件。

配方秘密保护。由于茅台镇微生物的神秘性，茅台酒需要用到茅台镇当地微生物环境下种植的高粱、小麦等原材料进行酿造，再加上传统匠人的手艺，才能酿造出来。自打销售市场上的贵州茅台酒价格高起来以后，常常会发生偷酒事情，所以茅台集团内部设立了保卫科，但其威慑力并不强。随后茅台集团提出申请并获得批准设立一支武警部队，担负起安全保卫任务。另外，贵州茅台酒的配方在 1996 年就被列为商业机密，商业秘密具有的优势：第一，不需要缴纳注册费用，商业秘密是一旦形成就可以受到保护的，所以保护成本低；第二，可以对企业主体进行有效的保护，只要商业秘密没有公开，就可以得到没有期限限制的保护。

（二）贵州茅台酒知识产权保护制度分析

在《贵州省十大工业产业专利统计简报》中，将贵州省的十大工业产业分为了三个梯队，其中，健康医药产业处于十大工业产业第一梯队；先进装备制造产业处于第二梯队；新型建材产业、优质烟酒产业等处于第三梯队。贵州酒类产品属于第三梯队的优质烟酒产业。

1. 贵州茅台酒的专利保护。

专利保护制度的对象是新技术产品或方案，是赋予公民、法人或其他发明创造的特定期限的专有使用权。专利技术是人们在长期生活基础上创造发明出来的，主要强调的是创新。

第一，专利激励制度。《贵州省知识产权奖励办法》对申报各种知识产权的金奖、优秀奖奖项两年评比一次，其中，在评选设计奖制度中，贵州茅台集团及分公司先后因外观设计专利多次获得省外观专利（酒瓶）银奖并通过评审，并荣获表彰、奖牌和证书等。

第二，专利运营激励制度。《贵州省知识产权高质量发展资助办法》中提出，要使我国的知识产权得到有效的引导和激励，能够不断地推动知识产权的创造、使用和保护，从而推动知识产权的高质量发展。贵州茅台集团以及分公司在每次都会积极参与专利申请评选，贵州省为了知识产权能够高质量发展，也利用财政资金进行了引导和激励，加强企业参与积极性，并多次获得奖项。综上所述，只有对专利权进行有效的制度保护，构建特色产品营销体系，才能推动可持续发展，提升国际竞争力。

2. 贵州茅台酒的商标和地理标志保护。

第一，商标保护制度对象要求具有可辨别性和明显性，目前的商标法制度规定要求必须具有显著的识别性，从而能够明显的区别于其他商标。同时，对商标制度进行的保护也有利于贵州茅台酒的保护，并与商业开发能够有效结合。一方面，规范商标注册管理制度。在商标注册上，贵州茅台可以通过直接注册的方式进行注册，同时也可以对恶意的商标进行有效的规制，维护商标注册的秩序，保障公众的权益。另一方面，申请专项资金制度。《贵州省支持知识产权高质量创造和专项资金管理办法》中国家对驰名商标的专项拨款申请，"贵州茅台"获得的是国家首次认定的驰名商标，对其申请专项资金，要健全我国的知识产权保护制度，培育一大批具有较高价值的知识产权、商标权为贵州省的经济和社会健康发展作出了贡献。

第二，地理标志保护制度可以被看作一个产品信誉、质量、自然与人文条件的缩影，或是提到某一个地理标志便可以刺激消费者能够反映到产品的特点，助推我省特色产业地理标志保护国际合作。首先，欧盟地理标志的监督与管理。贵州省市场监管局正在努力争取贵州省茅台酒的地理标志产品在欧洲市场上的地位，其目的是提升贵州茅台酒在世界上的品牌形象和品牌价值，并增强其竞争力。其次，建立贵州茅台酒生产环境保护区。《贵州茅台酒生产环境保护条例》中第一章第三条，按照《立法》及《遵义市地方立法条例》的有关规定，制定了贵州茅台酒的地理标志保护范围，并将其划分为一级保护区和二级保护区。贵州茅台酒地理标志保护体系得到了很高的认同，保护秉承绿色发展、产业振兴。地理标志保护贵州茅台酒的主要优点是：明确提出了贵州茅台酒的产地，并且可以反映出贵州茅台酒在地域上的特色。例如，地理标志保护制度对加强监管和管理、健全地理标志保护制度、公平分配贵州茅台酒产品进入国内市场所能带来的经济效益、对贵州省特色优势产业的发展起到了积极的促进作用。

3. 贵州茅台酒的著作权保护。

著作权保护的作品有多种表现形式和方式，我国《著作权法》对其实施了"自动保护"的规定，即作品完成后即自动受版权法的保护。版权保护期间，作家有终身加上死后 50 年的保护权；在出版 50 年之后，法律和其他组织的保护期限为 50 年。

打假仿冒和维权制度。首先，《贵州省打击制售假冒侵权茅台酒专项行动》要求，贵州茅台酒厂要建立相应的奖惩机制，茅台酒厂的专项资金将用于打假专项资金；全省酒类批发零售企业，必须在工商部门注册，交通、铁路、民航等部门加大对非法销售假冒茅台酒的查处力度，并与有关部门协调，对《酒类流通随附单》进行核查。其次，对贵州茅台酒的外包装设计的保护。存在某些不法企业会通过包装装潢比较，从整体布局与细部特征等对比构成一定的包装相似。这就有"顺风车"行为的有缝可插，所以对涉及外观包装元素的著作权进行积极维权保护，做到无缝可插。对囤积居奇、哄抬物价、生产销售贵州茅台酒等违法犯罪活动进行严厉打击，对贵州茅台酒的"黄牛党"进行严查并严格管理每一个进出关卡。

4. 贵州茅台酒的商业秘密保护。

商业秘密是对具有商业价值的技术信息、经营信息等未公开的信息对其进行秘密保护。

第一，建立商业秘密保护基地。贵州省工商局发布了相关方案，设立 150 个商业秘密保护引导点，强化对企业的商业秘密的保护。贵州茅台酒的酿造地理环境、基本原料要求、酿造传统工艺、感官色彩的需求直接关系到酒的品质，因此，特有的产品是属于商业机密的，集中商业秘密保护基地的建立对贵州茅台酒进行商业秘密保护。

第二，专门秘密管理办法。贵州茅台集团内部对商业秘密有一套管理办法，工作岗位涉及保密内容的员工需要签定保密条款，贵州茅台集团中还存在关键技术，只能有极少数人知道，在不造成技术外溢的情况下，对产品及企业的利益进行有效的保护。商业秘密不仅能保护技术机密，而且能对企业的商业秘密进行有效的保护。例如，在贵州茅台集团中的生产技术和工艺过程就得到了有效保护，并且还有较长的保护期。

二、贵州茅台酒知识产权保护存在的主要问题

（一）贵州茅台酒知识产权法律保护的局限

贵州茅台酒是贵州人民的智慧结晶，它的文化价值和商业价值都很高。但目前，贵州茅台酒在知识产权法律保护方面还存在着一些问题。

1. 立法体系不健全。

贵州茅台酒保护的相关立法零散，并且欠缺专门针对贵州茅台酒保护的立法。随着改革开放步伐的不断推进，法制保护也逐渐健全起来，从目前贵州茅台酒带动经济的角度看，一系列的法律法规陆续出台，并在实践中得到了进一步的完善。但是，在贵州茅台酒的知识产权保护方面，目前尚无一套完善的法律保障制度，相关的法律法规是零散、不成文的，只能局限在一定的条文上进行保护，缺少系统的执行力，由此在一定程度上影响了贵州茅台酒产业的发展。

2. 申请专利保护期限短。

一方面，对于专利权申请，按照相关规定的保护期限，保护期限到期，相关专利权将会被公开。对于贵州茅台酒的保护是一个长期的保护，专利保护的期限远远不能满足贵州茅台酒保护的需要，在保护期届满后，其所持有的专利技术将会流入公众领域变成公有，那些涉及各种调制工艺和杆菌群的专利也会公开，实用新型设备和外观设计若流入公共领域，将导致新型设备的公开和瓶身设计的公开。另一方面，对于商标权的有效保护期可以与版权进行交叉保护，这些专利的公开对贵州茅台酒的发展是不利的，甚至是毁灭性的。所以，贵州茅台酒的专利权保护存在着保护时限的问题。

3. 秘方保护力度不足。

在申请专利的同时，贵州茅台酒的一些秘密配方也会随之公布出来，若是将

其核心内容公之于众，就意味着它的价值要大打折扣，而其他人只需要在此基础上对其进行一些修改，就可以获得一种全新的配方，这对贵州茅台酒的长期可持续发展来说是很不利的。虽然商业秘密能给持有者提供很多方便，但贵州茅台酒的商业秘密都会受到限制：由于没有关于商业秘密的专门立法，相关的法律和法规分散于各个法律系统，使得贵州茅台酒的商业秘密保护工作没有清晰的规范和可操作性，同时，现有的法律也没有对其进行明确的定义，只是将其作为防止不正当竞争的一种手段，显然没有足够的保障。

（二）贵州茅台酒知识产权保护制度的局限

知识产权制度平衡了创作者和其他主体之间的各种利益关系，推动了社会技术的进步和文化、经济发展。贵州茅台酒是一种宝贵的无形财产，具有丰富的文化价值和经济价值。但是，现有知识产权制度并不能完全满足贵州茅台酒的要求，就目前来说，仍然存在一定的局限。

1. 地理标志权利重叠。

现实中的地理标志产品是一种已经客观存在并且与地域、文化传统紧密联系的商品，其显著性依赖于特定的地理、人文因素。当前的商标法保护模式，实质上是把地理标志作为一种商标进行保护。在集体商标登记时，只对产地、品质、关联性提供的书面资料进行形式审查，却没有严格的实质审查，所以，即便使用集体商标，也只能证明其为拥有者，而无法证明其原产地、品质、声誉。由于地理标志注重原产地和注重流通领域的商标不同，其保护方式的缺陷仅限于对流通领域的侵害，因而不能真正实现对地理标志的全面保护。

2. 商业秘密缺乏保密性。

商业秘密保护在没有公开的情况下是没有时间限制的，也不要求其创造性，这些优点为贵州茅台酒的保护提供了可能性。尽管商业秘密的保护与专利权、著作权和商标权的保护不同，并没有规定在保护贵州茅台酒这个对象时创造性的成果，也没有必要进行相关的行政申请、注册，但它也是具有一定要求的。商业秘密的结构已经从技术信息和经营信息方面得到了完善，其中包含各种业务信息，但是仍然要求其具有价值性、秘密性和保密性。所以，贵州茅台酒想要得到商业秘密的保护，就需要达到其要求。首先，价值性是保护商业秘密的第一要务，也是保护商业秘密的目标。其次，秘密性要求贵州茅台酒的秘方是不能够公开的，而在申请专利时请求书中会涉及部分商业秘密，这对贵州茅台酒的保护是不全面的。最后，保密性是对企业机密的要求，要求企业的隐私权不得被公众所利用，这个过程是需要接触到部门、人员的，这种过程繁多复杂，也导致了贵州茅台酒最隐秘的商业秘密保护制度的保护方面过于狭窄。

三、完善贵州茅台酒知识产权保护体系的建议

（一）完善贵州茅台酒知识产权法律保护的建议

1. 建立专门立法机制。

建立符合我国知识产权特点的法律制度，以提升贵州茅台酒的立法质量，并进一步健全贵州的有关法律和制度。贵州茅台酒的知识产权保护制度应得到法律规范，并在立法上强化其可操作性。一般情况下要及时进行有关法律的修订与解释，同时针对传统技艺的传承和经验累计制定出专门立法进行保护，从而形成法律的有效保障。因此，专门法律法规使贵州茅台酒成为独特的知识产权，即由专门立法机制进行保护，制定相应的法律法规制约滥用知识产权的垄断行为，维护良好的市场秩序和企业的合法权益。

2. 不限制期限保护。

贵州茅台酒的保护是处于不断发展之中的，在知识产权体系下，无论是《专利法》《商标法》《著作权法》都面临着保护时效的问题。所以，在贵州茅台酒的法律保护上应该不限时、不限期。无期限保护可以提升人们对贵州茅台酒的看重和重视，同时也契合贵州茅台酒发展的动态要求。但在这个意见下，不限制期限保护还需要进一步的明确限定。对于有良好发展的专利，在不断的传承中，能够有无期限保护的待遇；而对于个人是权利主体来说，应参照《著作权法》来主张相关的财产权利。对于群体性的权利主体的情况，当权利主体没有享受应当享受的资格时，应该把权利转移为国家所有。这样不仅提高了权利人的权利和责任感，也更好地对贵州茅台酒各方面进行了保护，所以保护时间不应该作限制，这样才能更好地利用和发挥贵州茅台酒的经济效益和权利人的权益。

3. 完善商业秘密立法。

商业秘密保护对贵州茅台酒有着很重要的作用，确保商业秘密不被泄露就可以达到一直保护的状态。为了更好地帮助贵州茅台酒得到有效的全面保护，应从存在的漏洞入手，形成系统性的商业秘密法。对于贵州茅台酒商业秘密的法律保护立法零散，并且缺乏相关有针对性的法律法规，其中也没有明确规定商业秘密的权利属性，应考虑到法律适用的系统性和完整性，从贵州茅台酒知识产权保护的角度完善商业秘密法保护。

（二）完善贵州茅台酒知识产权保护制度的建议

1. 统一地理标志管理机构。

贵州茅台酒具有很鲜明的地区特色，所以在贵州省这个特定区域里可以申请相关地理标志进行保护，制定地方性政府规章进行有效保护。对于地理标志管理上的探索，由于多部门管理体制的平行，致使有关行政机关仍在运作，有关行政机关不能真正统一发挥其作用。第一，设立专门部门。借鉴贵州茅台酒在专利、商标等知识产权方面的丰富经验，在贵州省知识产权局设立专门的部门，负责对其进行审查、注册、异议、监管、执法指导等方面的工作。第二，在依法严格审核并授予权利人地理标志的基础上，允许贵州茅台酒使用地理标志，权利人可根据自身情况和商业需求，依据其特点另外设计有象征性的标志，选择是否注册集体商标。这样既解决了多头管理、多方注册的问题，也将地理标志和商标这两种不同的知识产权区别开来。

2. 加强商业秘密制度建设。

为了充分发挥知识产权制度在保护贵州茅台酒方面的特长，从以下几个方面重点加强商业秘密保护制度建设，可以研究制定相关文件。第一，明确企业对贵州茅台酒的保密范围、级别划分、职责和措施；第二，建立商业机密的保密机构，由全职或兼职的保密人员负责贵州茅台酒日常的保密工作；第三，建立企业机密事项清单，建立各种有效地防止泄密的措施；第四，针对贵州茅台酒建立严厉的奖励和惩罚机制，在积极的激励下，对有责任心和工作疏忽的雇员进行奖励或惩罚。此外，企业要根据贵州茅台酒的实际情况，构建完整的企业保密体系，以使企业的商业秘密得到最大程度的发挥。在界定商业秘密的范围时，应注重考虑该信息是否具有保密的必要性和可能性，以及与其他方法的比较。最后，在确定保密时，还可以对保密信息的价值大小划分等级，按照泄露对公司经济利益的影响程度，分为核心商业秘密和普通商业秘密，形成长期有效的保护制度。

第三节　贵州茅台酒商标权保护现状研究

商标是品牌价值的核心，长期以来，茅台集团高度重视品牌培育和品牌塑造，强化品牌管理，不断提升品牌价值，从而推动了茅台酒品牌的国际化和市场化，其品牌保护的意识是可圈可点的。

一、贵州茅台酒商标权保护的现状分析

中国《商标网》数据显示，截至目前，贵州茅台共申请注册了 2392 件商标，包括"茅台""MAOTAIZHEN""贵州茅台""茅台 MOU TAI""茅台；KWEICHOW MOUTAI"等产品商标，且大部分已注册成功。并且在推出网红单品——茅台冰激凌之前，茅台也早已申请"MOUTAI ICE CREAM 茅台冰激凌"商标，国际分类为 30 类方便食品，真正做到了产品未动，商标先行。1951年，地方国营茅台酒厂成立以后，最初的注册商标为"贵州茅苔"牌，上端正中为工农携手图案，左右两边有波浪形线条，其下有"贵州茅苔酒"五个红色大字和"地方国营茅台酒厂出品"十个白色小字，1956 年 3 月将"苔"字恢复为"台"字。1953 年，茅台酒开始向国外销售，商标图案改由金色麦穗齿轮和红色五星组成。麦穗在外，五星居中，注册商标为"金轮"牌，即今天"五星"商标的前身，而"飞天牌"贵州茅台酒商标是我国 20 世纪 50 年代较早在境外为数不多的注册商标之一，有深厚的品牌历史。

二、贵州茅台酒商标保护存在的问题

（一）国内商标管理体系在实际操作中对商标所有者的保护力度不够

我国目前已有《中华人民共和国商标法》《中华人民共和国商标法实施条例》等知识产权法律体系以及《驰名商标认定和保护规定》等商标行政规章和

规范性文件，能够对大部分的知识产权实现保护，但仍然存在一些法律真空地带与漏洞。在新商标法实施后，原有囤积注册商标和恶意抢注商标的现象得到了遏制，但依然存在抢注商标的行为发生。另外在发生商标侵权事件时，我国法律仅就被侵权人可以采用的救济方式进行了规定，没有确定主要的救济途径且操作性不强，导致在实践中被侵权人无法进行及时、有效的商标保护。

（二）商标侵权现象普遍且维权的成本高

商标侵权行为主要表现为未经商标所有权人许可，擅自将商标用于自己生产的产品，以该商标对产品进行宣传和销售的行为。我国现行法律对商标侵权做了相关明确规定，但在现实中，茅台商标侵权案件存在案源获取难、调查难、取证难等问题，且随着互联网技术的不断进步，商标侵权渠道越来越分散、隐蔽，涉案金额小，难以追踪。商标权人要证明被侵权，则要付出较大的成本收集证据，无形中增加了维权成本。因此也有商标权利人不愿对市场中出现的商标侵权行为进行维权，进而在一定程度上纵容了商标侵权的行为。

三、贵州茅台酒商标权保护的建议

贵州茅台商标的注册与保护一方面取决于企业的自身作为，另一方面也离不开政府与相关行政执法部门的监督管理，需政企双向努力，共同维护商标权人的合法权益以及良好的市场生态环境。

（一）增强商标意识，注重商标保护管理

商标，是用于识别和区分不同商品或服务来源的标志，代表着企业的信誉，是企业参与市场竞争的重要工具。企业要充分认识到商标的重要性，建立健全商标管理制度，自主引进和培养知识产权专项人才，切实做好商标申请与管理。首先对于想要注册的商标要仔细查询，规避风险，通过正规途径或者委托商标专业代理机构进行注册。然后结合企业发展目标进行商标战略布局，为了有效防范不法商家囤积或恶意抢注商标的行为，企业可以采取注册防御商标的形式对商标进行全方位保护。商标注册成功后，企业要按照法律规定正确使用商标，做好商标宣传，并及时关注商标的时效性和动态进行办理。对于市场上侵犯自己商标的行为，企业要坚决并及时维护自身合法权益，保证自身品牌信誉度。此外，企业应当引进、培养或聘请相关专业人才对商标权和知识产权进行保护，最大限度地排除外部不正当侵权行为对企业带来的负面冲击。

（二）加大监管力度，营造良好市场环境

政府职能部门要充分发挥监管作用，坚决维护好市场秩序，从法律制度、监督管理、履行职责、行政执法各个层面不断完善商标等知识产权相关法律法规体系和监管方式、方法，加大市场监管和行政执法力度，对商标侵权违法行为进行严厉打击，维护商标所有权人的合法权益，不断净化市场。同时，还要大力宣传普及商标注册、管理、保护等知识产权相关法规政策知识，为企业商标品牌战略提供专业指导意见和相关服务，并鼓励企业注册国际商标布局海外市场，对企业给予相关政策支持和优惠。

（三）做好商标宣传，发挥商标品牌价值

目前贵州茅台已有"中国驰名商标"等诸多荣誉，同时贵州茅台也是国家地理标志保护产品，已经形成了庞大的商标品牌体系。要充分运用好驰名商标、地理标志保护产品等资质、保护体系进行合法保护和维权，充分挖掘商标品牌价值，更进一步加大力度，有战略性、多形式、多渠道地宣传推广，培育更具市场代表性和品牌竞争力的商标，形成合力共同维护酱香酒的市场秩序和品牌声誉，从而更大地提升贵州茅台知名度与影响力。商标保护是培育品牌的必经之路，也是市场化、品牌化的核心竞争力。企业只有拥有了自己的合法商标，重视商标，保护商标，用好商标，才能更好地占领市场，立足国门，走向世界。

第七章 白酒产业知识产权风险防控体系研究

随着进入知识经济时代，知识产权的保护就变成了核心问题。白酒产业作为中国的传统产业，在知识产权保护等方面明显要落后于其他行业。目前，国家也在不断颁布和完善白酒产业知识产权保护的相关政策，我国的第一家以白酒产业为主体的知识产权司法保护调研基地于 2013 年获得最高人民法院准许并开始创建，白酒知识产权保护的调研组于 2014 年正式成立，由此展开了对白酒产业知识产权保护专门的调研。2021 年，为进一步强化专利权人的合法权益的保障，我国修订了《专利法》，同时修改了《商标法》，以强化商标专用权保护。贵州作为以白酒生产为主的省份，由于缺乏知识产权风险防控体系的布局和规划，使得白酒产业在激烈的市场竞争中收益甚微，因此对白酒产业知识产权风险防控体系进行研究显得尤为迫切。

第一节 贵州白酒产业知识产权风险防控体系现状

一、贵州白酒产业知识产权风险防控体系现状

（一）贵州省白酒产业发展现状

1. 贵州省白酒产量近年呈增长趋势。

贵州省的支柱工业是白酒工业，贵州省的白酒生产总量在最近几年呈现出增长的态势。贵州省 2012 年到 2015 年的生产总量由 26.83 万千升增至 42.79 万千升，直至 2016 年达到白酒的生产高峰。由于酒品安全事故的发生，政府对政治腐败的严厉惩处和禁酒令的发布，影响了贵州的白酒行业，导致贵州白酒产量出

现下降。但随着贵州酱香酒的影响力和辐射力，贵州省的白酒产业和市场形势持续好转，2021 年，贵州省生产的白酒达到 31.4 万千升，较上年同期增加了34.1%。①（见图 8-1）

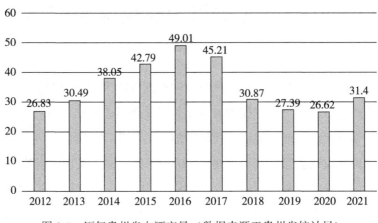

图 8-1　历年贵州省白酒产量（数据来源于贵州省统计局）

2. 贵州省白酒产业经营情况稳步提高，已然是贵州省的一个特色产业。

如贵州地区的规模以上酒类企业从 2016 年到 2017 年的销售收入从 653 亿元增长到了 803 亿元，实现了从 288 亿元到 417 亿元的利润增长。2017 年度销售收入为 803 亿元，与上年同时期相比增加 23%；全年实现了 417 亿元的利润收入，与上年同时期相比增加 45%。虽有疫情影响，但 2019 年贵州白酒产业销售收入仍达到 1062 亿元，与上年同时期相比增长 8%。贵州白酒产业在 2020 年占据全国该产业产量的 30%，并实现了国内白酒行业利润的 40% 以上，成为贵州省的支柱型产业。②（见图 8-2）

3. 贵州省白酒产业集聚于仁怀赤水河地区，其他地区也在逐步发展。

赤水河地区得天独厚的地理条件和良好的酿造条件使其成为中国最大的酱酒产地，这里集中了中国酱酒 90% 以上的酱酒产能和品牌。目前，仁怀地区的核心白酒产区共有 2800 余家酒类企业。2016 年，全市白酒业总产值 33 万千升，实现

①　数据来源：贵州省统计局。
②　数据来源：贵州省统计局。

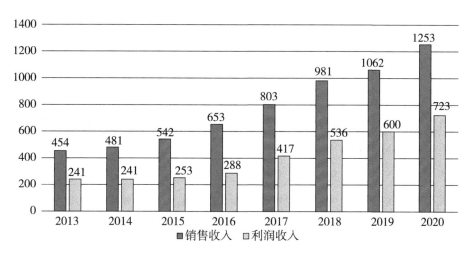

图 8-2 贵州省白酒产业历年经营情况（数据来源：贵州省统计局）

了全省 30% 以上的利润，但其生产总量却不足全国的 3%。仁怀白酒产业在 2018 年完成了 21.8 万吨的生产，实现了 783.55 万元的产值，销售额达到了 817 亿元。①

同时，众多规模较小的白酒企业也同样开始扩大再生产。除上述仁怀地区外，如今许多小型酒厂因贵州的酱香酒已逐步成形。如毕节金沙县现在就是一个以金沙回沙酒为主导的白酒产业集群，金沙集团在贵州省的市场份额达到了 90%，位列贵州省市场的第二位，从而推动了金沙县白酒产业的长远发展。

（二）贵州省白酒产业知识产权的现状

1. 商标权。

商标是区分不同来源商品和服务的一种商业符号。贵州白酒产业的白酒品牌不仅具有商标权原有的特点，还增加了地域特色和文化特色。当白酒产业进入市场、巩固市场的时候，利用品牌进行经营的战略在市场竞争中就显得尤为重要，商标权更关系到白酒产业的生存和成长。

---

① 数据来源：遵义市统计局。

2. 专利权。

白酒特别的酿造工艺归于专利权的范围。白酒的质量不仅会受到原料和配方的影响，还会受到酿造工艺的影响。在白酒酿造的漫长过程中，人们在酿造技术上进行了创新，发明了许多专利成果，使得白酒具有独特的口感和香气。此外，白酒包装涉及外观设计专利权。据资料显示，模仿名优白酒企业包装的案例很多，在茅台集团所在地，就有许多小型白酒企业模仿茅台的包装和瓶身设计。

3. 商业秘密。

由于白酒产业的酿制配方是其酿造过程中非常重要的一部分，包括企业的部分经营信息也是企业发展的重要机密，所以就会触及商业秘密的范畴。

4. 非物质文化遗产。

贵州省茅台酒的酿造工艺隶属国家级非物质文化遗产，这就会涉及非物质文化遗产保护的一系列问题。

（三）贵州省白酒产业知识产权风险防控体系现状

1. 知识产权风险分析。

知识产权的特性和知识产权定义的不完备，必然会给知识产权活动带来不稳定因素，这些因素可能会给经济效益和企业形象造成不利影响，也会给我们的知识产权造成巨大的冲击。知识产权的风险主要表现在以下几个方面：

（1）商标风险。贵州省的白酒企业较多，大部分是不知名的小酒企，小型酒厂因其规模较小、产品质量较差，难以在竞争日益加剧的市场环境中形成自身的特色。一些小型酒厂为获得更大的利益，采取了违法的手段，生产、出售带有名优酒企商标的产品，所以名优酒企的商标往往存在风险。

（2）专利风险。由于贵州省的白酒产业专利主要是外观设计，申报的新型实用和发明的专利数量较少，所以专利类型比例容易失调，在专利的核心技术方面的研究还会存在一定的不足。这不仅不利于整个贵州白酒产业的发展，也会给侵犯专利权的不法分子带来可乘之机。

（3）商业秘密风险。白酒产业中的商业秘密是酿造过程中的制作工艺以及某些经营信息。而商业秘密是公司产权的一部分，这将对公司的竞争力产生很大的影响，也会对企业的生存与发展造成影响。比如茅台酒的酿造工艺、酿酒配方等，这是茅台能够发展至今的关键。商业秘密的风险在于企业对商业秘密的保护没有采取特殊的措施，只是依靠法律的约束，而我国关于商业秘密的法律尚不成熟，因此会有很大的风险。

（4）地理标志风险。贵州具有悠久的酿酒历史，并逐步发展成为著名的遵义和毕节地区的白酒产业集群，虽然在销售总额方面取得了很好的成绩，但是贵州省白酒企业对地理标志保护认识是有局限的，白酒的地理标志的产品也是少之又少。目前贵州省所拥有的白酒地理标志产品仅有 7 件，很多小型酒企根本不重视地理标志品牌的建设，地理标志保护的作用得不到发挥。

2. 知识产权风险防控体系。

（1）知识产权风险防控的机构。白酒产业在发展经营的过程中，常常会碰到知识产权被侵犯的行为。努力树立起来的品牌和形象，也会因为缺少对知识产权的保护而莫名地被他人利用并牟取不正当利益。贵州作为一个白酒历史悠久、自然资源充足的地区，由于长期缺乏知识产权保护意识，以至于白酒产业在激烈的市场竞争过程中碰到了许多被恶意侵权的现象。在白酒产业的知识产权极其需要法律保护的情况下，我国的第一家关于白酒产业的知识产权司法保护调研基地于2013 年在贵州成立。2014 年白酒知识产权保护调研组成立，展开了对白酒产业知识产权保护的专门调研，不仅提升了贵州省白酒产业知识产权保护总体的工作能力，还创立了全方位的知识产权保护体系。

（2）知识产权风险防控的制度。为了进一步深化对知识产权的保障，贵州省相关机构不断地健全相关制度。贵州省市场监管局对专利纠纷方面的工作办法进行了修正，对电商平台的维权提出了相关的处理制度，针对商标方面的恶意注册以及某些不正常的专利申请的行为出台了一系列制度，对其进行了规范处理。

（3）知识产权保护的方法。在我国的传统产业中，有许多保护自己的知识产权的途径，比如很多地区的品牌获得了地理标志的保护，这其实是一种具有战略意义的保护形式。地理标识具有特定的地域特征，对其品牌的宣传具有重要的作用。许多著名的品牌以其特有的地理标志而闻名于世，比如贵州的茅台酒就是一个经典地理标志的品牌。此外，还需要对企业的商业机密进行保密，酒的包装设计也要通过专利等方面的知识产权来进行保护，一旦出现抄袭行为，误导了顾客，可以通过外观设计专利的方式来维护自己的权益。

二、茅台集团知识产权风险防控体系现状分析

（一）知识产权布局情况

1. 专利。

截至 2021 年底，从专利的类型来看，茅台集团有效外观设计专利有 226 件，占茅台集团专利申请总数的 64%，有效新型实用专利 102 件，占茅台集团专利申请总数的 29%，有效发明专利有 25 件，占茅台集团专利申请数的 7%。由此可知茅台集团的专利类型比例不平衡。（见图 8-3）

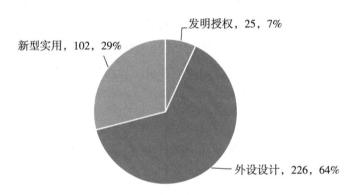

图 8-3 有效专利类型数量（数据来源：茅台集团）

通过专利检索平台数据整理，茅台集团旗下股份公司申请专利的数量峰值于 2021 年达到 80 个；2020 年，专利授权数量达到 55 个，达到了近年来的最高水平；其中，2016 年的授权成功率最高，达到 100%。（见图 8-4）

2. 商标。

自 1953 年以来，假冒茅台在香港上市。在这种情况下，贵州省工业厅迅速要求茅台公司进行商标申请，争取在市场上得到法律的保护。随后，茅台公司正式启动了对其商标的注册。依照我国知识产权商标局的相关数据，截至 2021 年，茅台集团现有商标 1796 件，图形商标 181 件，茅台商标 476 件，汉酱商标 82 件，小茅商标 42 件。其中还有"贵州茅台酒"等一系列的商标名。

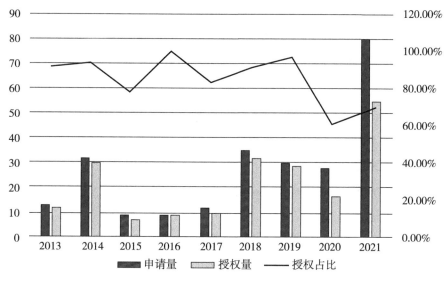

图 8-4　专利申请量、授权量、授权占比（数据来源：茅台集团）

3. 非物质文化遗产。

茅台酒酿造技术是一种独特的传统酿造技术。与其他白酒的酿造技术相比，在拥有良好的自然环境、气候以及原材料等条件下，还具有特有的技术内涵。茅台酒特有的酿酒工艺特征是：三高、三长、三季产量。这就是茅台与中国其他著名白酒的区别之处。茅台酒传统工艺不仅是茅台酿酒人的智慧结果，而且代表着中国白酒文化的源远流长，是全中国乃至全人类的共同财富。如今，茅台酒的传统酿造技术是我国国家级非物质文化遗产之一。

4. 地理标志。

2003 年原国家质检总局在全面调查茅台酒酿造历史、酿造环境和酿造工艺等因素后，批准贵州省茅台酒作为中国地理标志保护产品。2007 年，茅台集团在茅台酒的各种规格中，正式采用了"国家地理标志"。经过十多年的推广，该地理标志在茅台的消费者中，已有很大的知名度。2013 年，原国家质检总局对贵州茅台地理标志产品的保护名称以及范围重新进行了安排。按照相关文件规定，茅台集团于 2020 年 3 月正式对茅台酒地理标志的标识进行了更换。2020 年9 月开始，茅台集团已经在其主要的产品上，推出了新的地理标志的标识。

（二）知识产权风险防控体系现状

1. 机构设置。

茅台集团一贯重视知识产权保护，努力维护市场秩序和消费者利益。从 1986 年开始，茅台集团就设立了专业的法律服务部门，同时，与当地公安部门、工商部门建立了一条"绿色通道"，对知识产权进行了全方位的保护。例如，知识产权法律保护部门对商标、专利、版权等知识产权管理进行了风险防控。另外，贵州省工商局于 2010 年成立了中国首家为企业而建立的国酒茅台分局，国酒茅台分局全面负责查处各类制假违法侵权行为。

2. 制度设计。

茅台集团近几年陆续推出了许多知识产权制度，并逐渐形成了一个较为健全的知识产权管理系统，例如对知识产权相关的管理以及关于商标的使用许可的规定等；还制定了专门保护商业秘密的制度；认定了茅台酒生产工艺以及调配工艺等一系列受控秘密的等级，有效地保护了公司的商业秘密与技术秘密。根据中国证监会和上海证券交易所的相关法规，茅台集团 2011 年进行审核并商议通过了《公司内幕信息知情人登记管理制度》，公司严格遵守有关制度，根据有关规定对公司的内控人员进行注册和备案，并对企业的内部数据进行了严格的保密管理，从而实现了公司的内部信息的规范化。

3. 效果评估。

茅台集团在防控知识产权风险的过程中，已经取得了一些成果。茅台集团成立了知识产权的防范机构，完善了知识产权制度，增加了知识产权相关人员，员工知识产权的意识也逐渐得到提高，茅台集团在防控风险上的效果也越来越明显。

首先是知识产权风险主动识别能力增强。茅台集团相关机构在全年特定的时间内积极搜索和维护了与公司产品相关的专利以及商标等，以便能够实时发现和解决风险。在 2021 年一次调研中，一间贴有茅台集团标志的店铺吸引了公司的领导，当发现这间店铺擅自使用集团的商标和产权后，立即要求集团打假工作人员采取行动，处理侵权行为，以维护好本集团的品牌及形象。

其次是知识产权风险解决能力得到提升。茅台集团的知识产权部门强化了对集团员工的知识产权教育，2019 年茅台集团开展了关于"知识产权"的专题沙龙，并借这一次活动，对茅台集团的商标使用进行了深入分析和研究，让茅台全体员工更加全面深刻认识到保护知识产权的重要性。

第二节　白酒产业知识产权风险防控体系存在的问题

一、专利类型分布不平衡

贵州省白酒产业的专利类型的比例对白酒产业的整体发展不利。虽然外观设计专利对于大中型公司来说，在防止假冒商品的侵害方面也有很好的效果，但是，制造过多的外观设计专利，就会产生很多的专利垃圾。对产品的外观设计的研究，的确能够将顾客的目光吸引过来。然而，许多企业在外观专利的产品停止售卖时便放弃了专利权，这就容易导致大量的垃圾专利。在知识产权的保护中，发明专利是核心，而实用新型专利与外观设计专利只是其中的一部分。

二、保障制度不完善

一方面立法不完善。虽然《专利法》和《商标法》对知识产权有着许多的立法保护，但白酒产业却缺乏相关的知识产权保护法律。贵州省地方性法规还欠缺对白酒知识产权的详细的法则章程，为此在白酒产业知识产权的纠纷里就很难找到相关的法则章程来解决这一问题，这充分表明白酒产业的知识产权在法律方面的保护力度不足。

另一方面侵权行为处罚较轻。众所周知假冒著名白酒品牌可以获得不正当的利益，可现有的法律法规对这种侵权行为的惩罚却很少。根据 2019 年修订的《中华人民共和国商标法》第 60 条中的规定"在其构成侵权行为时，将进行督促，使其停止该行为，并没收和销毁造成侵权的一系列产品与工具。在涉及一定的违法金额时，处以罚款，而且在销售者不清楚自己已经存在侵权行为时，并且能证实该产品由自己合法正当得到以及提供该产品的供货者，就由工商行政管理部门督促禁止销售"。

三、保护意识淡薄

有些中小企业法人治理结构不完善，经常会出现各种知识侵权事件，为此严重制约了企业自身的良好发展。还有许多中小企业的法律意识比较淡薄，它们依托于茅台集团，习惯性地抄袭模仿茅台集团的商标，在包装、外观设计等方面也容易打擦边球模仿茅台，这就导致各品牌之间差异较小，辨识度低，从而影响了贵州省白酒产业的整体发展。

四、运营能力不足

贵州省白酒产业知识产权运作经营存在不足。如今，白酒产业的知识产权布局已经到达了一个相对成熟的时期，但在运营方面还比较薄弱。贵州省白酒产业作为一个特色产业，在专利、商标、地理标志等方面都得到了发展，但仍在专利类型的分布、商标的申请等方面存在不足，尤其是对白酒产业的传统运营观念使其无法体现出知识产权的价值。

第三节　完善白酒产业知识产权风险防控体系的建议

一、建立侵犯知识产权预警机制

建立白酒产业的专利管理战略体系的目的就是保护白酒产业知识产权，提升产品的品质，促进白酒产业的经济发展。鼓励贵州省相关机构加强知识产权管理体系的创立，包括专利和商标管理体系，知识产权宣传教育体系，立法、执法和司法体系等。加大专业技术研究力度，促进专利申请的高质量完成。专利发明可以推动以及保护白酒产业，形成强大的科技支撑和合理的法律保护。鼓励和支持贵州省白酒企业创新专利发明，申请有价值的核心技术专利。企业想要落实知识产权规章制度，就要与企业的工作人员签订相应的保密责任书，构建多元化的企业知识产权风险预警机制，以加强企业的知识产权保护措施，实现对侵犯企业知识产权行为的防范与防护，提高企业的知识产权保护能力。

二、完善白酒知识产权制度

出台保护白酒的地方性法规制度。相关机构可以结合贵州白酒产业的发展和政府的相关政策，制定专门的法律法规，对酒类的专利、商标、商业秘密进行有针对性的保护。在酒类保护立法中，有关白酒类的机构应考虑白酒的特殊性，通过文化传播增加白酒产品的影响力，从而加强对知识产权的保护。

三、组建知识产权保护团队

加大知识产权保护宣传力度。目前还有许多人对知识产权的认识不够，在涉及知识产权行为时，就会无意识地触及知识产权的雷区，这就需要相关机构加大对其的宣传力度，并通过组织开展各种知识产权活动来提升大家的意识，要使人们意识到知识产权保护的重要性，加强大家对其保护制度的认识。

四、提升知识产权运营能力

确立白酒知识产权的价值评估标准。要进行白酒产业在知识产权方面良好的运营，首先要建立其价值评价的指标，让企业经营者对企业的知识产权有一定的认识，推动白酒企业开展知识产权的运营，使企业认识到知识产权的价值，以及其带来的经济利润，也有利于推动贵州省白酒产业知识产权的发展。

第八章　酱香型白酒地理标志的法律保护研究

在知识经济不断繁荣的背景下，知识产权保护既是政策导向也是大众共识。地理标志作为特殊知识产权，在发挥地区特色资源优势、促进区域经济发展方面起着至关重要的作用。酱香型白酒工艺独到、历史悠久，与非物质文化遗产联系紧密，是文化软实力的表征之一。

第一节　地理标志法律保护的概念及模式

地理标志保护是指通过法律措施保护特定地理区域内生产的产品名称、标志或特定特征，以确保其地域特色和质量的独特性。地理标志可以涉及特定地区、地点、国家或其他地理范围。地理标志保护旨在防止他人未经授权使用地理标志，以避免混淆消费者或削弱产品的地域特色和质量。这种保护措施有助于保护地理标志产品的声誉和商业利益，促进地方经济的发展和地区间的公平竞争。为了实现地理标志保护，许多国家和地区制定了相关的法律法规，规定了地理标志的注册程序、使用限制以及违法行为的处罚。这些法律框架为生产者提供了法律保护，确保其在市场上获得公平竞争的机会，并向消费者提供可靠的产品信息。地理标志保护不仅在国内具有重要意义，还对国际贸易中的产品保护起着重要作用。在国际贸易中，地理标志保护有助于区分不同地区的产品，保护原产地利益，并促进地域特色产品的国际传播与销售。

根据不同国家和地区的法律制度以及国际公约的规定，地理标志保护可以采取不同的模式。以下是几种常见的地理标志保护模式：

（1）注册制度：这是最常见的地理标志保护模式。在该模式下，生产者必须通过特定的注册程序将其产品的地理标志进行注册。注册程序通常要求提交相关证据和文件，证明产品具有特定地理区域的特征和质量。一旦注册成功，该地理标志就会得到法律保护，他人未经授权不得使用该标志。

（2）认证制度：一般指由第三方机构或组织进行地理标志的认证工作。生产者必须符合一系列规定和标准，以获得认证资格并使用认证标志。认证制度通常涉及产品生产过程的监督和审核，以确保产品符合特定地理区域的要求。

（3）法定保护制度：在一些国家或地区，地理标志保护可能是通过法律或法规直接确立的。这些法律规定了对地理标志的保护范围、使用限制以及侵权行为的法律责任和处罚。

（4）国际公约保护：一些地理标志在国际上得到保护，特别是通过《世界贸易组织《TRIPS 协议》中的相关规定得到保护。《TRIPS 协议》要求成员国保护地理标志，并提供适当的法律和行政措施。

（5）地方自治保护：在一些国家或地区，地理标志保护可以由地方政府或地方组织主导并实施。地方政府可以通过地方性法规或政策来保护特定地理标志，并促进当地经济的发展。

这些模式可能会在不同的国家和地区之间存在差异，根据实际情况和法律体系的不同，地理标志保护的具体实施方式可能会有所不同。

第二节　提升地理标志法律保护的必要性

一、提升我国文化软实力的内在要求

地理标志的特征有三点：权利的不可转让性、保护时间的无限性以及维权的集体性，其内含人文因素，且与非物质文化遗产的保护高度契合，使得地理标志制度与非遗联系紧密。具体来说，保护酱酒地理标志是指通过法律手段保护特定地区生产的酱酒的地理标志，确保其独特性、质量和声誉。这种保护措施可以帮助维护国内酱酒产业的良好发展，防止伪劣产品的出现，并促进地方经济的繁荣。与此同时，酱酒作为中国传统的饮品之一，承载着悠久的历史和文化传统。通过保护酱酒的地理标志，不仅可以保护其独特的生产方式和地域特色，还能传承和弘扬中国的酿酒文化。提升文化软实力意味着增强国家在国际舞台上的文化

影响力和吸引力。酱酒作为中国的传统文化符号之一，通过保护其地理标志并推广其独特性，可以展示中国酿酒技艺的卓越性和独特魅力，为国家树立良好的形象，提升国际社会对中国文化的认知和尊重。因此，保护酱酒地理标志法律的实施是为了维护国内酱酒产业的发展，并通过展示中国文化的魅力，提升国家的文化软实力。

二、保护知识产权的内在要求

保护知识产权是现代社会经济发展的基础和重要保障，它涉及知识、技术、文化等方面的产权。酱酒作为一种特定地理区域的产品，具有独特的特征和品质，这些特征和品质与所处地理环境、土壤、气候等因素密切相关。地理标志法律保护的目的就是保护和宣传这些独特性，确保消费者能够准确识别并购买到真正的酱酒产品。此外，还能够保护相关企业的品牌价值和商业利益。通过确保地理标志的独家使用权，酱酒企业能够在市场上建立起独特的品牌形象和口碑，提高产品的附加值和竞争力。地理标志法律保护的一个重要作用是防止他人的侵权行为和假冒伪劣产品。酱酒作为知识产权的一部分，其生产工艺、配方和名称等都可以被他人模仿和盗用。加强地理标志法律保护，可以确保酱酒企业的知识产权不受侵犯，维护市场秩序和消费者权益。

三、地域文化传承及发扬的内在要求

全国因不同的地理风貌、气候条件，各省形成独具特色的产业和发展模式以及各自的地域文化。地理标志法律保护的落实，有助于促进特定地理区域的经济发展和文化保护。酱酒作为一种具有地方特色和文化背景的产品，其地理标志的保护不仅能够吸引投资和消费，还能够推动相关产业链的发展，促进地方经济的繁荣和文化传承。以茅台酒对贵州的贡献为例，重视对酱香型白酒地理标志的保护，可以有效地保护地方特色和文化传统，促进地方经济发展，提高消费者的购买信心，促进酿酒技艺的传承和发展。

四、企业可持续发展的内在要求

企业可持续发展是指企业在经济、环境和社会三个方面实现平衡、稳定、长期发展的一个战略目标。酱香型白酒的地理标志不仅是产品在市场竞争中区分符号，而且是企业自身的品牌象征，提升产品的地理标志保护即是维护产品的声誉和企业的未来。酱酒地理标志法律保护有助于保护酱酒的品质和声誉，确保企业的合法性和公正性；有助于保护生态环境，推动绿色发展；保护当地社区的经济和文化利益。

第三节　酱香型白酒地理标志法律保护的现状

我国地域辽阔，地理标志资源丰富，酱香型白酒产业发展历史悠久，潜藏着巨大的经济和文化价值，却囿于地理标志法律保护制度不完善等原因，没有得到全方位的保护，使得大量标志"地理化"弱化，沦落为普通商标，削弱了市场竞争力。放眼全球，我国地理标志的国际竞争力也落后于西方国家。鉴于我国地理标志保护所面临的国内和国际双重困境，我们必须深入了解酱香型地理标志法律保护的现状，具体而言有以下五点：

一、缺乏整体性的酒类地理标志保护研究

2020 年 7 月 20 日贵州茅台酒入选中欧地理标志首批保护清单。2021 年，贵州茅台酒股份有限公司生实现营业总收入 1090 亿元。贵州省的利润总额和出口创汇始终保持在全国酱香型白酒的第一位。茅台作为酱香型白酒的代表，其地理标志研究相对深入，但郎酒、习酒、金沙酒、国台酒等仍旧各自为政，缺乏整体性酒类地理标志的保护研究，不利于酱香型白酒地理标志的保护。

二、知识产权保护理念不强，制假售假案频发

截至 2022 年 1 月，依据贵州地理标志网，所载地标名录 142 个，其中白酒有黄果树窖酒、习酒、贵州茅台酒、鸭溪窖酒 4 个，约占贵州地标名录总数的 2.8%。依据地理标志网，所载国内地理标志 305 个，其中白酒共 14 个，约占 4.6%。

造成地理标志数量少的原因，一方面是部分白酒企业的地理标志保护意识和品牌建设意识薄弱，重心放在生产经营上，没有意识到地理标志的申请和保护对

企业可持续发展的重要作用；另一方面是部分白酒企业忽视创新创造，没有意识到与时俱进开发新产品并申请地理标志予以保护的重要性。

产品缺乏地理标志保护，滋生出大量假冒"原产地名称"的侵权现象，酱香型白酒尤其是茅台的制假售假层出不穷，价值几千上万的飞天茅台在网络平台上的促销价格只有几十元、几百元，真假难辨，从侧面反映了权利得不到救济的"制度无能"。

三、地理标志法律保护及侵权救济的程度有待提升

《商标法》《反不正当竞争法》《产品质量法》对"地理标志"均有所规定，国家工商行政管理总局先后颁布过《商标法实施细则》《集体商标、证明商标注册和保护办法》，原国家质量技术监督局也出台了《原产地域产品保护规定》和《原产地标记管理规定实施办法》。这些细则、办法、规定都存在法律条文的重叠，易造成法律适用上的冲突。在法律文本中，"地理标志"可能以"原产地标志""原产地"等术语出现，从而造成认识上的混乱。

虽然国家质检总局、国家工商总局明确了其负责登记、管理的地理标志产品范围，但这种管理模式的并存，导致了地理标志保护的重叠交叉。管理机构分工不明确、权利相重叠，加上程序的复杂性，让白酒生产者更缺乏申请地理标志保护的动力。

白酒企业因假冒伪劣产品受到的损害既有市场销量，又有声誉损毁，按照我国现行的法律法规，更多地采用行政救济，但行政救济是否能达到起诉人预期、是否能挽回受损的产品声誉和企业形象、是否不会对之后的可预期销量产生影响存在疑问。

四、对实体店铺和网络平台的审核及监管力度不够

虽然我国酱香型白酒历史悠久，市场也在不断地壮大，但制假售假行为始终屡禁不止，电商平台兴起后更是愈演愈烈。酱香型白酒电商的兴起与发展虽简便了购买方式、扩大了酱香型白酒市场，但一方面品牌及种类繁多，提高了消费者辨别真伪的难度；另一方面在监管主客体资源掌握不对称的情况下，监管客体有可能通过先进技术利用网络的匿名性、流动性来逃避监管，使得监管主体处于被

动地位，导致监管的失衡。我国目前的网络监管机关为国家互联网信息办公室、公安部、工业和信息化部、国家工商总局及其下设机构，存在职责划分不明晰等问题，多重因素导致我国目前难以将酱香型白酒地理标志的法律保护落到实处。

五、行业协会在地理标志保护方面发挥的作用不强

行业协会在整个行业的引导、协调、自律等方面发挥着不可替代的作用，随着酱香型白酒产业的不断发展，政府的功能不断被弱化和剥离，白酒行业协会的作用将会有更大的施展空间。我国目前仍未形成体系化的行业协会，缺乏完整的自律机制，影响协会在资源协调整合、引领行业规范等功能的发挥，同时也难以结合我国酱香型白酒的区域优势和文化特色，向国外推广酱香型白酒品牌，以提升我国酱香型白酒的国际影响力及我国的文化软实力。目前申请注册地理标志予以保护仍旧以个体为主，酱香型白酒集体标志、产区标志申请较少，难以形成集体性保护效果，侧面体现出行业协会在地理标志保护方面发挥的作用不强，应凝聚力量加大对地理标志的保护。

第四节　加强酱香型白酒地理标志保护的对策

一、深化地理标志的整体性研究

目前对酱香型白酒地理标志的研究以单一品牌为主，应深化整体性研究，以提出更全面的改善建议，打造集合标志的品牌效应。整体性研究应包括对酱香型白酒地理标志的形成机理研究，以及品牌保护与开发模式等方面。

我国并不缺乏知名酱香型白酒品牌，比如茅台，但缺乏响亮的区域品牌，比如贵州遵义以其独特的酿造工艺、深厚的文化底蕴、天然的地理优势成为我国著名的酱香型白酒生产区，但却并未形成品牌效应。在酱香型白酒发展壮大，从产区建设到走向国际的道路上，地理标志的申请和保护必不可少，区域品牌建设既有赖于地理标志又能保护地理标志。应强强联合、以一带多等形式打造酱香型白酒的产区模式，努力建造具有国际影响力的白酒区域品牌。

二、提升知识产权保护理念，共同构建诚信社会

创新是国家发展、民族进步的不竭动力，不论是个人、企业还是社会、国家，要想持续发展、生生不息都应该秉持开拓创新精神。完善知识产权保护体系是创新的法律保护屏障，是外在约束；企业及个人应提升知识产权保护理念，认识到品牌价值的重要意义，认识到地理标志对产品打造、企业发展的重要性。全体成员应行动起来，坚决抵制制假售假，不从事制假售假行为，不购买制假售假商品，共同构建诚信社会。

与此同时，地理标志商标注册申请人应秉持诚实信用原则申请地理标志，具体而言包括两点：一是消极不作为义务，即不能提供虚假的商标注册申请文件；二是积极作为义务，即向商标注册主管机关全面准确说明客观情况。违反上述两点的都是违背诚信申请。

三、提升地理标志法律保护及侵权救济的程度

（一）采取适合我国国情的地理标志保护模式

各国对地理标志的保护模式存在差异，有采取商标法或者反不正当竞争法保护的，也有立专门法予以保护的。我国可借鉴国外立法经验，结合自身的国情和立法保护现状提升立法保护的体系性，至少应做到有关地理标志的法律条文互相之间不冲突，被侵害人申请维权不困难。

2020 年 9 月 24 日国家知识产权局网站发布国家知识产权局关于就《地理标志保护规定（征求意见稿）》公开征求意见的通知（以下简称通知）及修改说明，修改说明中提到《民法典》明确了地理标志作为知识产权保护客体的地位，现行法律法规已不能满足地理标志保护的现实需求，指出要强化地理标志产品质量监管责任、加强地理标志的保护。酱香型白酒地理标志与我国非物质文化遗产联系密切，系统、完备的地理标志保护模式将提升其保护程度。

（二）相关职能部门的职责划分清晰

在地理标志的法律实践过程中，拥有管理权的部门较多，职责有交叉，例如

国家知识产权局商标局、国家质检总局等，要想增加酱香型白酒地理标志的申请数量，应做到主管部门不重叠，申请及审查程序不烦琐。《通知》第二章第 9 条、第 13 条明确了国家知识产权局作为地理标志的申请机关，第三章又明确了国家知识产权局作为地理标志的形式审查机关，整个环节情况复杂，职责划分有待明确。

（三）明确不同程度侵权行为的救济方式

《商标法》第 36 条规定，"……因该使用人的恶意给商标注册人造成的损失，应当给予赔偿"。《商标法》第 60 条规定商标侵权行为成立的，可以处违法经营额五倍以下（违法经营额五万元以上的）或二十五万元以下（违法经营额五万元以内）的罚款……《原产地域产品保护规定》第 19 条规定，"……任何单位和个人不得销售前款规定的产品"。《反不正当竞争法》第 17 条规定，侵权人应当依法承担民事责任，赔偿数额首先按照被侵权人的实际损失确定，其次按照侵权人的所获利益确定。综上可见我国现行法律的救济方式不够明确。

要想更好地保护酱香型白酒的地理标志，应在现有法律中明确不同程度的侵权应承担的后果，包括赔偿的方式、数额标准等。《通知》第 27 条规定，"……有违法所得的，可以处违法所得 3 倍最高不得超过 3 万元的罚款，没有违法所得的，可以处 1 万元以下的罚款"。相对农产品、茶叶等，酱香型白酒的价格较高，一旦其地理标志受到侵害，会影响企业声誉、市场销量，损失较大且难以恢复，故应明确名誉标准保护措施，例如茅台可归为第一类，对其地理标志的侵犯应采用严厉的惩罚措施和高标准的侵权赔偿数额。

四、加强对实体店铺和网络平台的审核和监管

加大对冒用地理标志等侵犯知识产权行为的法律惩处力度是事后惩戒，是必要的，但企业经济损失、产品声誉损毁已经发生，通过法律的判决与执行只能达到减少损失的效果。与此同时，还应做好事前防范，加大对制酒企业、售酒商铺的资质审核、日常经营的监管；加大对网络店铺的销售动态掌控，以更好达到打击制假售假行为的效果。酱香型白酒的酿造工艺复杂、时间跨度长，顶级白酒的制作需要十几年甚至几十年时间，消费者易将产品品质与地理标志挂钩，若因监

管不到位，地理标志被冒用，将对产品的未来发展造成深远影响。

五、发挥行业协会作用强化地理标志的保护

酱香型白酒企业应集合成行业协会，相互促进、共同发展，以产区而非商品为客体，申请酱香型白酒集体标志，以打造知名品牌、提升声誉。地理标志行业协会要加强国家和企业之间的沟通，在一定程度上弥补法律调整的不足，应在《地理标志产品保护规定》中对地理标志行业协会的定义、职责等问题作出具体规定，给予资金和技术支持，充分发挥行业协会在酱香型白酒地理标志建设中的品牌建设、文化引领等方面的作用。

茅台作为酱香型白酒的代表，最负盛誉，郎酒、习酒等也具有较高的知名度，但武陵酒、潭酒、珍酒等知名度一般，消费者通常也不知道其产地、地理标志、商标图案，若能发挥行业协会作用，寻找地理标志的共性并申请，形成酱香型白酒的集体商标，定能强化地理标志的保护，促进酱香型白酒产业的发展。

第九章　知识产权法律保护对
白酒行业的影响研究

茅台作为酱香型白酒的代表，最负盛誉，郎酒、习酒等也具有较高的知名度，但武陵酒、潭酒、珍酒等知名度一般，消费者通常也不知道其产地、地理标志、商标图案，若能发挥行业协会作用，寻找地理标志的共性并申请，形成酱香型白酒的集体商标，定能强化地理标志的保护，促进酱香型白酒产业的发展。

第一节　我国现行知识产权法律规范体系

知识产权法治现代化的"中国进程"体现了知识产权在我国发展过程中的时代特色和国情特色。回顾中国几十年知识产权保护的发展历程，始终坚持时代性与本土性相融合、相协调的法律立场：在吸收借鉴发达国家的经验和先进做法的同时，立足于我国的基本国情和经济社会发展的实际需要；在提倡各领域和新兴行业创新发展的同时，立足于现有制度及经济社会发展现状、循序渐进、推动创新。

我国现行知识产权法律规范系统，是在《民法典》的统一领导下，以《著作权法》《商标法》《专利法》《反不正当竞争法》为主体内容，以地方性法规、行政法规为重要补充，并以司法解释、行政规章等规范性文件为有效补充。其中与白酒行业知识产权保护联系紧密的法律有《商标法》及《反不正当竞争法》。

第二节　提升知识产权对白酒行业法律保护的必要性

一、促进产业可持续发展的必然选择

2021 年 9 月中国中央国务院印发了《知识产权强国建设纲要（2021—2035）》，指出"推动高质量发展是保持经济持续健康发展的必然要求"。在国内经济转入中速增长平台、绿色发展比较优势提升的大背景下，如何减少资源消耗、保护生态环境及构建良好社会环境成为白酒业未来发展需要考量的问题，应探求将传统酿酒模式与社会效益、生态效益相融合的可持续发展模式，在实现自身发展的同时助力构建资源节约型、环境友好型社会。在发展模式转变的过程中不可避免地会出现纠纷，需要法律尤其是知识产权的定纷止争，打击不良商业行为、保护合法权益，更好地促进白酒业的可持续发展。

二、推进行业结构升级的必然选择

《知识产权强国建设纲要（2021—2035）》指出，"创新是引领发展的第一动力"，对产业发展、国家建设具有重大意义。白酒业虽是我国的传统产业，制酒工艺源远流长，酿造技术可追溯上千年，经过反复试验才能成就独特口感，但在数字经济背景下也需要结合市场需求，迭代创新品牌形象、经营模式等。创新创造是从无到有的过程，凝结了智慧和时间，提升白酒知识产权法律保护不仅是对现有白酒酿造工艺的保护，而且是对白酒企业与时俱进、创新工艺的鼓励，有利于推进白酒业结构升级。

三、提升国际竞争力的必然选择

当前全球经济格局正进行着深刻的变革，科技、数字、创新在国际经济循环大调整中发挥着重大作用。白酒是非物质文化遗产之一，是中华民族的文化传承，是我国文化软实力的表征，也是增强我国文化影响力的重要一环。提升知识产权对白酒业的法律保护，提升白酒知识产权立法、执法、司法水平，既能在国际市场中为白酒产业发展保驾护航，也能鼓励白酒业走向国际市场、积极参与竞

争，提升国际竞争力。

第三节　知识产权法律规范在白酒行业保护中存在的问题

一、现有知识产权法律规范与白酒行业的发展不相适应

现有的知识产权法律规范与白酒行业知识产权保护联系紧密的法律有《商标法》及《反不正当竞争法》，一方面，两者之间存在重合的法律规范，《反不正当竞争法》第6条规定，"经营者不得实施下列混淆行为，引人误认为他人商品或者与他人存在特定联系：（一）擅自使用与他人有一定影响的商品名称、包装、装潢等相同或者近似的标识"，《商标法》第57条规定，"有下列行为之一的，均属侵犯注册商标专用权：（二）未经商标注册人的许可，在同一种商品上使用与其注册商标近似的商标，或者在类似商品上使用与其注册商标相同或者近似的商标，容易导致混淆"。《反不正当竞争法》并没有要求被侵权的是注册商标或与其注册商标近似的商标，其保护范围大于《商标法》，但《商标法》是对商标作出规定的专门性法律，两者的重合容易造成适用上的混淆。

另一方面，随着新形势下白酒行业的发展，衍生出了许多新问题，以贵州省最为突出。在《（2019）黔民终800号安徽省双口酿酒集团有限公司、贵州茅台酒厂（集团）习酒有限责任公司侵害商标权纠纷二审民事判决书》中，贵州茅台习酒公司一审诉请的赔偿金额共计53万元，但一审判决安徽双口酿酒公司应承担的赔偿数额为10万元。对赔偿数额的认定主要依据《商标法》第60条，立法者依据侵权者的违法经营额来认定赔偿数额，但并未将茅台等知名白酒企业的潜在品牌价值、商誉影响、未来预期损失等予以考虑，造成法律适用上的空白。

二、对白酒知识产权侵权行为监管不到位

根据《2020年贵州省知识产权保护与发展状况》白皮书，全省公安机关各类侵犯知识产权立案238件，破案176件，抓获犯罪嫌疑人315人，涉案金额1.4亿元。仅贵阳市2021年立案查处的商标侵权及假冒伪劣案件就有130件，涉案金额167.04万元，侵犯"茅台""习酒"商标专用权白酒分别有305瓶、338

瓶。侵权行为的频发侧面说明了对白酒知识产权侵权行为监管不到位，进而影响白酒品牌建设和白酒企业创新发展。以贵州省为例，品质上乘的"飞天茅台"的酿造要历经几年甚至十几年，形成一酒难求的状况，市场的缺口及供需的不平衡给制假售假行为人留出了牟取利润的空间。白酒酿造工艺独特、传承历史悠久，从生产制作到投放市场的时间跨度长，给侵权行为人以可乘之机，且"搭便车"行为的风险小、利润高，而被侵权人的维权难度大、成本高。在侵权行为发生的初期，规模小、行为隐蔽，难以察觉，若已挤占原白酒企业的市场份额，则说明侵权行为严重，已对原有企业的品牌价值、市场竞争力造成严重损害。我国基本完成知识产权法律体系构造以及法律现代化初成的立法任务，但还需要适应新时代发展要求而进一步修改、完善。

三、对白酒知识产权侵权行为的惩罚力度不够

我国现有的知识产权法律法规与白酒相关的法律条文规定如下：根据《刑法》第213条、214条、215条规定，对侵犯商标权构成犯罪的（包括未经许可使用注册商标；销售明知是假冒商标的商品；伪造、擅自制造他人注册商标标识或者销售伪造、擅自制造的注册商标标识）的刑事制裁为："情节严重的，处3年以下有期徒刑，情节特别严重的，处3年以上7年以下有期徒刑，并处罚金。"对尚未构成犯罪的，依据《商标法》和《商标法实施细则》对侵犯注册商标专用权的行为人可采取的处罚形式有停止侵权、赔偿损失、罚款（可根据情节处以非法经营额50%以下或者侵权所获利润5倍以下的罚款）。与此同时，可要求侵权人依据《民法典》的规定承担损害赔偿责任。

相较于一般商品来说，白酒单价较高，包括商标权在内的白酒知识产权对品牌塑造、市场价格、企业发展至关重要，一旦被侵害，潜在市场及可得利润损失难以估量。假冒伪劣白酒屡禁不止的现象侧面反映了现有知识产权法律法规的处罚力度不够，威慑力欠缺。

四、与白酒知识产权相配套的公共政策有待提升

一国知识产权法律体系中，应以经济与社会发展的总目标为指引，将政策与法律相联系，并发挥相互之间的作用。总体公共服务政策应对知识产权制度建构

和实施提出目标要求（例如知识产权战略、发展规划等）；本体政策作为知识产权法律的制度补充，对特定领域、特定事项作出专门规定（例如与知识产权创造、运用、管理、服务等有关的推进计划、项目安排等）；辅助政策则在知识产权法律之外发挥协调、支撑作用（例如产权化、产业化、市场化的关联政策，有关财政、金融、税收、人才等支撑政策），而目前针对白酒行业的此类相关公共政策还有待完善。

第四节　提升白酒知识产权法律保护效应的建议对策

一、制定与白酒业发展相适应的知识产权法律规范

《国家知识产权战略纲要》《知识产权强国建设纲要〈2021—2035〉》的公布凸显了我国对知识产权的重视，"知识产权保护工作关系国家治理体系和治理能力现代化，关系高质量发展，关系人民生活幸福，关系国家对外开放大局，关系国家安全"。

与贵州白酒知识产权联系紧密的法律有《商标法》及《反不正当竞争法》。《商标法》于1982年通过，在1993年和2001年的大幅修改中，扩大了其保护范围并将某些规定与《TRIRS协议》保持一致。与此同时，我国的《商标法》保护延及非注册的驰名商标，这都是《商标法》的完善与进步，但随着白酒现行市场不断出现的新情况，应与时俱进予以修订，提升前瞻性，深化新发展理念，针对白酒知识产权保护的相关问题予以规定，不给制假售假的单位或个人以可乘之机。

在2020年5月28日正式颁布的《中华人民共和国民法典》中，共计52条涉及知识产权条款，明确了商业秘密的客体地位、知识产权可以出质抵押等，其法律条文具有引领作用，应在此指导下开展对于贵州白酒知识产权法律保护的整体性研究，将相关法律法规有效融合，形成体系性的知识产权法律法规。以茅台为代表，一是中国贵州茅台酒厂（集团）有限责任公司位于茅台镇，其独特的地理位置可申请地理标志予以保护；二是茅台作为中国十大白酒品牌之首，享誉中外，应提升其驰名商标保护程度，加大对假冒伪劣产品的打击力度；三是茅台酿

造工艺传承至今，不应受《专利法》第 42 条最长保护年限的限制，予以延长或续期有待立法者商榷。

二、强化对白酒知识产权侵权行为的监管力度

从事先预防角度强化执法：开展白酒知识产权保护的法治宣传工作，以生动案例讲解法律条文、国家政策，使保护知识产权、尊重创新创造理念深入民心，培育消费者的正品消费习惯，共同抵制制假售假、侵犯注册商标等侵犯知识产权的行为；也使民众了解到侵犯白酒知识产权可能面临的刑事民事处罚，认识到"法有禁止不可为"。

从事后惩戒角度强化监管：一方面，在已发生的白酒知识产权侵权案例中，存在侵权易、维权难、维权成本高、举证困难等情况，依据《中华人民共和国民法典》的规定，被侵权人要追究侵权人的损害赔偿责任应遵循"谁主张，谁举证"原则，列举受侵害事实、受侵害损失等情况，但侵犯白酒知识产权的行为通常较为隐蔽、不易察觉，被侵权人难以举证，维权困难。在侵犯白酒知识产权案例中应采取举证责任倒置，由侵权人承担未从事侵权行为的举证义务，无法举证则推定为侵权成立，承担损害赔偿责任。另一方面，依据情节的严重程度，侵犯白酒知识产权可能构成刑事犯罪，也可能构成民事纠纷，法律法规内部的不自洽导致执法部门的重叠交叉，国家知识产权局、公安等有关部门应就白酒知识产权保护中存在的问题共同商讨，对可能存在交叉的执法环节划清边界，公正高效地处理纠纷。

三、提升对白酒知识产权侵权行为的惩处力度

我国已在多地推行知识产权法院，专门审理知识产权案件或在知识产权审判业务庭集中审理知识产权民事、行政和刑事案件，是知识产权保护与发展过程中的一大进步。根据《贵州法院知识产权司法保护状况〈2020〉》可知贵州知识产权侵权案件呈高发态势，可结合贵州的具体省情，试点知识产权法院，侧重打击侵害白酒知识产权的行为，治理制假售假的乱象，给白酒企业营造创新创造、风清气正的营商环境。

白酒知识产权侵权行为发生后，原有品牌的声誉会受到损毁，影响品牌形

象。在已发生的知识产权纠纷中，有的法院在案件审结后，会判决侵权人刊登道歉声明，以恢复被侵权人声誉。这种道歉式司法的做法，是道歉正义的体现，但白酒知识产权侵权纠纷举证困难，维权时间长，诉讼期间的产品市场可能已受侵权行为影响，若能在发生纠纷时刊登案情申明，表明存在白酒知识产权纠纷，待审结后若侵权人败诉再刊登道歉申明，或能将被侵权人的无形损害大幅降低。

最高人民法院作出了一系列有关《商标法》的司法解释，在商标法的理论塑造中发挥了关键性作用，例如《审理商标民事纠纷的解释》第 13 条、15 条、16 条对赔偿责任认定、赔偿数额计算等给予了指导。时隔 14 年，最高人民法院发布了《审理不正当竞争民事案件的解释》，结合审判实际作出规定，例如对第 5 条"知名商品的特有装潢"作扩大解释，以保护独特的商业外观、总体风貌。司法者具有裁量权，对侵犯白酒知识产权的行为可判处禁令救济、损害赔偿等，因白酒的独特特性，不仅应考虑被侵权人的实际损害，而且应当考虑侵权行为对白酒企业未来发展、白酒产品未来市场竞争力等造成的不良影响。立法者无法穷尽现实中可能出现的所有情况，需要司法者与时俱进地作出合理合法的判决，应持续深化司法的保障作用，以便更好地保护贵州省的白酒知识产权。

四、完善与白酒知识产权配套的公共政策

为了"实现知识产权保护从不断加强到全面从严的转变"，通过提高司法效能，增强行政执法能力，构建协同保护格局，不断优化保障创新发展的法治化环境。通过制定、完善白酒知识产权配套的总体公共服务政策、本体政策、专门政策、辅助政策，发挥知识产权在创新经济、创意经济、品牌经济、地方特色经济发展中的各种功能作用，促进知识产权这一法律要素与科技、文化、经济等社会要素的深度融合。

第二部分　实证篇

第十章　白酒上市公司知识产权信息披露对企业价值的影响研究

第一节　导　　言

一、研究背景

2021 年国务院在《"十四五"国家知识产权保护和运用规划》中明确强调，要全面加强知识产权保护，提高知识产权质量，切实推进知识产权执法，促进全社会创新。进入知识经济时代以来，知识产权逐渐成为各大行业竞争的核心优势，知识产权对上市公司发展十分重要。作为传统行业的白酒行业亦是如此，对于投资者和公司而言，知识产权不仅能展现公司的核心竞争力和发展潜力，更能成为投资者作出投资决策的重要影响因素。作为传统行业，白酒行业在推动我国经济发展中扮演着一个极其重要的角色，对我国经济生产总值有着重大贡献。目前白酒行业的快速发展，选取白酒行业上市公司作为研究对象，考察白酒行业上市公司的知识产权披露现状，并分析知识产权披露对白酒行业上市公司企业价值的影响。引导政府、市场监管部门和企业提高知识产权保护意识，共同提高知识产权信息披露的质量，促进中国知识经济的快速发展。

二、国内外研究现状

（一）知识产权信息披露相关研究

1. 知识产权披露程度角度。Zeghal D. ，Ahmed S. A. （1990）指出内容分析

法采用文件或报告中与知识产权有关的字数、句数或页数等信息来评估公司披露知识产权信息的情况。

2. 知识产权信息披露内容角度。Lasić Ines（2014）指出披露专利技术信息是专利给社会带来的最重要的好处之一，因为它使后续的研究更为容易。李红、吴孟繁（2014）选择在创业板上具有代表性的公司专利披露与中国知识产权网的披露情况作为样本进行对比分析，通过专利信息披露的角度探讨创业板上市企业知识产权信息披露的真实性。

3. 不同行业知识产权信息披露角度。Umesh Sharma（2016）选取 20 家信息技术公司作为研究样本，研究中国和印度信息技术公司在年报中自愿披露智力资本信息的程度和质量。马芮等人（2019）以五个不同的行业的 175 家公司的年报作为样本，借鉴日本"知识产权信息披露导引"所规定的十项指标，实证检验出 175 家公司知识产权信息披露程度总体来说不够。付雪旻（2021）借鉴前人构建的知识产权信息披露体系建立适合医药行业的知识产权信息披露质量评分体系，对公司所拥有的专利、商标和著作权采用十分制评分。借鉴付雪旻的知识产权信息披露质量评分体系，对白酒行业上市公司知识产权信息披露质量进行衡量。

（二）企业价值的相关研究

企业价值的衡量方法。衡量企业价值的指标主要包括市场价值类指标和会计价值类指标。企业价值能够反映当下以及未来企业的整体资产状况、获利能力和创造现金流的能力。

大部分学者选用托宾 Q 值作为企业价值的衡量指标。李正（2006）选用托宾 Q 值作为被解释变量，研究证明企业承担社会责任与企业价值存在负向作用；王晓巍、陈逢博（2014）使用托宾 Q 值研究得出增加法人持股比例有利于提高企业价值等相关结论；Hung Ngoc Dang 等人（2019）以 2012 年至 2016 年期间在越南股市上市的 214 家公司为研究对象，研究企业规模和盈利能力对越南企业价值的影响，回归结果表明企业规模和盈利能力与企业价值正相关；马思乐等人（2021）指出许多研究通过托宾 Q 值对企业当前和未来获利能力进行综合计量，可以更加客观地反映企业价值，该研究证明企业环境信息披露的程度与企业价值呈正向相关。除了使用托宾 Q 值法，部分学者还使用平衡记分卡模型和经济附加值法对企业价值进行衡量。平邵鑫（2019）基于平衡计分卡模型，能更全面地评估企业的内在价值，更能彰显企业的发展潜力。该模型的指标主要包括财务和非财务指标。财务指标涉及盈利能力、运营能力、偿债能力和发展能力。崔凌儇（2015）运用经济附加值评估模型对新三板企业价值进行了有效的评估，证明经济附加值法能够有效反映企业价值。该模型的指标包括资本总额、资本结构和加权成本。综上所述，研究选用托宾 Q 值来衡量企业价值。

（三）知识产权信息披露对企业价值的影响

知识产权信息披露对企业价值的影响研究。Sunitha Devi 等人（2017）选取印尼 73 家非金融公司作为研究对象，对面板数据进行回归分析，证明企业风险管理信息披露对企业价值存在显著的正向作用，并且还得出信息披露具有积极意义的结论。暴迪（2020）以创业板上市公司为研究对象，通过建立回归模型和相关分析表明智力资本信息披露指数与企业价值呈现正相关关系。智力资本信息披露指标有：盈利能力、期末权益、债务水平、企业规模和企业成长性。徐钰婧（2021）通过实证分析得出智力资本自愿信息披露与企业融资效率存在显著的正相关关系，能为公司创造更多价值，还指出监管机构应鼓励高科技公司积极提高智力资本信息披露。张志超（2022）基于可持续发展视角，采用 Ohlson 模型实证研究我国商贸流通上市企业，得出智力资本信息披露水平与企业价值存在显著的正向影响；还指出可持续发展能力在两者之间存在正向调节作用。付雪旻（2021）选取医药行业上市公司为研究对象，以知识产权核心竞争力、知识产权可能面对的风险、知识产权总授权量、知识产权新增授权量和知识产权资产情况来衡量知识产权信息披露指标，选择公司经营利润来衡量企业价值，研究医药行业上市公司对企业价值的影响，表明知识产权信息披露质量对公司业绩存在显著的正向作用，以及当市场进程化程度越高时，两者关系越显著的结论。

综上所述，通过梳理现有文献发现，大多数学者通过构建知识产权信息披露质量体系或者借鉴日本"知识产权信息披露导引"所规定的十项指标来作为知识产权信息披露的衡量指标；通过经济附加值评估模型、托宾 Q 值和平衡计分卡模型衡量企业价值。查阅文献，可以发现知识产权信息披露质量对企业价值具有正向作用。在知识型经济不断发展的时代背景下，重视知识产权发展显得尤为重要。因此，选择白酒行业研究知识产权信息披露情况、对企业价值的影响以及相关部门制定行业类知识产权信息披露制度是有一定参考价值的。

第二节　理论基础及概念界定

一、理论基础

研究采用的信号理论，是由 Akerlof 提出的。信息不对称会导致消费者作出购买决策和投资者作出投资决策前，对产品和服务质量了解不准确，从而影响消费者和投资者作出决策。信号理论是当消费者和投资者不能全方面识别产品质量时，他们的注意就会转向卖家的状态、能力、经验等指标或者信号。对于消费者和投资者来说，先于市场获得产品的质量信息较为困难，所以他们会依靠卖家所提供的信号来完成自己对待产品质量的预期。同时，信号也是消费者和投资者作出决策的一个重要因素。

二、相关概念界定

（一）知识产权

"知识产权"的概念首先出现在 17 世纪中期卡普佐夫的著作中。之后由比利时的一名法学家皮卡第继续将这一概念发展下去。郑成思（1981）学者认为知识产权是"人们对通过自身所创造的智力成果依法享有的专有权利"。吴汉东（1986）学者在此基础上提出知识产权是有别于传统财产所有权的一项新型民事权利，是近代商品经济和科技发展的产物。Cornish W. R. （1992）指出知识产权涵盖多种宽泛概念，包括由某种知识产权产生的法律认可的权利创造力，或者其他与想法有关的行为。刘春田（2003）在借鉴前人研究的基础上认为知识产权是私有权利，知识作为劳动的产品，所以知识产权属于民事权利的范畴，创造智力成果的人是天然的权利人。总结前人对知识产权的定义，研究采用郑成思学者的观点，认为知识产权是"人们对通过自身所创造的智力成果依法享有的专有权利"。

（二）信息披露

国外信息披露起源于 1720 年英国的"南海公司事件"，1844 年的股份公司法规定股份有限公司募股必须经由公开说明书注册。美国蓝天法的信息公开制认为信息披露是将证券发行者和进行交易的证券的所有重要信息充分公开和披露。Stephen Owusu-Ansah（1998）把信息披露定义为关于公司业务状况和业绩的经济信息交流。齐斌（2001）指出信息披露是指上市公司以招股说明书、上市公告书以及定期报告和临时报告等形式，将公司及与公司相关的信息，向投资者公开披露的行为。刘翰林、王子蕊（2022）在现有研究基础上指出信息披露一般是指上市公司根据政府、证券交易所、公司所规定的规章制度将与公司有关的信息向公众公开的行为，这是连接股票市场资本供给者与需求者的桥梁。

（三）知识产权信息披露

知识产权信息披露首先出现在 1993 年颁布的《中华人民共和国公司法》和国务院《关于股票发行与交易管理暂行条例》中，其中指出知识产权信息披露是指上市公司必须依照法律、行政法规的规定，公开财务状况、经营状况以及重大诉讼，在每会计年度内每半年要公布一次财务会计报告。曾莉、罗晓涵（2014）指出知识产权信息披露是上市公司在证券发行和证券交易过程中向社会公开与该公司相关的知识产权信息的行为。周洁（2015）提出知识产权信息披露是指将知识产权主体、客体、法律、经济及技术特点的综合信息向社会公众公开。张菊则认为知识产权信息披露是指上市公司通过招股说明书、定期报告等文件向社会公开知识产权信息的行为。黄炜杰综合前人经验，指出知识产权信息披露是指上市公司向社会公众公开知识产权等一些重要资产。本研究采用曾莉、罗晓涵（2014）学者的观点，认为知识产权信息披露是指上市公司向社会公开证券发行和证券交易过程中与该公司相关的知识产权信息的行为。

第三节　白酒行业上市公司知识产权信息披露现状

一、白酒行业的选取原因

进入知识型经济时代以来，知识产权越来越受到公司的重视，投资者在作出投资决策的时候也会考虑企业知识产权信息披露的情况。本章首先分析了选择白酒行业作为研究对象的原因，包括白酒行业的基本状况和行业的特点。接着，对白酒行业上市公司中披露知识产权信息的相关制度规范进行统计。最后以白酒上市公司年度报告作为样本进行分析，从披露的内容和质量对上市公司的信息披露现状进行深度分析。

（一）白酒行业基本现状

近年来，白酒行业高速发展，白酒行业逐渐成为拉动我国经济发展的重要部分。前海开源分析师杨德龙表示，整体来看，白酒特别是品牌白酒价值增长较为稳健，且具备长期投资价值的潜质，即使在大跌了一段时间之后，也逐渐具备中长期的投资机会。白酒营销专家蔡学飞表示，未来我国酒类行业的民生属性依旧是向好的方向发展，结构性调整有助于行业高质量转型升级。由此看来，我国白酒行业发展较好，潜力是巨大的。以下是对我国白酒行业发展现状的分析：

1. 我国白酒公司数量逐步增长。

在"五粮液第二十四届 1218 共商共建共享大会"上李曙光指出，白酒行业是永恒的朝阳产业。现阶段，许多投资者进入中国酒业，导致酒业市场规模扩大，企业数量逐渐增多。根据国家统计局的年度数据显示：2011 年至 2020 年我国白酒公司数量逐年上涨，自 2011 年的 4874 家到 2020 年的 5530 家，十年之间有 656 家白酒公司成立。数据显示，平均每年约有 65 家新的白酒公司在中国成立。随着人们对白酒产品的需求不断增长，中国的白酒企业数量将继续增长，行业规模将继续扩大，白酒行业将继续面临激烈的竞争。

2. 我国白酒行业经营业绩稳健增长。

总体上看，我国白酒行业的经营业绩一直向好发展。根据国家统计局的年度数据，2021年中国白酒行业的利润额为2258.8亿元。与2010年相比，白酒行业的利润增长了3倍多，并且在2010年至2021年期间每年都在稳步增长。这些现象表明，我国白酒行业的利润增长水平较为稳定。因此，根据现在的增长水平，可以说白酒企业整体上经营状况较好，应该把发展的重点放在不断提高创新和科研水平上，努力提高白酒质量，树立良好的品牌形象，使白酒行业持续维持较好的经营状况，见图11-1。

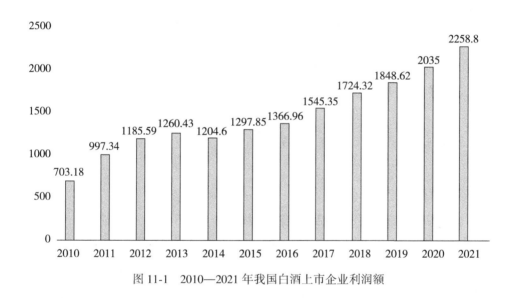

图11-1　2010—2021年我国白酒上市企业利润额

3. 白酒行业有效专利数量逐年递增。

知识产权是展示一个公司核心竞争力的重要因素。基于法律允许的知识产权的数量，一个公司可以在一定时期内主导一个关键市场，这对其经济发展具有非常大的吸引力。在2005年至2017年的13年间，白酒行业上市公司有效专利数整体上处于增长状态，如图11-2所示。

（二）白酒行业的特点

1. 白酒行业市场容量巨大。

根据国家统计局和中国酒业协会的官方数据显示，2021年白酒产业规模以上企业销售收入6033亿元，利润总额1702亿元。由此得出，白酒产业利润较为

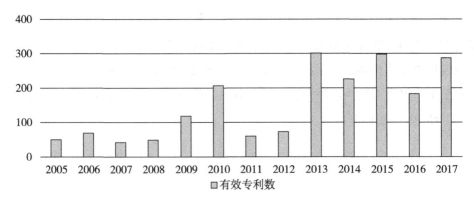

图 11-2　2005—2017 年 13 家上市公司有效专利数（件）

数据来源：根据国家统计局和国泰安数据库官网整理

可观，不断吸引更多投资者进入白酒市场，白酒行业市场规模未来还会不断扩大。

2. 白酒行业持续分化。

白酒营销专家蔡学飞注意到，当前市场已经出现了酒类产品滞销和库存量过大等问题。蔡学飞表示，"除了茅台等少数酒企有多元化的刚性需求外，大多数酒企的生产经营客观上受到不同程度的影响。因此，下半年我国白酒行业将加速多元化发展"，行业的现代化将导致大量缺乏核心竞争力的中小型白酒企业的消失。

3. 知识产权是白酒行业的核心竞争力。

白酒企业想要立足于白酒市场，就必须提升核心竞争力，保持创新活力，让企业本身更具有话语权。在保证产品质量的同时也需要重视专利的作用，专利还可以增强企业的核心优势，从而促进企业价值的提升。

二、白酒行业上市公司知识产权信息披露相关制度规范

由于没有建立相关的知识产权信息披露制度，白酒公司延迟和不诚实报告的问题逐渐升级，媒体经常报道白酒公司的虚假信息，这引起了公众极大的关注。相关政府机构认识到白酒公司信息披露问题的严重性，并要求公司向利益相关者

提供及时、诚实的信息。下表总结了近年来中国证监会、证券交易所等机构发布
的关于各行业知识产权信息披露的规定，以及白酒行业信息披露的制度标准（表
11-1、表 11-2）。

表 11-1　　　　　　　　　　所有行业的信息披露制度规范

发布机构	文 件 名	披 露 内 容
中国证监会	第 27 号公告《关于注册制下提高招股说明书信息披露质量的指导意见》	招股说明书是注册制下股票发行阶段信息披露的主要载体，是投资者作出价值判断和投资决策的基本依据，是企业发行上市过程中最核心、最重要的法律文件
中国证监会	第 10 号公告《公开发行证券的公司信息披露内容与格式准则第 26 号——上市公司重大资产重组（2022 年修订）》	交易双方应当按要求在所披露或申请的有关文件上发表声明，确保为本次重组所提供的信息的真实性、准确性和完整性
中国证监会	证监会修订上市公司定期报告信息披露内容与格式准则	对信息披露中的保密义务、公司资产所有权受限情况等一并明确相关要求，以期进一步突出重点内容，适应监管实践的发展

表 11-2　　　　　　　　　　白酒行业的信息披露制度规范

发布机构	文 件 名	披 露 内 容
上海证券交易所	关于发布《上海证券交易所上市公司自律监管指引第 3 号——行业信息披露》的通知	酒类行业上市公司应在年报和临时公告中披露适用本指引的行业运行信息。饮料、精制茶类上市公司应按照本指引披露本行业经营的相关信息
深圳证券交易所	深圳证券交易所上市公司自律监管指引第 4 号——创业板行业信息披露	从事电子商务平台运营的应在其年报和半年报中披露报告期内的活动，同时考虑到其平台的盈利模式和运营特点

分析表 11-1 和表 11-2 发现，信息披露法规中关于知识产权信息披露的内容

较粗略，单独针对白酒行业知识产权信息披露的规定较少，且没有统一的术语对知识产权进行披露。目前，我国还没有专门为白酒行业出台相关政策以及制度来规范白酒行业内的知识产权信息披露，缺乏相关法律法规的指导，造成白酒行业上市公司披露知识产权信息时不规范，出现披露内容杂乱、内容不统一的局面。

三、白酒行业上市公司知识产权信息披露现状分析

为深入了解白酒行业上市公司知识产权信息披露现状，笔者收集和整理从2010 年至 2021 年 13 家白酒行业上市公司的年报中相关数据，对披露内容和质量进行了描述性分析。

（一）样本选取与数据来源

笔者选取 19 家白酒行业上市公司作为研究对象。研究需要收集 2010 年至2021 年白酒行业上市公司相关数据，由于部分上市公司数据不全，因此剔除了数据不全的 6 家上市公司，余下 13 家公司为最终的样本公司。样本数据主要来源于国泰安官方数据库和深沪证券交易所中的 2010 年至 2021 年白酒上市公司的年度报告。首先从国泰安数据库和深沪证券交易所收集 2010 年至 2021 年白酒行业上市公司的年度报告，在此基础上，对年度报告中的相关知识产权内容进行手工整理，用 Stata 17.0 软件进行数据统计和分析。

（二）披露的内容总体分析

为了解白酒公司的知识产权信息披露情况，整理了 13 家白酒公司 2010 年至2021 年的年报中的相关数据，并提炼了现有的知识产权信息披露内容，如表11-3所示。

表 11-3　　　　　　　　年报中知识产权信息披露内容汇总

一级标题	二级标题	三级标题	主要披露内容
第三节　公司业务概要	核心竞争力分析		通过披露知识产权的数量和技术投资的数额来说明公司的发展状况

续表

一 级 标 题	二 级 标 题	三 级 标 题	主要披露内容
第四节　经营情况讨论与分析	公司未来发展的展望	知识产权可能面临的风险	主要是与知识产权保护有关的风险
第十一节　财务报告	合并资产负债表	无形资产情况	主要披露各类知识产权的账面原值、本期增加金额等情况

　　整理发现，在白酒上市公司中，有关知识产权的信息内容分散披露在年度报告中，有些用数字披露，有些用文字披露，各个项目披露形式不统一，出现信息使用者需要花费大量时间从年报中收集到所需要的信息的情况。对 2010 年至 2021 年 13 家白酒行业上市公司的年度报告按照上表所涉及内容进行整体统计（见表 11-4）。

表 11-4　　　　　　　　　　年报中知识产权信息披露情况表

年度	核心竞争力	潜在的风险	总授权数量	新增授权数量	知识产权资产
2010	3	3	2	1	2
2011	2	1	1	5	2
2012	3	2	1	3	1
2013	2		2	2	
2014	2		1	1	2
2015	2	1	2		3
2016	2		2	4	1
2017	2		3	5	1
2018	2		2	4	1
2019	3	2	1	6	
2020	2	3	2	6	
2021	1	3	2	6	1

数据来源：根据证券交易所年度报告整理。

表 11-4 中的统计数据显示，连续 12 年披露新增知识产权授权数量的公司从 2010 年的 1 家增长到 2021 年的 6 家，这表明白酒行业上市公司越来越重视知识产权新增授权数量的披露，但对其他项目的披露还是比较欠缺。表 11-4 显示，白酒行业的上市公司对大部分知识产权项目披露意愿较差。这说明，白酒企业对知识产权信息的披露较不重视，公司年度报告中对知识产权信息的内容披露较少。

（三）披露内容具体分析

研究所选取的年报中有关知识产权信息披露的很少或没有，说明白酒公司的披露意愿较差。随机选取 2021 年 13 家上市公司国家知识产权局与公司在年报中公布的专利数量进行对比分析，具体如表 11-5 所示。

表 11-5　　　　　　　　　　　　**2021 年专利授权披露情况**

序号	股票代码	企业名称	年报授权专利	国家知识产权局授权专利
1	600519	贵州茅台	0	131
2	000858	五粮液	50	276
3	000568	泸州老窖	100	66
4	000596	古井贡酒	58	207
5	002304	洋河股份	0	28
6	600197	伊力特	2	3
7	600779	水井坊	0	10
8	600809	山西汾酒	0	34
9	600559	老白干	36	8
10	000799	酒鬼酒	0	27
11	600199	金种子酒	25	43
12	000860	顺鑫农业	0	26
13	600702	舍得酒业	43	27

数据来源：根据上市公司年报和国家知识产权局官网数据整理。

　　对表 11-5 进行分析发现，国家知识产权局所公布的专利数量很多，但大多数上市公司却没有公布在年度报告中。从表中可以得出，大多数公司披露的专利数量都少于国家知识产权局，甚至出现在年度报告中未披露的现象，这说明白酒行业上市公司在年报中对知识产权信息披露意愿较差；少数公司公布的数据多于国家知识产权局公布的专利数量，事实上有一些研究表明，一家公司所拥有的专利数量越高，企业价值也会随之升高，这就更能促进投资者对企业做出投资决策。出于这个原因，一些上市公司将处于申请阶段或已被宣布无效的专利作为授权专利进行披露，以提高公司的价值。然而，在申请期间并不确定是否会获得专利，而且提交的申请很容易失败，造成虚假披露。

　　第一，披露内容分析。白酒行业市场监管较宽松，部分无名酒企打着行业巨头公司的旗号售卖自己生产的酒，还夸大其词地说是某某品牌酒，使得大量的假酒涌入市场，导致酒的价格和利润大幅下降。还有企业自身的知识产权侵权诉讼以及可能面临的经济赔偿，也会使公司陷入舆论风波。因此，知识产权风险也是白酒行业考虑潜在风险时应该注重的部分。通过分析 2010 年至 2021 年白酒行业中 13 家上市公司年报中有关知识产权的披露内容可知，公司披露的内容没有突出该行业的具体特点，披露的内容过少，只有少数白酒行业上市公司披露了知识产权新增情况，没有披露知识产权其他项目的情况。

　　第二，知识产权披露术语的使用分析。以 2010 年至 2021 年白酒公司的年度报告为样本，通过汇编各公司年度报告中用于描述知识产权内容的术语，如专利、商标和著作权，我们发现一些公司使用的术语不一致，对同一个内容存在多种名称。具体情况如表 11-6 所示。

表 11-6　　　　　　　　　　　知识产权相关术语使用情况

描　述　内　容	术　　　语
公司持有的专利	专利技术、专利权
公司持有的商标	商标、商标使用权、注册商标
公司持有的著作权	测试阶段外购软件、软件开发费、软件、软件开发

数据来源：根据证券交易所年度报告整理。

目前，研究的 13 家上市公司对知识产权信息进行披露时比较随意，披露内容也比较少，这与相关法律规定有着密切的联系。如在年度报告中，水井坊公司用"专利技术"一词来指与公司拥有的专利有关的无形资产，用"著作权"一词来指与公司拥有的作品有关的知识产权。一般的无形资产较多归属于经济关系，而知识产权则归属于法律界，且无形资产包括知识产权，其包含的范围比知识产权广。由于没有统一的术语规定，不同的公司对披露信息的名称也不一样，这就造成了同一领域的术语众多且混乱，使读者难以理解，在一定程度上也使信息使用者难以理解，这对白酒行业的发展是不利的。

（四）产生问题的原因

通过以上披露内容的分析得出，整体上看企业的知识产权信息是比较薄弱的。在具体内容上，白酒行业上市公司在披露知识产权信息时存在信息虚假、内容不符合白酒行业的特点、披露知识产权使用的术语不一致等。造成这种情况主要有两个原因：监管部门的监管力度不强和中介服务机构的水平不高。在目前的监管机制下，监管部门和管理部门只对上市公司的信息披露进行抽查，不是全部检查。抽查对企业管理者没有威慑力，公司管理人员对抽查也毫不在意，认为抽查只是走个形式，不会查到公司对知识产权信息进行虚假记载，存在侥幸心理。同时，监督管理部门对虚假披露知识产权信息的公司惩罚力度不够，没有采取特别严厉的惩罚机制。这就造成了不遵守规定的公司将继续忽视知识产权的披露，其他公司也会相继效仿，也加剧了不遵守知识产权披露规则的问题。由于中介服务机构的水平和质量不高以及服务机构与企业之间的利益联系，一些服务提供者甚至会帮助上市公司造假甚至虚报其知识产权信息。因此，我国应该加强市场监管的质量和力度，引入公开的制裁机制。

（五）信息披露的质量分析

目前没有明确的规定知识产权披露的要求和系统的内容，研究考查了 2010—2021 年白酒行业上市公司年报中披露的知识产权信息，并以下五个披露内容作为评估白酒行业上市公司知识产权披露质量的依据。具体五项披露内容如表11-7 所示。

表 11-7　　　　　　　　　　　　　　　**具体披露内容**

年 报 标 题	主 要 内 容
核心竞争力分析	知识产权的核心竞争力
公司关于公司未来发展的讨论与分析	知识产权可能面对的风险
经营情况讨论与分析	知识产权总授权数量
	知识产权新增授权数量
财务报告	知识产权的账面原值等情况

　　基于以上分析，可以看出白酒行业上市公司的知识产权信息披露在年报中分布散乱无序，披露形式不一致，有的用文字披露，有的用数字披露。在借鉴付雪旻评价知识产权信息披露质量的指标体系基础上，结合白酒上市企业在年报中所披露的知识产权内容并量化此类信息，赋予 10 分的总分，建立了白酒上市公司知识产权信息披露质量体系，是为了更好地了解知识产权披露的质量。在分类过程中发现，白酒行业的大多数上市公司每年很少获得任何的知识产权授权，如专利、著作或商标等，所以，公司新增的知识产权授权数量被记录为"无"，这可以理解为公司有新的知识产权授权但没有披露。具体得分项目如表 11-8 所示。

表 11-8　　　　　　　　　　　　　**白酒行业披露项目评分表**

项　　目			分值
知识产权的核心竞争力		无	0
	有	非单独披露	1
		单独披露	2
知识产权可能面对的风险		无	0
	有	非单独披露	1
		单独披露	2
知识产权总授权量		无	0
		有	2

项　　目		分值
知识产权新增授权量	无	0
	有	2
知识产权资产情况	无	0
	有	2

如果在白酒上市公司年报中有以上五个披露项目全部披露，则计为 10 分，如果没有在年报中披露则为 0 分，因此得分范围在 0～10 分之间。根据 2010—2021 年度 13 家样本公司的年度报告中披露的内容来进行评分，得出统计数据。统计结果整理如表 11-9 所示。

表 11-9　　　　　　　　　白酒行业披露评分汇总表

分值	2010	2011	2012	2013	2014	2015	2016	2017	2018	2019	2020	2021
10	0	0	0	0	0	0	0	0	0	0	0	0
9	0	0	0	0	0	0	0	0	0	0	0	0
8	0	0	0	0	0	0	0	0	0	0	0	0
7	0	0	0	0	0	0	0	0	0	0	0	0
6	0	0	0	0	0	0	0	0	0	0	0	0
5	0	0	0	0	0	0	0	0	0	0	0	0
4	0	0	0	0	0	0	0	0	0	0	0	0
3	4	3	1	0	0	1	0	3	0	2	6	6
2	6	4	7	2	2	2	3	6	2	4	4	6
1	1	4	2	4	4	5	6	2	7	6	3	1
0	2	2	3	7	7	5	4	2	4	1	0	0

从表 11-9 的结果综合来看，白酒行业的上市公司对知识产权的披露质量不高，披露的质量较差。从上表得出 3 分是最高分，由此可知，白酒上市企业

的披露水平处于较低水平。如表中所示，2021 年得分为 0 的公司有 7 家，表明这 7 家公司没有在年度报告中披露知识产权的信息，大部分的公司得分集中在 0~2 分的范围内，说明白酒行业上市公司披露意愿较低。很少有公司拿到 10 分，也就是说，很少有公司按照披露规范来对知识产权信息进行披露。这表明，在目前的披露制度下，几乎没有公司能够全部按照披露制度的规范来披露知识产权信息。

第四节　白酒行业上市公司知识产权信息披露对企业价值的影响

一、研究假设

基于前一节现状分析，得出的结论是：我国白酒行业上市公司的质量总体上处于较低水平。依前一节 2010 年至 2021 年 13 家公司的评分看，知识产权信息披露评分最低的是 0 分，评分最高的只有 3 分，表明多数白酒公司知识产权保护意识比较薄弱，披露质量较低甚至有未对知识产权信息进行披露的现象。付雪旻选择构建知识产权信息披露质量评分体系，采用 10 分制进行打分，计算得出总分代表知识产权信息披露的质量，研究得出在整个医药行业上市公司中，知识产权信息披露质量对公司经营业绩有显著的正向相关性。公司知识产权的披露程度影响到公司的投资潜力，而投资潜力又影响到公司的价值，并在一定程度上决定了公司的发展。白酒公司通过其他披露文件，如年报、临时公告等，给利益相关者传递知识产权信息。如果白酒公司知识产权信息披露得比较真实和完整，对投资者的投资吸引力就越大；反之，如果白酒公司知识产权信息披露的较不真实和不完整，投资者在作出投资决策时，会直接不考虑这类公司，更愿意投资信息披露较好的优质公司。综上所述，提出了以下假设：

假设 1（H1）：我国白酒行业上市企业的知识产权披露质量与企业价值之间存在正向影响。

二、变量选取

（一）因变量

在以往学术研究的基础上，选择了托宾 Q 值来衡量企业的价值。托宾 Q 值是一个科学的公司价值衡量标准，因为它既考虑了公司的当前和未来状态，也反映了公司当前和未来盈利能力的价值平衡，误差较小。

（二）自变量

知识产权披露质量（IPQ）是衡量创新能力和发展前景的重要指标。根据第三章所构建的评分体系，知识产权信息披露主要可以分为 5 大类（表 11-8）对白酒行业上市公司的知识产权披露质量按 10 分制进行评估，所有分数相加计算出总分。

（三）控制变量

在白酒行业上市公司中，知识产权信息披露对企业价值的影响，除此之外还会有其他因素会影响企业价值，为了更好地解释调查数据之间的关系，有必要控制影响企业价值的其他因素，研究参考孙彤的控制变量选取，控制变量选取如下：

第一，企业规模。查阅文献发现，一般一家公司的经营规模越大，其整体交易能力越高，高交易能力会吸引更多的投资者投资于该公司，这反过来又会影响公司的价格。所以，为了减少可能对研究结果产生的偏差，选取企业规模为控制变量。公司的市值是公司生产和经营的前提条件，也能在一定程度上决定公司的规模，因此选取对企业的总市值取对数来衡量企业规模，用 SIZE 表示。

第二，盈利能力。公司的盈利能力才是最直接反映其在一段时间内创造收入的能力。因此，为了减少调查结果产生的误差，选取净资产收益率来衡量公司的盈利能力，用 ROE 表示。总体变量的选取如表 11-10 所示。

表 11-10   总体变量说明表

变量种类	表示符号	名称	衡量指标
因变量	TQ	企业价值	托宾 Q 值
自变量	IPQ	知识产权信息披露	各项评分之和
控制变量	$SIZE$	企业规模	Ln（该上市企业的市值）
	ROE	盈利能力	净资产收益率

三、模型构建

构建模型的目的是检验在白酒行业上市企业中，知识产权信息披露水平对企业价值的影响，通过以下模型来检验假设 1。模型如式（11-1）所示：

$$TQ_{i,t} = \beta_0 + \beta_1 IPQ_{i,t} + \beta_2 SIZE_{i,t} + \beta_3 ROE_{i,t} + \varepsilon_{i,t} \qquad (11-1)$$

其中，i 代表第 i 家样本企业，t 代表年份，TQ 为企业价值，IPQ 为知识产权信息披露，$SIZE$ 为上市公司年末市值的对数，表示企业规模，ROE 为净资产收益率，$\varepsilon_{i,t}$ 为残差项。模型中变量的含义如表 11-11 所示。

表 11-11   变量的含义

变量	含　　义	指　　标
TQ	企业价值	托宾 Q 值
IPQ	知识产权信息披露水平	数值为 0~10 分
$SIZE$	企业规模	上市公司年末市值的对数
ROE	盈利能力	净资产收益率

四、相关性检验

相关性检验是接下来进行回归分析的前提条件。在进行实证分析之前，应当通过皮尔逊检验对主要变量进行相关性分析，检验结果如表 11-12 所示。

表 11-12   相　关　矩　阵

	TQ	IPQ	SIZE	ROE
TQ	1.000			
IPQ	0.467***	1.000		
SIZE	0.556***	0.401***	1.000	
ROE	0.547***	0.207***	0.590***	1.000

从表中可以看出，所选取的各个变量与企业价值之间具有相关性。对于各自变量的相关程度来看，白酒行业上市公司的企业价值与企业规模、净资产收益率的相关性为正相关，其相关系数为 0.556，0.547。我们主要看白酒行业上市公司的企业价值与知识产权披露质量的相关性，其相关系数为 0.467，初步判断，两者之间存在正向影响，具体来说，提高知识产权信息披露的质量有助于提高白酒上市企业的价值。

五、豪斯曼检验

对面板数据模型进行检验，首先进行豪斯曼检验，确定选择随机效应还是固定效应模型。检验结果表明：$P < 0.05$，拒绝原假设，选择固定效应模型。检验结果如表 11-13 所示。

表 11-13   豪斯曼检验结果

	FE	RE	P	Std. err	Chi2（3）
IPQ	1.034743	1.110688		.	
SIZE	1.41776	1.054894	0.0003	0.0566235	18.48
ROE	4.856837	4.886058		.	

六、知识产权信息披露与企业价值回归分析

本节利用 Stata 17.0 软件研究知识产权信息披露对企业价值产生的影响，分

析结果如表 11-14 所示。

表 11-14　　　　　　　　　　　　回归分析

TQ	Coefficient	Std. err	t	P>|t|	[95%conf.	interval]	R^2	F
IPQ	1. 034743	0. 1393118	7. 43	0. 000	0. 7593161	1. 31017		
SIZE	1. 41776	0. 1602873	8. 85	0. 000	1. 100864	1. 734657	0. 7486	22. 97
ROE	4. 856837	1. 139795	4. 26	0. 000	2. 6034	7. 110273		
cons	−32. 60061	3. 747561	−8. 70	0. 000	−40. 00974	−25. 19148		

从表中可以得出，$P<0.05$，通过 5%的显著性水平检验，可以看出知识产权信息披露质量与企业价值存在正相关关系，也就是说，当企业知识产权信息披露质量越高时，企业的企业价值就会越高，验证假设 H1。

七、稳健性检验

对面板数据模型进行稳健性检验，用经营利润替换托宾 Q 值来衡量企业价值。然后用与上述相同的方法进行样本的回归分析，结果如表 11-15 所示。

表 11-15　　　　　　　　　　　稳健性检验结果

TQ	Coefficient	Std. err	t	P>|t|	[95%conf.	interval]	R^2	F
IPQ	1. 23592	0. 596307	2. 07	0. 040	0. 0569148	2. 414924		
SIZE	3. 380909	0. 7619645	4. 44	0. 000	1. 87437	4. 887449	0. 3323	16. 03
ROE	−10. 4038	4. 667645	−2. 23	0. 000	−19. 63257	−1. 175037		
cons	−75. 49367	17. 76099	−4. 25	0. 000	−110. 6103	−40. 37704		

从表中可知，知识产权信息披露与企业价值显著相关，与上述结果基本相同，接受假设 H1。

第五节　结论与建议

一、结论

从实证分析中得出以下结论：

第一，在白酒行业上市公司中，知识产权信息披露质量与企业价值呈现正相关关系，企业所披露的知识产权信息越规范，企业价值就会越高。这意味着，知识产权中的任何一项披露内容都会影响知识产权披露的质量，从而影响企业的价值。因此，企业管理者应该把关任何一项知识产权信息的披露，全面监督知识产权信息的披露，提升披露水平。因此，上市公司应该重视每一项知识产权信息的披露，从总体上对知识产权信息的披露进行把控，提高企业知识产权披露的质量。

第二，基于上述分析结果，从政府、市场监管和企业三个层面提出了建议，以规范白酒行业上市公司的知识产权披露环境，以此来提升企业价值。对政府的建议是统一知识产权披露术语和内容，完善相关法律法规，建立官方信息共享平台；对市场监管的建议是提高监管机构的质量和中介服务机构道德素养，以及对企业的建议是加强知识产权管理、提高知识产权保护意识。

二、建议对策

（一）政府层面

1. 统一披露术语和具体内容。

政府通过文件性材料规范企业披露术语和披露的具体内容。首先，统一用文字或者数字形式进行披露；其次，对披露的具体内容如专利新增授权量、专利无效数量、知识产权总授权量等具体内容进行总结，正确引导企业管理者规范披露知识产权信息，减少在年报中出现术语混用和杂乱披露的情况，使知识产权信息披露更加规范。

2. 制定白酒行业披露规则。

政府相关部门应制定专门针对白酒行业的披露规则，白酒行业相关企业应按照规则办事，如不遵守则政府部门可直接对不遵守规定的企业进行惩罚，营造良好的披露环境。

3. 建立官方知识产权信息共享平台。

政府可以通过现代化新媒体手段建立官方知识产权信息共享平台，使白酒企业在公众的监督下披露知识产权信息，让利益相关者与公司信息同步，通过公司披露的相关知识产权信息，帮助投资者选择有价值投资对象进行投资，以此提升效率，有效地减少了投资者在了解投资对象上所耗费的大量时间。

（二）市场监管层面

1. 提高监管机构的监管质量。

监管机构应加强对企业知识产权信息披露的监管，从抽查方式改为全体检查模式，避免有人浑水摸鱼，从企业源头对知识产权信息披露质量进行把关，强化监管环境。

2. 提高中介服务机构道德素养。

中介服务机构是指专门为上市公司提供信息披露的服务机构。目前，很多中介服务机构为了保障自身的不正当利益，为上市公司虚假披露知识产权信息保驾护航。首先，我们应该通过政府干预提高中介服务机构的道德素质，组织服务机构的道德素质培训，提高他们的专业能力，大力宣传为上市公司虚假披露知识产权信息的严重后果。其次，中介服务机构也应该自觉提高专业能力，真实、准确地披露上市公司知识产权信息，保证企业与企业利益相关者之间联系的纽带真实且稳定。

（三）企业层面

1. 加强企业知识产权管理。

企业应完善知识产权信息披露形式和具体内容，不断提高知识产权信息披露质量，更加积极主动披露知识产权信息，以此获得投资者和政府的大力支持，从而提升企业价值。

2. 提高企业知识产权保护意识。

首先，企业应加大科技研发投入，增加公司的专利授权量；其次，利用高技术手段提高创新研发能力，不断挖掘企业核心优势，实现企业的可持续发展。

第十一章 贵州茅台酒地理标志品牌价值测量分析

第一节 导 言

一、研究背景

品牌是一种无形财产，是消费者识别商品来源和质量等级的依据，具有巨大的经济效益、社会效益和环境效益，对区域乃至国民经济发展有重要意义。随着经济的迅猛发展，品牌经济成为时代的主题。所谓品牌经济，就是围绕着品牌这个核心来进行经济发展，注重名牌产品，依托名牌企业这一载体，借助品牌效应，发展更多的品牌，组建在国内外市场上占一定位置的名牌企业集团。

因此，一个国家要想提高竞争力必须加大对地理标志产品的保护力度，并以此带动地方经济的发展。在社会日益发展的今天，越来越多的企业和人士开始关注品牌的建设，而地理标志产品则成了许多商家争夺的制胜法宝。在这种情况下，许多地方政府开始将地理标志产品纳入当地的产业规划之中，并制定相应政策予以扶持。我国幅员辽阔，每个区域都拥有其特有的自然与文化资源，地理标志产品是一种区域特色经济，其意义十分重大。目前，很多地方政府都把地理标志产品列为重点扶持产业，这对于促进当地经济社会又好又快发展起到积极作用。当消费者面对种类繁多的物品时，用品牌衡量商品质量优劣，不失为一种迅速抉择之法，对企业来说，有了优秀的品牌，才会得到消费者的认同，以取得更大的市场份额，具有强大市场竞争力，因此，树立品牌可以推动地理标志产品增值，增强竞争力。

近几年，地理标志在促进特色产业发展、助力乡村振兴、传承传统文化、推动对外贸易等方面发挥着至关重要的作用，我国对地理标志品牌培育与管理越来越加以重视。自2019年以来，国家知识产权局先后印发《地理标志运用促进工程实施方案》《关于组织开展地理标志助力乡村振兴行动的通知》《关于进一步加强商标品牌指导站建设的通知》《关于进一步加强地理标志保护的意见》等政策文件，都是我国对持续加强地理标志品牌培育强有力的政策支持。国家知识产权局坚决执行党中央、国务院的重大决策，积极稳妥地推进相关工作的统一化，如受理渠道、标准专用标志、保护和监管机构、对外合作等一切工作。在全国范围内大力实施地理标志知识产权战略，取得显著成效。截至2020年8月，我国已累计注册酒类地理标志产品202件。

在国家推进地理标志品牌战略的背景下，涉农企业注重自身品牌培育，酒类地理标志品牌获得了快速发展。目前，贵州省酒类地理标志产品数量持续增加，包括贵州茅台酒、习酒、鸭溪窖酒、仁怀酱香酒、金沙回沙酒、黄果树窖酒、惠水黑糯米酒等地理标志产品，但目前对于酒类地理标志品牌管理还处于初步阶段，如何平衡白酒产品与地理标志品牌两者间的管理还需进一步探索。

因此，研究选取贵州茅台酒地理标志品牌作为品牌价值评估对象，目的是将贵州茅台酒的地理标志品牌价值作为研究对象，并对其结果进行剖析研究，帮助贵州茅台酒地理标志品牌管理者对酒类地理标志品牌有更深入的认识，谋求酒类地理标志品牌价值提升之策，有助于为当地政府更有效地管理当地其他酒类地理标志品牌提供参考价值，提升其他酒类地理标志品牌价值。

二、国内外研究现状

（一）地理标志相关研究

第一，国内学者统一认为地理标志受自然要素与人文要素影响，但对于具体构成因素学者们并未达成共同见解，如胡铭（2008）认为地理标志产品影响因素主要包括产地特有的自然环境、特定地域的传统工艺（历史）、人文因素，其中产地特有的自然环境主要指气候、土壤、水源及农产品储运的特殊性。陈嫣（2008）则认为地理标志产品影响因素主要为两个方面：自然因素和人文因素，传统工艺包含在人文因素中。杨锐征（2011）提出，地理标志产品影响因素除了自然因素和人文因素，还有要素禀赋、质量、政府行为与经营体制。其中要素禀赋因素分为传统生产要素和现代生产要素；政府行为与经营体制因素为制定制度、提供信息、市场基础设施建设、科学研究与推广。

第二，许多学者认为可以从不同角度对地理标志品牌进行管理，如安书芳（2009）指出地理标志产品品牌建设需要由统一的专业化经营组织来运营，并且加强地理标志品牌营销，对产品进行合理定位，增强消费者认知度和忠诚度。李响（2009）提出了包括品牌运营、产品、促销、渠道、政府与行业协会引导、人才六个方面的品牌建设 6P 模型的概念，加强地理标志品牌管理力度。孟辉（2013）认为作为地理标志品牌可以突出具有地域特殊性的品质、文化底蕴等品牌特色和宣传卖点，并且加强对地理标志品牌保护，维护品牌声誉和形象，打击仿冒不法行为。Marcello De Rosa（2015）认为消费者是因为产品质量和感知的产品安全而购买地理标志产品，这主要归功于地理标志产品的可追溯性。耿熠星（2021）提出通过保障品牌产品力、提高品牌市场知名度和美誉度、拓宽销售渠道、增强品牌文化价值、注重品牌维护的措施，进而提升地理标志品牌竞争能力。

综上所述，地理标志主要受自然要素与人文要素的影响，但也会受到其他如政府、市场、科技等要素的影响，并且可以从品牌保护、制度完善、提升竞争力三个方向对地理标志品牌进行管理。

（二）品牌价值评估方法相关研究

对于品牌价值的理解，学者们并没有形成统一认识，因此产生多种品牌价值评估方法。随着社会经济不断发展与进步，企业的经营管理理念和方式发生了巨大转变，在这种情况下，如何有效地开展品牌价值评估工作成为一个重要课题。当前有关品牌价值的评价方法是建立在三个角度的基础上的：财务视角、市场视角和消费者视角等。

第一，财务视角的品牌评估方法是根据品牌价值和企业财务数据建立起来的一个价值计算体系。从财务视角出发，根据企业财务数据对品牌价值进行评价的一种评价方法，又分成本法、收益法、市场法，第三种方法更是早先人们进行品牌评估时使用的一种基本手段。成本法是一种估价方法，用于测算品牌资产开发或者获取所有初始价值。基本原理是，品牌资产的初始价格等于该产品的预期售价加上各种损失与损耗之和。收益法是通过企业未来收益预测转化为相应价值的一种评估方法，多采用净利润或营业收入来衡量品牌价值，而采用现金流量作为基础进行收益法评估的案例较少。市场法是利用市场上与目标对象相同或类似的企业的最近交易价格作为评估品牌价值的参考方法，主要适用于那些需要对产品或服务进行比较研究以确定其品牌价值和商业价值的情况。

第二，虽然财务视角和市场视角的评估结果存在差异，但是这两种评估方式都能较好地反映出企业品牌价值水平。从市场视角出发，综合考虑企业品牌对市场影响力和企业财务数据等因素的评价方法，主要代表性评估方法包括Interbrand 模型、北京品牌公司的 MSD 评估方法等。其中，Interbrand 模型是世界上最早研究品牌价值和最广泛应用的评估方法，财务与市场结合，基于品牌未来回报，全面评价品牌。模型核心是品牌为拥有者带来的未来利益，就是品牌价值，而不只是打造一个品牌所需要支付的代价，也并不完全是有品牌产品相对于无品牌产品而言得到了溢价。该模型认为品牌价值与品牌资产之间存在一个函数关系。根据假定，模型以收益法为依据，测得消费者在选购自己品牌的产品或者服务时，受到品牌因素作用的品牌作用指数，同时也测得品牌乘数，该指数体现了未来收益折现，再将二者乘积，得到品牌价值。根据品牌资产评估理论中的价值函数，可以得到品牌的总价值，进而计算出品牌价值。而北京品牌公司创建的MSD 评估方法就是基于 Interbrand 评估模型，并结合中国发展情况进行适当优化，根据品牌的市场占有能力、超值创利能力和发展潜力三者之间求和计算品牌价值。

第三，从消费者角度出发的评价方法，即通过消费者对与品牌相关的认知与喜好来评价忠诚购买行为的响应，主要的代表性方法是忠诚因子法、十因素法等。十因素法表示品牌价值可以由五个因素和五个方面决定。其中五个方面中的关联、认可、忠诚、认知是基于消费者维度，市场地位则通过市场表现和回忆来衡量。忠诚因子法是我国两位学者范秀成和冷岩（2000）所提出并发展起来的评估方法，主要思想是建立起顾客忠诚因子模型并以此评价一个品牌在某一阶段内对目标客户的影响程度，基于消费者的角度进行研究得出的结论，品牌通过对消费者心理与行为产生影响，从而创造价值，特别是消费者忠诚，忠诚度因子是该方法研究的重点与关键，就是要全面地测量一批消费者的忠诚度，体现出品牌在市场上的总体吸引力。

（三）酒类品牌价值评估方法相关研究

从酒类品牌价值评估方法的现有研究成果看，崔倩、张莹、范婷婷、刘帅等学者结合研究酒类企业的品牌特性进行改进，纷纷提出基于 Interbrand 品牌评估法的酒类品牌价值评估模型。如在基于 Interbrand 改进模型构建白酒品牌价值评估模型中，张莹（2018）在确定品牌作用指数中评价主体由专家转为消费者，其具体评价指标有品牌价值、地理标志、专利技术、营销优势、信誉及其他因素。范婷婷（2018）则利用层次分析法（AHP）和模糊评价法相结合的方法对品牌作用指数和品牌强度进行量化，品牌强度指标在原有市场角度上增加了消费者、社会文化角度。王磊（2020）基于收益法和品牌五要素理论，结合白酒公司的品牌特征和发展历程，提出了白酒企业品牌价值评估改进模型，并应用于贵州茅台、泸州老窖、山西汾酒这三家企业，对其评估模型进行适用性和可靠性测算。

总体上，学者们在将 Interbrand 模型应用于酒类评估模型中，考虑到 Interbrand 模型是基于财务与市场两个维度测量品牌价值，并没有考虑到消费者对于品牌价值的影响力较大，因此会在模型基础上进行改进，增加消费者维度，并结合酒类品牌特性，重新构建品牌评价指标与品牌乘数。（参见表 12-1）

表 12-1　　　　　　　　**其他学者的酒类品牌构成维度**

学者（年份）	酒类构成维度	酒类品牌构成要素
杨子怡（2015）	4	市场影响力、品牌价值竞争力、企业财务、品牌文化
吴丹乔（2019）	4	酿造工艺、品牌历史、消费文化、品牌声誉
王 磊（2020）	5	有形资产、无形资产、质量、服务、创新
周玉冰（2020）	8	产品与服务、创新能力、市场竞争力、社会责任、品牌历史、文化积淀、技术工艺、建筑遗址与文物

（四）地理标志与品牌价值相关研究

学者们认为地理标志与品牌价值之间相互促进，独特的品牌价值能提升地理标志竞争力，提升地理标志品牌竞争力能增强品牌价值。如冉红（2010）认为人类历史遗产造就的特殊品牌价值极大地提升了地理标志产品价值。陈学忠（2011）认为必须将地理标志农产品发展成完全独立的品牌来运作，将地理标志农产品从初级的比较优势转化为品牌的可持续竞争优势，以及保持和提高地理标志农产品的价值。Sciarra Alessandro Francesco 和 Gellman Louise（2012）认为严格的可追溯性使地理标志产品在市场上具有溢价能力。周凯（2019）基于Interbrand 模型的改进，以简阳羊肉汤为研究对象，认为地理标志的文化怀旧、历史传承及传统习俗会影响品牌价值的提升。黄慧化（2020）认为地理标志农产品由于地域垄断性、产品独特性和产品稀缺性的特征，因而具有功能价值、情感价值和象征价值，并且地理标志品牌管理混乱会影响其品牌价值。谭丽玲（2021）研究得出消费者参与对产品地理标志的品牌价值提升具有显著影响的结论，即通过激发消费者自发参与动力，扩大消费者自发共创行为的影响范围，提升地理标志品牌价值。朱向梅（2022）提出，品牌价值是地理标志品牌综合竞争力最直接的反映，通过运用财务收益、市场表现和消费者口碑等指标综合反映地理标志品牌价值，是反映地理标志品牌竞争力的理想指标。赵艳丽、崔艳阳（2022）认为提高品牌价值是地理标志农产品走向国际的必经之路，但目前对于地理标志农产品品牌价值的相关研究还不能很好地与本国实际相结合。何焰、黄京华（2022）研究认为情感价值是提升地理标志品牌价值的重要因素，主要通过塑造符合现代审美的地理标志品牌形象和讲述能产生共鸣的地理标志品牌故事两个方面对消费者进行情感化传播。

综上所述，通过对地理标志产品影响因素、地理标志品牌建设、品牌价值评估方法、酒类品牌评估方法以及地理标志品牌价值的相关文献研究整理和归纳，研究发现，目前开展的研究对地理标志产品的品牌化进程有一定的促进作用，但总体上仍处于探索阶段。其中，对地理标志品牌价值的衡量进行全面系统的分析和评价参考研究较少，尤其关于酒类地理标志品牌建设的研究较少，并对酒类地理标志品牌提升路径参考样本也较少。因此为了探索酒类地理标志品牌提升路径，经过对国内外相关文献的研究，以贵州茅台酒地理标志品牌为研究对象，选择周凯改进的 Interbrand 模型作为基础，并在实践过程中作为评估工作提供强有力的支撑。

第二节 理论基础及概念界定

一、理论基础

品牌价值理论，也称品牌价值评估理论或品牌资产评估理论，是指企业对自己的产品、服务、商标等在市场上的价值进行评估后，根据市场价格信息对品牌未来的收益能力进行预测和判断，并以此来决定企业未来的发展方向和战略。

品牌价值理论认为，一个成功的企业应该是在具有核心竞争力的产品或服务基础上，不断提高自身在市场上的竞争力、号召力和知名度，而最直接、最有效的办法就是不断提高产品或服务的品牌价值。事实上，企业在考虑企业整体发展战略时，不仅要考虑企业整体业务方向和总体经营策略，而且还要考虑如何增强自身在市场上的竞争力。

学者们研究品牌价值的构成因素主要从多维视角进行研究，如张曙临根据品牌价值的实质和来源，认为品牌价值构成要素包括成本价值、关系价值、权力价值三个部分，每个构成要素主要来源于企业和消费者。朱瑞庭等人（2003）认为品牌价值的构成因素从消费者、品牌、品牌流通、法律保护四个层次出发，主要有品牌关联和忠诚度、产品质量、知名度和市场份额、分销商及零售商的地位和声誉、登记注册受法律保护情况等。王成荣、邹珊刚（2005）认为一个品牌的价值取决于制造商的工作是否符合市场消费者的认知。王晓灵（2010）认为品牌价值由公司角度、顾客角度及社会角度三个构成维度带来超额价值。唐玉生、曲立中和孙安龙（2013）从消费者、企业及社会三个角度提出品牌价值构成主要包括性能、服务、感情、社会、费用和创造六个要素。秦红彦（2017）认为功能性与非功能性构成品牌价值，与品牌、消费者有关联。Anupam Singh 和 Priyanka Verma（2018）研究认为通过强化企业社会责任能够提升品牌形象和品牌忠诚的中介效应正向影响。（见表 12-2）

表 12-2　　　　　　　　　　国内学者品牌价值构成因素

学者	角度	品牌价值构成要素
张曙临（2000）	企业、消费者	成本价值、关系价值、权力价值
朱瑞庭（2003）	消费者、品牌	品牌关联、品牌忠诚、产品质量、知名度、市场份额、分销商及零售商的地位与声誉、登记注册受法律保护
王成荣、邹珊刚（2005）	消费者、品牌、市场	非功能性品牌价值、功能性品牌价值
王晓灵（2010）	企业、消费者、社会	产品价值、产品特点、产品属性、品牌领导性、市场状况、客户让渡价值、品牌忠诚度、品牌认知度、品牌联想、品牌关系价值、品牌权力价值等
唐玉生、曲立中、孙安龙（2013）	企业、消费者、社会	性能、服务、感情、社会、费用、创造

综上所述，品牌价值理论与实践的结合，是品牌营销研究领域中一个值得关注和探讨的课题，理论的构成主要从企业、市场、消费者、品牌等多维角度进行分析，并基于不同角度构建品牌价值评估模型。

二、相关概念界定

（一）地理标志

地理标志（Geographical Indication；GI）是知识产权的重要组成内容之一，1883 年《保护工业产权巴黎公约》最早提出地理标志有关知识产权的保护内容，但并未提出清晰的地理标志概念，直到世界贸易组织在 1994 年《TRIPs 协议》正式定义地理标志表明该产品源自一个成员国的领土带有地方标志，并且该产品的质量、声誉或其他具体特征受地理因素影响。

我国目前沿用 TRIPS 对地理标志的定义，《商标法》于 2001 年修改并正式规定了地理标志是表示商品来自一个特定地区，质量、声誉或其他特定特征是受该地区的自然或人为因素影响。

在研究中，地理标志是指《商标法》中的定义，认为地理标志是指在产地或者原产地对某一产品进行加工、被大众认识，源自本产地或原产地特有品质、信誉或其他特性产品的质量和服务，通常命名形式为"地域+产品"。

(二) 品牌价值

品牌作为一种特殊的商品，价值主要在于使用该产品所创造出来的社会或经济效益，并由此而组建的品牌资产。将品牌视为一种无实物形态的资产，品牌价值则是品牌无实物形态资产的有形量化，将品牌价值转化为具体的当前利益价值与未来潜在价值。学者们基于研究角度的不同对品牌价值有不同见解，故目前没有一个统一品牌价值定义和评估模型。

1990 年品牌价值（brand value）出现，亦称品牌财产（brand asset）或品牌资产（brand equity），主要研究有 Peter H. Farquhar，D Aaker，Keller Kevin Lane，Daniel C. Smith 和 C. Whan Park 等学者。Peter H. Farquhar（1990）表明，品牌价值是指品牌赋予产品的附加价值。从企业的角度看，品牌价值可以通过将品牌与产品联系起来产生的增量现金流来衡量。Daniel C. Smith 和 C. Whan Park（1992）提出品牌价值可以从两个方面来理解：它对现有产品成功的贡献，以及它对新产品引进的贡献，或者可以被称为品牌的潜在价值。Keller Kevin Lane（1993）认为，基于顾客的品牌资产是指顾客对于品牌营销产生品牌认知的差异化反应。Crimmins James C.（2000）认为，品牌价值是一个抽象的概念，必须与当前的分销、缺货、促销、零售支持等分开。

品牌价值概念引起我国各界注意是在 20 世纪 90 年代初，国内对品牌价值也一直进行深入研究。艾丰（1993）认为品牌价值是运用特定公式对名牌的各方面综合"计算"价值，并且其量化的价值会伴随公司经验状况而不断发生改变。范秀成、冷岩（2000）认为品牌价值是指消费者对品牌有关感知和偏好的忠诚购买行为反应。卢宏泰等人（2000）通过归纳品牌资产概念模型，进而提出了基于"品牌价值"的品牌资产概念，提出品牌价值是品牌资产的核心，三种概念模型分别体现品牌会计价值、品牌资产价值与品牌扩张成本之间的联系和消费者如何理解品牌价值。任重远（2017）认为，品牌价值也是品牌货币价值，是指可转让的货币单位表示品牌经济价值，主要指顾客基于自身的认知和理解，对品牌所提出的差异性选择，因为企业产品或服务带来的现金流或其他附加值。马骏（2012）认为，品牌价值是通过企业和消费者的共同行动而形成的一个系统概念。品牌价值首先由公司创造，最终通过消费者从购买和使用品牌中获得的情感和功能价值来实现。

综上所述，研究认为品牌价值是由企业与消费者共同构成的系统概念，通过企业创造品牌价值并由消费者对品牌感知和偏好的忠诚购买行为反应来实现。

第三节　研究模型构建

文献综述已对 Interbrand 模型进行了简单的介绍，它主要是从财务与市场两方面来研究品牌价值的评价，具有科学性和全面性的特点。但是，研究的评估对象是通过地理标志认证的贵州茅台酒品牌，因此，当采用 Interbrand 模型对品牌进行评估时，有必要根据地理标志自身的特点，对模型进行相应的完善。

一、Interbrand 模型的适用性分析

Interbrand 模型强调基于收益的量化，即通过财务和市场表现来衡量品牌盈利能力，使品牌资产的量化合理化运用。该模型主要是为基于财务方法的品牌资产的企业价值评估和分析而设计的。在运用 Interbrand 模型评价品牌价值的过程中，由于品牌基于市场而存在，受到市场波动较大，与市场环境关联性较强，比如品牌强度乘数、对未来收益的预测等，因此，品牌资产的形成取决于市场，体现了更加真实的品牌价值。

二、改进后的 Interbrand 评估模型

（一）Interbrand 模型改进的必要性

Interbrand 模型是世界领先品牌评估方法中具有较强权威性，且多次应用于

全球知名品牌的价值评估模型，以一种相对客观和现实的方式来反映品牌价值。虽然 Interbrand 模型只考虑了财务和市场方面的因素，并不包括消费者方面，但通过对品牌价值的文献梳理可以发现，消费者对于品牌提升非常看重，可以在感知、满足、忠诚度等层面对地理标志品牌价值产生影响，与财务、市场共同组成品牌价值测量的核心维度。因此本研究将 Interbrand 模型应用于贵州茅台酒地理标志品牌评估实践中，结合国内酒类地理标志品牌发展现状，对相关维度及测量指标进行相应改进，从而实现对酒类地理标志品牌价值精准测量。

（二）Interbrand 改进模型的各要素确定

研究主要基于周凯（2019）的 Interbrand 改进模型进行改进，并确定各要素指标内容。

1. 预期收益。

预期收益是指对企业未来的净利润的年预测值。一般来说，不太能准确预测出企业未来净利润，所以在实践中，预测净利润通常由企业近三年来的净利润值所取代，即计算过程如下：

$$预期收益 = \frac{(T_{N-2}年净利润 \times 1 + T_{N-1}年净利润 \times 2 + T_N年净利润 \times 3)}{1 + 2 + 3}$$

2. 品牌作用指数。

通过专家评分方式量化贵州茅台酒地理标志品牌给企业收益所带来的影响程度，参考张莹（2018）的老字号酒企品牌作用指数评价指标体系进行研究（见表 12-3）。

表 12-3　　　　　　　　　酒企品牌作用指数评价指标设计

酒企无形资产	含　义	对应指标
品牌价值	品牌带来的超额收益	白酒品牌
地理标志	水源、气候	产地
专利技术	酿造工艺	白酒口感
营销优势	宣传广告、产品包装、营销方式	白酒包装

酒企无形资产	含　义	对应指标
信誉	消费者赋予酒企的信用，也叫口碑	白酒质量
其他因素	产品定位、档次	白酒价格

结合贵州茅台酒的特点，拟准备通过层次分析法（AHP）将白酒品牌、产地、白酒口感、白酒包装、白酒质量、白酒价格六个指标量化，进一步计算各指标权重值。

对表 12-4 中各层指标进行两两比较，构造判断矩阵。且 A11，A22，A33，A44，A55 的重要性一致，数值为 1。通过对重要性程度的比较，如表 12-5 得到相对尺度：

$$\alpha_{ij} = \frac{1}{\alpha_{ij}} \qquad (12\text{-}1)$$

表 12-4　　　　　　　　　　　贵州茅台酒品牌作用指数

二级指标	白酒品牌	产地	白酒口感	白酒包装	白酒质量	白酒价格
白酒品牌	A11	A12	A13	A14	A15	A16
产地	A21	A22	A23	A24	A25	A26
白酒口感	A31	A32	A33	A34	A35	A36
白酒包装	A41	A42	A43	A44	A45	A46
白酒质量	A51	A52	A53	A54	A55	A56
白酒价格	A61	A62	A63	A64	A65	A66

表 12-5　　　　　　　　　　　两两比较标度尺

要素 A_i 比要素 A_j	量化值
要素 A_i 与要素 A_j 同等重要	1
要素 A_i 重要性略大于要素 A_j	3
要素 A_i 重要性大于要素 A_j	5

续表

要素 A_i 比要素 A_j	量化值
要素 A_i 重要性强烈大于要素 A_j	7
要素 A_i 重要性绝对大于要素 A_j	9
两相邻判断中间值	2, 4, 6, 8

第一步，构建判断矩阵：

$$构建判断矩阵 A = \begin{bmatrix} A11 & A12 & A13 & A14 & A15 & A16 \\ A21 & A22 & A23 & A24 & A25 & A26 \\ A31 & A32 & A33 & A34 & A35 & A36 \\ A41 & A42 & A43 & A44 & A45 & A46 \\ A51 & A52 & A53 & A54 & A55 & A56 \\ A61 & A62 & A63 & A64 & A65 & A66 \end{bmatrix}$$

第二步，计算判断矩阵 A 各行相乘后的乘积：

$$M_i = \prod_{j=1}^{n} \alpha_{ij}(i, j = 1, 2, \cdots, n) \tag{12-2}$$

第三步，计算 $M_i(i = 1, 2, \cdots, n)$ 的 n 次方根 $\overline{W_i}(i = 1, 2, \cdots, n)$：

$$\overline{W_i} = \sqrt[n]{M_i}\,(i = 1, 2, \cdots, n) \tag{12-3}$$

第四步，对于向量 $\overline{W} = [\overline{W_1}, \overline{W_2}, \cdots, \overline{W_n}]^T$ 进行正规化处理，则 $W = [W_1, W_2, \cdots, W_n]^T$ 即为所求得特征向量：

$$W_i = \frac{\overline{W_i}}{\sum_{j=1}^{n} \overline{W_j}} \tag{12-4}$$

第五步，计算最大特征值 λ_{max}：

$$\lambda_{max} = \sum_{i=1}^{n} \frac{[AW]_i}{nW_i} \tag{12-5}$$

第六步，计算相容性指标 CI：

$$CI = \frac{\lambda_{max} - n}{n - 1} \tag{12-6}$$

第七步，计算一致性指标 CR：

$$CR = \frac{CI}{RI} \qquad\qquad (12\text{-}7)$$

当 CR<0.1 时，表示通过一致性检验；当 CR≥0.1 时，表示存在逻辑错误，调整后再次计算。其中，RI 表示随机性指标，与判断矩阵的 n 阶有关联（见表 12-6）。

表 12-6　　　　　　　　　　　　随机一致性 RI 表

n 阶	3	4	5	6	7	8	9	10
RI 值	0.52	0.89	1.12	1.26	1.36	1.41	1.46	1.49

3. 消费者溢价指数

贵州茅台酒地理标志品牌受到消费者影响而产生的溢价，该溢价部分价值即为消费者溢价指数。研究根据周凯的消费者溢价指数量表，从历史认可度、产品忠诚度、产品满意度三个维度进行问卷题目设计（见表 12-7）。

表 12-7　　　　　　　　　　　　消费者溢价意愿问卷设计

一级指标	二级指标	问 卷 设 计
历史认可度	品牌熟悉度	您对贵州茅台酒地理标志品牌的历史文化是熟悉的吗？
	城市历史认可	您认为贵州茅台酒地理标志品牌涵盖着丰富的历史感吗？
	城市文化认可	您认为贵州茅台酒地理标志品牌蕴含着深厚的文化感吗？
	经营理念	您认为贵州茅台酒地理标志品牌的历史传承是认可的，体现了老一辈的经营理念吗？
产品忠诚度	情感忠诚	您对贵州茅台酒地理标志品牌的态度与情感是忠诚的，不会因外界因素的影响而改变吗？
	行为忠诚	您不仅自己购买地理标志产品，还会持续地将正向、积极的感受传递给身边的朋友吗？
	价差效益	您认为地理标志产品价格略高于同类产品，但价超所值，能让您感受到贵州茅台酒地理标志品牌的魅力吗？

续表

一级指标	二级指标	问　卷　设　计
产品满意度	顾客满意度	您对贵州茅台酒地理标志品牌的产品满意度是高于您原有预期的吗？
	顾客依赖度	您会经常购买贵州茅台酒地理标志品牌的产品吗？
	顾客期望度	您期望贵州茅台酒地理标志品牌不断推出新产品，满足您多元化需求吗？

通过多元线性回归分析，并构建多元线性回归方差模型计算消费者溢价指数，即：

$$Y_{溢价} = \alpha + \beta_1 X_1 + \beta_2 X_2 + \beta_3 X_3 + \varepsilon \qquad (12\text{-}8)$$

其中：α 为常数，X_1、X_2、X_3 分别表示历史认可度、产品忠诚度、产品满意度，β_1、β_2、β_3 分别为 X_1、X_2、X_3 的系数，ε 表示随机干扰。

4. 品牌乘数

根据周凯的地理标志品牌强度指标体系量表，将消费者作为调查主体，从创造力、产品与服务、市场竞争力、历史文化、社会责任五个维度评价贵州茅台酒地理标志品牌，调查问卷设计如表 12-8：

表 12-8　　消费者对贵州茅台酒地理标志品牌强度指标评价问卷设计

一级指标	二级指标	问　卷　设　计
创造力 A	新产品研发能力 A1	您认为贵州茅台酒地理标志品牌开发新产品的能力如何？
	品牌独特性 A2	您认为贵州茅台酒地理标志品牌与众不同吗？
	酿造工艺创新 A3	您认为贵州茅台酒地理标志品牌在不断创新酿造工艺吗？
	品牌领导力 A4	您认为贵州茅台酒地理标志品牌在业界是具有领导力的吗？
产品与服务 B	产品质量 B1	您认为贵州茅台酒地理标志品牌的产品质量非常好（如品质上乘、口感好）吗？
	服务质量 B2	您认为贵州茅台酒地理标志品牌的服务质量非常好（如服务态度热情、响应速度快）吗？
	承诺兑现 B3	您认为贵州茅台酒地理标志品牌能够较好兑现品牌承诺（如原材料选用考究、酿造工艺精湛等）吗？

一级指标	二级指标	问卷设计
市场竞争力 C	市场适应力 C1	您认为贵州茅台酒地理标志品牌在市场竞争加剧的态势下，适应能力较强？
	市场地位 C2	您认为贵州茅台酒地理标志品牌在周边地区同类品牌中，具有市场领先地位？
	竞争优势 C3	您认为贵州茅台酒地理标志品牌在周边地区同类品牌中，更具竞争优势？
历史文化 D	文化怀旧 D1	您认为贵州茅台酒地理标志品牌历史积淀能够引发共鸣，引起美好回忆？
	历史传承 D2	您认为贵州茅台酒地理标志品牌蕴含着较高的历史传承？
	传统习俗 D3	您认为贵州茅台酒地理标志品牌与传统习俗的融合能够展现品牌独特的韵味？
社会责任 E	公益慈善 E1	您认为贵州茅台酒地理标志品牌在当地积极参与慈善活动怎样？
	环保意识 E2	您认为贵州茅台酒地理标志品牌注重环境保护（如污染防治措施）？

利用问卷星获得贵州茅台酒地理标志品牌强度评价指标数据，基于 SPSS26.0 软件进行降维，采用因子分析方式进一步通过方差贡献率归一化处理得出公因子权重，从而得出品牌强度各维度权重，并利用模糊综合评价法将问卷调查的定性评价转化为定量评价，量化消费者对品牌强度指标的总体评价，从而系统准确地反映品牌未来收益的程度，提高品牌价值评估精准性。

第一步，根据问卷，构建评价因素集。第一层次因素集 $Z=$［创造力 A、产品与服务 B、市场竞争力 C、历史文化 D、社会责任 E］。第二层次因素集 $Z1=$［A1、A2、A3、A4］，$Z2=$［B1、B2、B3］，$Z3=$［C1、C2、C3］，$Z4=$［D1、D2、D3］，$Z5=$［E1、E2］。

第二步，确定评语集为非常满意、比较满意、中立、不满意、非常不满意，并量化评语指标，即 $V=$［100、85、70、55、40］^{T}。

第三步，通过问卷数据分析结果得到第二层次模糊综合评价矩阵 R_1、R_2、

R_3、R_4、R_5。

第四步，利用 SPSS26.0 软件进行因子分析，通过方差贡献率归一化得到第一层次因子 Z 的权重向量 N，则第二层因素集 Z_1、Z_2、Z_3、Z_4、Z_5 的权重向量分别为 $N_1 = \left[\dfrac{1}{4}、\dfrac{1}{4}、\dfrac{1}{4}、\dfrac{1}{4}\right]$，$N_2 = \left[\dfrac{1}{3}、\dfrac{1}{3}、\dfrac{1}{3}\right]$，$N_3 = \left[\dfrac{1}{3}、\dfrac{1}{3}、\dfrac{1}{3}\right]$，$N_4 = \left[\dfrac{1}{3}、\dfrac{1}{3}、\dfrac{1}{3}\right]$，$N_5 = \left[\dfrac{1}{2}、\dfrac{1}{2}\right]$。

第五步，将第二层因素集 Z_1、Z_2、Z_3、Z_4、Z_5 模糊综合并同时与加权平均方法相结合获得第一层因素集 Z 的模糊综合评价矩阵 $Q = [Q_1; Q_2; Q_3; Q_4; Q_5]$，其中，$Q_1 = N_1 * R_1$；$Q_2 = N_2 * R_2$；$Q_3 = N_3 * R_3$；$Q_4 = N_4 * R_4$；$Q_5 = N_5 * R_5$。

第六步，计算出贵州茅台酒地理标志品牌模糊评价向量 T，$T = N * Q$，与评语集 V 进行合成，从而得出贵州茅台酒地理标志品牌强度 $X = T * V$。

第七步，借助胡悦基于 Interbrand 模型构建的"S"形曲线函数公式，即公式（12-9），代入品牌强度 X，从而得到品牌乘数 Y，并与预期收益、品牌作用指数相乘计算出贵州茅台酒地理标志品牌价值。

$$\begin{cases} 250Y = X^2 & X \in [0, 50] \\ (Y - 10)^2 = 2X - 100 & X \in (50, 100] \end{cases} \tag{12-9}$$

其中：X—品牌强度，Y—品牌乘数。

第四节 实 证 分 析

一、贵州茅台酒地理标志品牌概况

贵州茅台酒产地范围为贵州省仁怀市茅台镇内，总面积共约 15.03 平方千米。它的起源可以追溯到茅台镇的三大烧房，它们分别是成义、荣和和恒兴，1951 年正式成立了"贵州省专卖事业公司仁怀县茅酒厂"（简称茅台酒厂），而后于 1996 年改制成为中国贵州茅台酒厂（集团）有限责任公司。

茅台酒是中国传统特产酒，是大曲酱香型白酒的鼻祖，有着 800 多年的历史。并且，2001 年贵州茅台酒品牌的酿酒工艺已被列入第一批国家物质文化遗产，在 2003 年获得国家原产地域保护产品范围，于 2013 年被调整了"茅台酒"地理标志名称及原产地域保护产品范围，并在 2015 年，贵州茅台酒被列入了"中国地理标志产品大典"。

二、数据来源及统计

（一）B 数据来源

研究调查对象是购买过贵州茅台酒品牌的调查对象，并通过问卷星线上平台发放问卷，可以由微信、QQ、电子邮箱等多种途径进行线上传播，共收回 336 份，筛选出 33 份无效问卷，最终有效问卷 303 份，有效率达 90.18%。

（二）描述性统计分析

被调查对象基本信息统计结果如表 12-9 所示：

表 12-9　　　　　　　　　　　被调查对象描述性统计

项　　目		频数	百分比（%）	累计百分比（%）
性别	男	157	51.82%	51.82%
	女	146	48.18%	100.00%
年龄	18~25 岁	20	6.60%	6.60%
	26~30 岁	95	31.35%	37.95%
	31~40 岁	132	43.56%	81.52%
	41~50 岁	48	15.84%	97.36%
	50 岁以上	8	2.64%	100.00%
收入水平	30000 元以下	26	8.58%	8.58%
	30000~80000 元	131	43.23%	51.82%
	80001~120000 元	119	39.27%	91.09%
	120000 元以上	27	8.91%	100.00%

续表

项 目		频数	百分比（%）	累计百分比（%）
受教育程度	初中及以下	11	3.63%	3.63%
	高中	8	2.64%	6.27%
	中专	48	15.84%	22.11%
	大专	56	18.48%	40.59%
	本科	147	48.51%	89.11%
	研究生及以上	33	10.89%	100.00%
职业	市场/公关人员	29	9.57%	9.57%
	生产人员	5	1.65%	11.22%
	客服人员	31	10.23%	21.45%
	销售人员	31	10.23%	31.68%
	行政/后勤人员	24	7.92%	39.60%
	财务/审计人员	27	8.91%	48.51%
	人力资源	18	5.94%	54.46%
	财务/审计人员	19	6.27%	60.73%
	文职/办事人员	19	6.27%	67.00%
	管理人员	25	8.25%	75.25%
	技术/研发人员	9	2.97%	78.22%
	教师	24	7.92%	86.14%
	顾问/咨询	13	4.29%	90.43%
	专业人士	24	7.92%	98.35%

从表12-9可以看出，从统计结果上得出，在性别分布上，男性样本比例是51.82%，女性样本的比例是48.18%，男女比例基本相同。在年龄分布上，年龄在18～25岁的调查者有20个，占6.60%；26～30岁的调查者占31.35%；31～40岁的调查者占43.56%；41～50岁的调查者占15.84%；50岁以上的调查者占2.64%。在收入水平分布上，年收入水平在30001～80000元的占比为43.23%。

在受教育程度分布上，48.51%调查者学历为"本科"。在职业分布上，调查者中"客服人员"与"销售人员"相对较多，占比都为10.23%。

（三）信效度分析

1. 信度分析。

分析结果如表12-10所示：

表 12-10　　　　　　　　　　　　　可靠性统计资料

名称	Cronbach α 系数	项数	名称	Cronbach α 系数	项数
消费者溢价意愿整体	0.864	10	品牌强度评价整体	0.855	15
历史认可度	0.871	4	创造力	0.885	4
产品忠诚度	0.798	3	产品与服务	0.803	3
产品满意度	0.802	3	市场竞争力	0.836	3
			历史文化	0.795	3
			社会责任	0.729	2

从表12-10可知：消费者溢价意愿整体与品牌强度整体的 Cronbach α 系数值分别为0.864和0.855，都大于0.8，表示问卷数据可信度及质量高，可进行进一步的分析。

2. 效度分析。

分析结果如表12-11所示：

表 12-11　　　　　　　KMO 和 Bartlett 的检验

调查量表	KMO 和 Bartlett 的检验		检验结果
消费者溢价意愿量表	KMO 取样适切性量数		0.867
	Bartlett 球形度检验	近似卡方	1315.153
		df	45
		p 值	0.000

续表

调查量表	KMO 和 Bartlett 的检验		检验结果
品牌强度评价量表	KMO 取样适切性量数		0.826
	Bartlett 球形度检验	近似卡方	1951.568
		df	105
		p 值	0.000

由上表可得，两个调查量表的 KMO 值分别为 0.867 和 0.826，都大于 0.8，表示问卷数据可以提取出非常合适的信息，即表示效度很好。并且两个调查量表的 Bartlett 检验的近似卡方值分别为 1315.153 和 1951.568，自由度分别为 45 和 105，显著水平都为 0.000，小于 0.001，结果都为显著，表明问卷数据做因子分析是非常合适的。

（四）因子分析

1. 消费者溢价意愿量表。

基于 SPSS26.0 软件进行降维，采用因子分析方式，有三个因子特征根大于 1，说明消费者溢价指数量表的效度良好，如表 12-12 所示。

表 12-12　　消费者溢价指数量表因子分析矩阵特征值与累计贡献率

因子编号	特征根			旋转前方差解释率			旋转后方差解释率		
	特征根	方差解释率%	累积%	特征根	方差解释率%	累积%	特征根	方差解释率%	累积%
1	4.519	45.185	45.185	4.519	45.185	45.185	2.832	28.316	28.316
2	1.453	14.532	59.717	1.453	14.532	59.717	2.196	21.960	50.275
3	1.236	12.359	72.075	1.236	12.359	72.075	2.180	21.800	72.075
4	0.491	4.907	76.983	—	—	—	—	—	—
5	0.458	4.576	81.558	—	—	—	—	—	—
6	0.430	4.299	85.858	—	—	—	—	—	—
7	0.390	3.901	89.758	—	—	—	—	—	—

续表

因子编号	特征根			旋转前方差解释率			旋转后方差解释率		
	特征根	方差解释率%	累积%	特征根	方差解释率%	累积%	特征根	方差解释率%	累积%
8	0.372	3.722	93.480	—	—	—	—	—	—
9	0.328	3.283	96.764	—	—	—	—	—	—
10	0.324	3.237	100.000	—	—	—	—	—	—

注：提取方法为主成分分析法。

再分析 SPSS26.0 软件对消费者溢价意愿量表的 10 个指标时，采用最大方差法进行旋转，以因子载荷矩阵作为依据，将 10 个指标划分为 3 个因子，如表 12-13 所示，10 个指标与对应因子的绝对值都大于 0.4，说明与对应因子的对应关系良好。

表 12-13　　　　　消费者溢价指数量表因子分析结果

名　称	因子载荷系数		
	1	2	3
历史认可度 1	**0.811**	0.186	0.174
历史认可度 2	**0.835**	0.146	0.185
历史认可度 3	**0.760**	0.269	0.214
历史认可度 4	**0.813**	0.139	0.212
产品忠诚度 1	0.214	**0.828**	0.101
产品忠诚度 2	0.217	**0.769**	0.155
产品忠诚度 3	0.124	**0.843**	0.111
产品满意度 1	0.254	0.040	**0.833**
产品满意度 2	0.198	0.142	**0.803**
产品满意度 3	0.164	0.197	**0.800**

注：表格中数字加粗表示载荷系数绝对值大于 0.4。

2. 品牌强度评价量表

基于 SPSS26.0 软件进行降维，采用因子分析方式可得，有五个因子特征根大于 1，说明品牌强度评价量表的效度良好，如表 12-14 所示：

表 12-14　　品牌强度评价量表因子分析矩阵特征值与累计贡献率

因子编号	特征根			旋转前方差解释率			旋转后方差解释率		
	特征根	方差解释率%	累积%	特征根	方差解释率%	累积%	特征根	方差解释率%	累积%
1	5.020	33.469	33.469	5.020	33.469	33.469	2.966	19.770	19.770
2	1.871	12.473	45.942	1.871	12.473	45.942	2.278	15.186	34.956
3	1.558	10.389	56.331	1.558	10.389	56.331	2.178	14.519	49.474
4	1.505	10.032	66.363	1.505	10.032	66.363	2.148	14.317	63.791
5	1.203	8.019	74.382	1.203	8.019	74.382	1.589	10.591	74.382
6	0.599	3.996	78.377	—	—	—	—	—	—
7	0.466	3.108	81.486	—	—	—	—	—	—
8	0.445	2.964	84.450	—	—	—	—	—	—
9	0.396	2.640	87.090	—	—	—	—	—	—
10	0.383	2.550	89.640	—	—	—	—	—	—
11	0.372	2.480	92.120	—	—	—	—	—	—
12	0.352	2.344	94.463	—	—	—	—	—	—
13	0.294	1.957	96.420	—	—	—	—	—	—
14	0.284	1.895	98.315	—	—	—	—	—	—
15	0.253	1.685	100.000	—	—	—	—	—	—

注：提取方法为主成分分析法。

通过 SPSS26.0 软件对品牌强度评价量表的 15 个指标进行因子分析，结果如表 12-15 所示，15 个指标与因子的绝对值都大于 0.4，说明与因子的对应关系良好。

表 12-15　　　　　　　　　　品牌强度评价量表因子分析结果

名称	因子载荷系数				
	1	2	3	4	5
创造力 1	**0.810**	0.177	0.157	0.124	0.101
创造力 2	**0.842**	0.084	0.076	0.151	0.182
创造力 3	**0.844**	0.091	0.054	0.161	0.003
创造力 4	**0.829**	0.135	0.101	0.142	0.063
市场竞争力 1	0.114	**0.852**	0.139	0.134	0.106
市场竞争力 2	0.188	**0.803**	0.111	0.128	0.075
市场竞争力 3	0.110	**0.859**	0.103	0.040	0.077
产品与服务 1	0.098	0.104	**0.840**	0.131	0.093
产品与服务 2	0.104	0.150	**0.850**	0.063	0.002
产品与服务 3	0.107	0.085	**0.784**	0.068	0.151
历史文化 1	0.178	0.130	0.096	**0.784**	0.047
历史文化 2	0.164	0.092	0.096	**0.801**	0.176
历史文化 3	0.146	0.070	0.073	**0.842**	0.083
社会责任 1	0.123	0.174	0.100	0.157	**0.828**
社会责任 2	0.119	0.056	0.121	0.107	**0.873**

注：表格中数字加粗表示载荷系数绝对值大于 0.4。

根据表 12-14 分析结果，通过方差贡献率正规化进行数据分析，得到第一层各因素集的权重。各因素权重结果为：

$$W_1 = 33.469 \div 74.382 = 45.00\%$$

$$W_2 = 12.473 \div 74.382 = 16.77\%$$

$$W_3 = 10.389 \div 74.382 = 13.97\%$$

$$W_4 = 10.032 \div 74.382 = 13.49\%$$

$$W_5 = 8.019 \div 74.382 = 10.78\%$$

三、测量指标计算

（一）预期收益计算

为了计算贵州茅台酒地理标志品牌的年预测收益，需要采集整理贵州茅台酒最新发布的三年年度报告，即2020年、2021年及2022年发布的年度财务报告得出三个年度的财务数据，贵州茅台酒2020年至2022年度财务数据表如表12-16所示：

表 12-16　　　　　贵州茅台酒 2020—2022 年度财务数据表

单位：万元　币种：人民币

项目	2020 年	2021 年	2022 年
流动资产	18565215.50	22076569.28	21661143.57
固定资产	1622508.28	1747217.32	1974262.25
总资产	21339581.05	25516819.52	25436480.50
主营业务收入	9491538.09	10619015.48	12409984.38
主营业务利润	6668810.99	7468737.61	11400637.52
营业利润	6663507.99	7475088.08	8787952.18
利润总额	6619694.20	7452803.19	8770148.97
净利润	4952332.99	5572053.00	6537513.68
总资产报酬率	23%	22%	26%

数据来源：2020年，2021年，2022年贵州茅台酒年度报告。

加权平均收益＝（2020年企业净利润×1+2021年企业净利润×2+2022年企业净利润×3）÷（1+2+3）＝（4952332.99×1+5572053.00×2+6537513.68×3）÷6＝35708980.01÷6＝5951496.67（万元）

（二）品牌作用指数计算

邀请5位专家对贵州茅台酒地理标志品牌的白酒品牌、产地、白酒口感、白酒包装、白酒质量、白酒价格六个指标进行评分，并将结果利用 Yaahp 软件群决策功能得出 5 位专家数值平均后的判断矩阵，如表 12-17 所示：

表 12-17　　　　　　贵州茅台酒地理标志品牌作用指数判断矩阵表

二级指标	白酒品牌	产地	白酒口感	白酒包装	白酒质量	白酒价格
白酒品牌	1.0000	1.1689	1.6908	3.0889	0.8019	0.7867
产地	0.8555	1.0000	1.8622	2.8286	0.3575	0.5467
白酒口感	0.5914	0.5370	1.0000	2.2000	0.5238	0.5467
白酒包装	0.3237	0.3535	0.4545	1.0000	0.3257	0.4667
白酒质量	1.2470	2.7975	1.9091	3.0702	1.0000	1.2667
白酒价格	1.2712	1.8293	1.8293	2.1429	0.7895	1.0000

基于前一节的层次分析方根法公式进行计算：

第一步，由公式（12-2）与公式（12-3）可得判断矩阵每行元素乘积的 6 次方根：

$$\overline{W_1} = \sqrt[6]{M_1} = \sqrt[6]{\prod_{j=1}^{6} \alpha_{ij}} = \sqrt[6]{3.8513} = 1.2520$$

$$\overline{W_2} = \sqrt[6]{M_2} = \sqrt[6]{\prod_{j=1}^{6} \alpha_{ij}} = \sqrt[6]{0.8807} = 0.9791$$

$$\overline{W_3} = \sqrt[6]{M_3} = \sqrt[6]{\prod_{j=1}^{6} \alpha_{ij}} = \sqrt[6]{0.2001} = 0.7648$$

$$\overline{W_4} = \sqrt[6]{M_4} = \sqrt[6]{\prod_{j=1}^{6} \alpha_{ij}} = \sqrt[6]{0.0079} = 0.4463$$

$$\overline{W_5} = \sqrt[6]{M_5} = \sqrt[6]{\prod_{j=1}^{6} \alpha_{ij}} = \sqrt[6]{25.9004} = 1.7201$$

$$\overline{W_6} = \sqrt[6]{M_6} = \sqrt[6]{\prod_{j=1}^{6} \alpha_{ij}} = \sqrt[6]{7.1966} = 1.3895$$

$$\sum_{i=1}^{6} \overline{W_i} = \overline{W_1} + \overline{W_2} + \overline{W_3} + \overline{W_4} + \overline{W_5} + \overline{W_6} = 6.5517$$

第二步，由公式（12-5）得出最大特征值为：

$$\lambda_{\max} = \sum_{i=1}^{n} \frac{[AW]_i}{W_i} = 6.1370$$

第三步，由公式（12-6）得出相容性指标为：

$$CI = \frac{\lambda_{\max} - 6}{6 - 1} = 0.0274$$

第四步，当 $N=6$ 时，随机性指标 RI 为 1.26。因此由公式（12-7）得出一致性指标为：

$$CR = \frac{CI}{RI} = \frac{0.0274}{1.26} = 0.0217 < 0.1，通过一次性检验。$$

第五步，由公式（12-4）得到权重：

$$W_1 = \frac{\overline{W_1}}{\sum_{i=1}^{6} \overline{W_i}} = 0.1911$$

$$W_2 = \frac{\overline{W_2}}{\sum_{i=1}^{6} \overline{W_i}} = 0.1494$$

$$W_3 = \frac{\overline{W_3}}{\sum_{i=1}^{6} \overline{W_i}} = 0.1167$$

$$W_4 = \frac{\overline{W_4}}{\sum_{i=1}^{6} \overline{W_i}} = 0.0681$$

$$W_5 = \frac{\overline{W_5}}{\sum_{i=1}^{6} \overline{W_i}} = 0.2625$$

$$W_6 = \frac{\overline{W_6}}{\sum_{i=1}^{6} \overline{W_i}} = 0.2121$$

由此，品牌作用指数为 0.2625，并得出白酒品牌、产地、白酒口感、白酒包装、白酒质量、白酒价格各比重为 19.11%，14.94%，11.67%，6.81%，26.25%，21.21%，如表 12-18 所示。

表 12-18　　　　　　　　　　　**酒企无形资产比重**

酒企无形资产	含　义	对应指标	比重	排名
信誉	消费者赋予酒企的信用，也叫口碑	白酒质量	26.25%	1
其他因素	产品定位、档次	白酒价格	21.21%	2
品牌价值	品牌带来的超额收益	白酒品牌	19.11%	3
地理标志	水源、气候	产地	14.94%	4
专利技术	酿造工艺	白酒口感	11.67%	5
营销优势	宣传广告、产品包装、营销方式	白酒包装	6.81%	6

（三）消费者溢价指数计算

通过问卷调查获得消费者溢价指数数据，并进行多元线性回归分析，结果如表 12-19 所示：

表 12-19　　　　　**贵州茅台酒消费者溢价意愿回归分析结果**

	非标准化系数		标准化系数	t	p
	B	标准误	Beta		
常数	3.855	0.001	—	7232.214	0.000 **
历史认可度	0.481	0.001	0.669	899.999	0.000 **
产品忠诚度	0.382	0.001	0.531	715.280	0.000 **
产品满意度	0.374	0.001	0.520	700.608	0.000 **

由表 12-19 可知，在对贵州茅台酒消费者溢价意愿进行回归分析时，P 均小于 0.01，即回归分析结果显著，能够很好解释三个变量之间的关系，并且通过三个变量 β 系数可得出公式（12-8）的具体公式，即：

$$Y_{溢价} = 3.855 + 0.481 X_1 + 0.382 X_2 + 0.374 X_3 + \varepsilon$$

最终计算贵州茅台酒地理标志品牌消费者溢价指数为 0.481。

（四）品牌乘数计算

通过对调查问卷结果分析得出消费者对贵州茅台酒地理标志品牌相关指标数据，进一步获得第二层次 Z_1，Z_2，Z_3，Z_4，Z_5 的评价矩阵 R_1，R_2，R_3，R_4，R_5，运用模糊综合评价法得到矩阵 Q_1，Q_2，Q_3，Q_4，Q_5，进一步得出模糊矩阵 Q，通过公式（3-9）计算出贵州茅台酒地理标志品牌价值。

统计 303 份有效问卷关于品牌强度 5 个维度的评价结果，如表 12-20 所示，并以此构建综合评价矩阵，从而进一步模糊综合评价。

表 12-20　　　　　贵州茅台酒地理标志品牌强度消费者评价及权重

第一层	权重	第二层	权重	非常满意	比较满意	中立	不满意	非常不满意
A	$W_1 = 45.00\%$	A1	1/4	0.277	0.360	0.185	0.119	0.059
		A2	1/4	0.284	0.383	0.168	0.132	0.033
		A3	1/4	0.185	0.406	0.188	0.139	0.083
		A4	1/4	0.234	0.363	0.208	0.132	0.063
B	$W_2 = 16.77\%$	B1	1/3	0.350	0.366	0.188	0.066	0.030
		B2	1/3	0.307	0.333	0.224	0.086	0.050
		B3	1/3	0.234	0.320	0.287	0.096	0.063
C	$W_3 = 13.97\%$	C1	1/3	0.347	0.343	0.178	0.076	0.056
		C2	1/3	0.297	0.330	0.198	0.102	0.073
		C3	1/3	0.191	0.383	0.228	0.112	0.086
D	$W_4 = 13.49\%$	D1	1/3	0.389	0.363	0.168	0.059	0.020
		D2	1/3	0.320	0.376	0.185	0.073	0.046
		D3	1/3	0.251	0.360	0.238	0.096	0.056
E	$W_5 = 10.78\%$	E1	1/2	0.310	0.396	0.142	0.096	0.056
		E2	1/2	0.297	0.406	0.165	0.079	0.053

第一步，根据问卷，构建评价因素集。第一层次因素集 Z =［创造力 A、产品与服务 B、市场竞争力 C、历史文化 D、社会责任 E］，第二层评价因素集 Z_1 =

[A1、A2、A3、A4]，$Z_2 =$ [B1、B2、B3]，$Z_3 =$ [C1、C2、C3]，$Z_4 =$ [D2、D3、D4]，$Z_5 =$ [E1、E2]。

第二步，确定五级评语集，即评语集 V = [非常满意、比较满意、中立、不满意、非常不满意]，同时根据相关研究对每个级别进行赋值，得到列矩阵 $V =$ [100，85，70，55，40]$^\text{T}$。

第三步，通过问卷数据分析结果得到第二层次 Z_1，Z_2，Z_3，Z_4，Z_5的模糊综合评价矩阵 R_1，R_2，R_3，R_4，R_5。

$$R_1 = \begin{bmatrix} 0.277 & 0.360 & 0.185 & 0.119 & 0.059 \\ 0.284 & 0.383 & 0.168 & 0.132 & 0.033 \\ 0.185 & 0.406 & 0.188 & 0.139 & 0.083 \\ 0.234 & 0.363 & 0.208 & 0.132 & 0.063 \end{bmatrix}$$

$$R_2 = \begin{bmatrix} 0.350 & 0.366 & 0.188 & 0.066 & 0.030 \\ 0.307 & 0.333 & 0.224 & 0.086 & 0.050 \\ 0.234 & 0.320 & 0.287 & 0.096 & 0.063 \end{bmatrix}$$

$$R_3 = \begin{bmatrix} 0.347 & 0.343 & 0.178 & 0.076 & 0.056 \\ 0.297 & 0.330 & 0.198 & 0.102 & 0.073 \\ 0.191 & 0.383 & 0.228 & 0.112 & 0.086 \end{bmatrix}$$

$$R_4 = \begin{bmatrix} 0.389 & 0.363 & 0.168 & 0.059 & 0.020 \\ 0.320 & 0.376 & 0.185 & 0.073 & 0.046 \\ 0.251 & 0.360 & 0.238 & 0.096 & 0.056 \end{bmatrix}$$

$$R_5 = \begin{bmatrix} 0.310 & 0.396 & 0.142 & 0.096 & 0.056 \\ 0.297 & 0.406 & 0.165 & 0.079 & 0.053 \end{bmatrix}$$

第四步，根据前文因子方差贡献率归一化结果，得到第一层次各因素权重 N，即：

$$N = \begin{bmatrix} 0.4500 & 0.1677 & 0.1397 & 0.1349 & 0.1078 \end{bmatrix}$$

第二层次各因素的权重向量分别为：

$$N_1 = \left[\frac{1}{4}、\frac{1}{4}、\frac{1}{4}、\frac{1}{4} \right]$$

$$N_2 = \left[\frac{1}{3}、\frac{1}{3}、\frac{1}{3} \right]$$

$$N_3 = \left[\frac{1}{3} 、 \frac{1}{3} 、 \frac{1}{3} \right]$$

$$N_4 = \left[\frac{1}{3} 、 \frac{1}{3} 、 \frac{1}{3} \right]$$

$$N_5 = \left[\frac{1}{2} 、 \frac{1}{2} \right]$$

第五步，将第二层因素集 Z_1，Z_2，Z_3，Z_4，Z_5 模糊综合并同时与加权平均方法相结合获得第一层因素集 Z 的模糊综合评价矩阵 Q_1，Q_2，Q_3，Q_4，Q_5。

$$Q_1 = N_1 * R_1 = \begin{bmatrix} 0.2450 & 0.3779 & 0.1873 & 0.1304 & 0.0594 \end{bmatrix}$$

$$Q_2 = N_2 * R_2 = \begin{bmatrix} 0.2970 & 0.3399 & 0.2332 & 0.0825 & 0.0473 \end{bmatrix}$$

$$Q_3 = N_3 * R_3 = \begin{bmatrix} 0.2783 & 0.3520 & 0.2013 & 0.0968 & 0.0715 \end{bmatrix}$$

$$Q_4 = N_4 * R_4 = \begin{bmatrix} 0.3201 & 0.3663 & 0.1969 & 0.0759 & 0.0407 \end{bmatrix}$$

$$Q_5 = N_5 * R_5 = \begin{bmatrix} 0.3036 & 0.4010 & 0.1535 & 0.0875 & 0.0545 \end{bmatrix}$$

通过对评价向量进行组合，形成第一层次模糊综合评价矩阵 Q，即：

$$Q = [Q_1；Q_2；Q_3；Q_4；Q_5] = \begin{bmatrix} 0.2450 & 0.3779 & 0.1873 & 0.1304 & 0.0594 \\ 0.2970 & 0.3399 & 0.2332 & 0.0825 & 0.0473 \\ 0.2783 & 0.3520 & 0.2013 & 0.0968 & 0.0715 \\ 0.3201 & 0.3663 & 0.1969 & 0.0759 & 0.0407 \\ 0.3036 & 0.4010 & 0.1535 & 0.0875 & 0.0545 \end{bmatrix}$$

第六步，计算贵州茅台酒地理标志品牌强度模糊评价向量 T，即

$$T = N * Q = \begin{bmatrix} 0.2749 & 0.3688 & 0.1946 & 0.1057 & 0.0560 \end{bmatrix}。$$

并与评语集 V 进行合成，得到贵州茅台酒品牌强度：$X = T * V = 80.5129$。

由公式（3-9）可知 $X = 80.5129 \in (50, 100)$，得出：

$$Y = \sqrt[2]{2X - 10} + 10 = 17.8119$$

综上所述，贵州茅台酒品牌乘数 Y 为 17.8119。

四、品牌价值测量结果及分析

（一）品牌价值测量结果

贵州茅台酒地理标志品牌价值测量结果为：

预期收益×品牌作用指数×消费者溢价指数×品牌乘数

= 5951496.67（万元）×0.2625×0.481×17.8119

= 13384769.19（万元）= 1338.48（亿元）

（二）测量结果分析

研究考虑到贵州茅台酒的地理标志品牌的特征，在周凯的 Interbrand 改进模型基础上进行改进，通过问卷调查获得相关指标数据，基于 2020 年至 2022 年财务数据，最终对贵州茅台酒地理标志品牌价值测量为 1338.48 亿元。

目前公布 2023 年贵州茅台品牌价值的榜单仅有《2023 中国酒业上市公司品牌价值榜》和《2023 全球品牌价值 500 强榜》，分别为 5297.72 亿元和 3330 亿元，对测量结果 1338.48 亿元与 2023 年所发布的两个结果进行比较和研究，误差值分别在 74.73% 和 59.81%。与官方最新发布的《2022 中国品牌价值评价信息》中所测量的贵州茅台品牌价值为 3282.66 亿元相比较，误差范围在 59.23%。而与 Interbrand 品牌管理咨询企业最新发布的《2022 中国最佳品牌排行榜》中所测量结果贵州茅台品牌价值为 823.80 亿元相比较，误差范围在 62.48%。

Interbrand 企业测量结果与研究品牌价值测量结果 1338.48 亿元相差 62.48%，主要原因如下：

第一，测量目的不同。研究主要基于 Interbrand 改进模型测量酒类地理标志品牌价值；Interbrand 管理咨询企业主要通过 Interbrand 模型测量中国 100 个品牌的价值。

第二，测量模型结构不同。研究主要参考张莹的酒企品牌作用指数评价指标体系、周凯的消费者溢价意愿量表和品牌强度评价量表测量酒类地理标志品牌价值；Interbrand 管理咨询企业主要通过专家对国际性、市场地位、稳定性、市场性质、品牌趋势、品牌支持、品牌保护这七个维度测量中国品牌价值。

第三，测量数据来源不同。研究主要通过企业 2020 年至 2022 年财务数据、5 位专家评分及国内 303 位消费者获取调查数据；Interbrand 管理咨询企业通过专业咨询机构获取调查数据。

（三）品牌现状分析

研究基于张莹的酒企品牌作用指数评价指标体系，邀请 5 位专家进行评分，并运用层次分析法计算各指标权重，最终得出产地，即地理标志比重为 14.94%，排名第四，与排名第一的白酒质量相差 11.31%，与排名第二的白酒价格相差 6.26%，主要原因如下：

第一，地方政府的酒类地理标志品牌管理制度有待完善。贵州茅台酒是仁怀市第一个获得官方地理标志认证的酒类品牌，因此地方政府对于白酒地理标志品牌管理经验不足，监管力度有待提升，打击伪劣白酒产品力道尚待提升，这样才能减少消费者对该地区其他正规酒企品牌的消极印象。

第二，集团未意识到地理标志对白酒产品经济价值的影响程度。因为白酒质量能够保障酒企在消费者心中的信誉，也就是口碑；白酒价格能够保障酒企产品的利润空间。而目前地理标志主要用于证明贵州茅台酒的原产地域和因不可复制的水土、酿造工艺而形成的特定品质，因此相较于白酒质量与白酒价格，还未意识到地理标志对于白酒产品经济价值的影响程度，在地理标志品牌维护和提升上投入也较低。

第三，低学历消费者的白酒地理标志意识有待提高。有部分消费者对于白酒地理标志的认知度不高，相较于白酒地理标志，更多关注白酒产品的价格或者口感。由表 12-21 可知，高学历消费者的地理标志认知程度较高于低学历消费者的地理标志认知程度，表明需要扩大地理标志相关知识的宣传，提高低学历消费者的白酒地理标志意识。

表 12-21　　　　　　　　　　　　交叉分析表

X/Y	是	否	总计
初中及以下	7（63.64%）	4（36.36%）	11
高中	7（87.50%）	1（12.50%）	8
中专	38（79.17%）	10（20.83%）	48
大专	46（82.14%）	10（17.86%）	56

续表

X/Y	是	否	总计
本科	135（91.84%）	12（8.16%）	147
研究生及以上	30（90.91%）	3（9.09%）	33

注：X 表示受教育程度；Y 表示是否因地理标志认证而购买贵州茅台酒地理标志产品。

第五节　结论与启示

一、结论

近年来，我国对于地理标志品牌培育与建设越来越重视，致力于发展以地理标志为主的地方特色区域经济，酒类地理标志品牌建设力度也逐渐加大。品牌价值也是体现地理标志品牌竞争力的一种方式，并且品牌价值是由企业和消费者共同作用来实现的，因此以贵州茅台酒地理标志品牌作为切入点进行研究，结合酒类地理标志品牌特点，基于周凯的 Interbrand 改进模型，参考张莹的酒类品牌作用指数指标体系、周凯的消费者溢价意愿量表和品牌强度评价量表进行实证分析，从而得出以下结论：

第一，通过专家评分与问卷调查相结合、因子分析和回归分析相结合、层次分析法与模糊综合评价法相结合的方式将品牌价值的品牌作用指数、消费者溢价指数与品牌乘数进行量化，并收集与整理贵州茅台酒品牌的财务数据，进一步测量分析得出贵州茅台酒地理标志品牌价值为 1338.48 亿元，与 Interbrand 公司发布的结果差异较大，原因在于测量目的、测量模型结构及测量数据来源不同所导致。

第二，结合调查结果分析，贵州茅台酒的地理标志市场还有很大提升空间，因此政府与企业应该完善酒类地理标志品牌管理制度，提高地理标志的经济价值，增强消费者的白酒地理标志意识。

第三，白酒地理标志品牌提升路径发展还处于成长期，有着巨大的学术推进空间，未来可以进行更加深入地研究，构建出酒类地理标志品牌的评价指标体系，完善白酒地理标志品牌价值评估模型。

二、启示

第一，完善白酒地理标志品牌管理制度。政府可以加强酒类地理标志品牌监管，打击虚假伪劣酒类地理标志产品，加强实行白酒地理标志产品行业严格准入标准，加强白酒地理标志产品质量监管体系，建设白酒地理标志产品防伪系统，以便于消费者能够通过防伪系统进行查证是否为白酒地理标志认证产品，并通过防伪系统举报假冒白酒地理标志劣质产品，使消费者真正参与白酒地理标志建设活动，提升白酒地理标志品牌意识，维护白酒地理标志品牌形象。

第二，加强白酒地理标志品牌记忆点。企业可以将"小茅"IP形象塑造得更加饱满，增加地理标志相关品牌故事内容，利用视觉化形象，使地理标志与白酒品牌之间联系加强，增强消费者心中地理标志形象印记。可以制作"小茅"当导游的相关内容话题，在网络传播平台介绍贵州茅台酒原产地仁怀的地理环境与人文历史，增加消费者对白酒地理标志文化的认识。

第三，提升白酒地理标志品牌知名度。通过网络传播媒介，如小红书、抖音、快手等传播平台，以广告、活动等形式对白酒地理标志产品进行包装及促销，讲述更多的贵州茅台酒地理标志品牌故事，邀请博主及消费者自主参与贵州茅台酒地理标志品牌形象塑造，传播符合现代化审美的白酒地理标志品牌形象，提升品牌知名度，传播地理标志知识，提升消费者白酒地理标志品牌意识。

第十二章 白酒企业知识产权保护
对科技创新的影响分析

第一节 导 言

一、研究背景

知识产权保护对科技创新的影响一直是学术研究中的热门研究话题。因此，国内外学者针对知识产权保护与科技创新之间存在的关系进行了大量研究，并提出了不同的研究观点。一些学者认为，知识产权保护对科技创新有促进作用；另一些学者认为，知识产权保护对科技创新有抑制作用；还有的学者则认为二者间呈现非线性关系。

科技创新是维护企业不断发展的保障。为了促进科技创新，我国制定了相关政策，由政府规划引导，从而激发企业创新。作为科技创新的保障，知识产权保护制度在激励企业创新和保护智力成果方面起着关键作用。知识产权保护制度的完善和知识产权保护意识的增强在促进科技创新产出、保障创新者利益等方面的作用是企业实现经济高质量发展中必不可少的一部分。知识产权保护作为一种产权保护，成为企业维护自身科技创新的一种法律保护手段。在白酒行业中，科技创新一方面为白酒企业的酿造工艺、生产方式、管理方式、生产产品等带来了创新，另一方面，也引起了科技创新成果侵权事件的发生、创新积极性的下降。知识产权保护因此成了白酒企业防止侵权事件发生的一种保障，通过对知识产权保护制度的不断完善，维护了企业的利益，从而激励企业创新。

基于上述背景，本研究具体分析了白酒企业的知识产权保护对科技创新的影响，并对进一步完善知识产权保护提出了相关建议。

第二节　国内外研究现状

一、知识产权保护的相关研究

第一，知识产权保护的内涵。根据我国的《民法典》规定：知识产权保护是指公民或法人等主体依据法律条文的规定，对其创造性智力成果和商业标记产生的权利进行保护。其中公民或法人和其他主体可以依法享有以下八种不同的权利：一是作品；二是发明、实用新型和外观设计；三是商标；四是地理标志；五是商业秘密；六是集成电路布图设计；七是植物新品种；八是法律规定的其他客体。另外，随着我国经济实力的不断增长，我国对于知识产权保护制度的建立也在不断完善，推动科技创新进步的同时也增加了社会财富。

第二，知识产权保护水平的测算。国外学者对于知识产权保护水平的测算方法主要有问卷调查法、立法评分法和综合评分法。其中，问卷调查法主要通过调查问卷的形式收集和总结相关人员对于知识产权保护的想法，并对其想法进行打分和测算，得出知识产权保护水平。Mansfield（1995）通过问卷调查法测算了 14 个技术水平相对较高的发展中国家的知识产权保护水平。立法评分法主要通过对一国或某一地区的知识产权立法进行评分并计算，从而得到知识产权保护水平。1997 年，Ginarte 和 Park 提出了 GP 指数法，他们基于立法水平用专利覆盖范围、权利丧失的保护、国际公约资格、执法保护措施及保护期限这五类指标来衡量知识产权保护的水平。综合评分法把问卷调查法和立法评分法结合在一起，形成一个综合评价测度体系，这种方法最具代表性的两位学者分别是 Kondo 和 Lesser。

我国学者对于知识产权保护水平的测算主要从宏观和微观两个层面入手。从宏观层面看，韩玉雄和李怀祖（2005）在 GP 指数的基础上引入执法强度指标，用立法强度乘以执法强度测算了我国的知识产权保护水平。许春明等人（2008）用社会公众意识、司法保护以及行政保护等指标测算了我国各省份的知识产权保护强度。从微观层面看，学者舒欣和安同良（2020）为了知道知识产权保护的情况，对江苏省制造企业进行了两次微观问卷调查。吴志萍等人（2022）则用无形资产的自然对数来衡量知识产权。综上所述，参考吴志萍等人的研究，用无形资产的自然对数来衡量企业对知识产权的保护。

二、科技创新的相关研究

第一，科技创新的内涵。科技创新的内涵随着科技的发展在不断演变，目前科技创新是指运用新知识和新技术，通过新的工艺和新的生产管理方式，从而产出新产品及新服务的过程。其过程活动一般会涉及政府、企业、研究机构、大学、国际组织等主体，这些主体与人才、资金、科学技术基础、知识产权等要素一起构成了科技创新这个大系统。在新的发展背景下，知识创新、技术创新和现代科技引领的管理创新被大多数学者作为科技创新的三种不同类型，并把科技创新作为国家经济发展体系的战略支撑，这是经济政策制定的重要导向，也是科学界研究的重点内容。

第二，科技创新能力的测算。在对科技创新进行研究的过程中，大部分学者主要用投入法、产出法及效率法这三种方法来测算科技创新的能力。投入法主要从科技创新领域所投入的人力、资本等视角进行衡量。苗峻玮（2021）通过对其他学者相关文献的研究，选取研发投入强度作为科技创新能力核心指标，用研发投入与营业收入的比值去量化。另外，研发人员作为研发活动的实施者，可以直观地反映企业的创新投入。产出法，以科技创新领域所带来的直接创新成果进行度量。纪京九（2021）采用主成分分析法，用专利申请量来衡量企业当年的创新产出。周群（2009）则用已授权专利申请的数量和新产品的销售收入作为创新产出的指标。效率法，用科技创新本身的效率进行度量。王少敏（2021）基于创新价值链的视角，对我国 30 个省份的科技创新效率进行测算和分析。综上所述，分别参考戴浩等人（2018）和周群（2009）的研究，用研发投入与营业收入的比值来衡量企业的研发投入强度，用专利授权数作为企业专利产出的衡量指标。

三、知识产权保护与科技创新的相关研究

对于知识产权保护与科技创新的关系，国内外学者并没有得出统一的研究结论，其观点主要分为以下三类：一是知识产权保护对科技创新有促进作用；二是

知识产权保护对科技创新有抑制作用；三是知识产权保护与科技创新之间呈倒
"U"形。

首先，一部分学者认为知识产权保护对科技创新有促进作用。针对相关研究，学者们认为对知识产权保护的加强可以促进科技创新的观点给予赞同。Hausman 等人（1984）研究指出，增加企业研发投入可以增加专利的产出，即两者之间有显著的正相关性。Amy Jocelyn Glass 等人（2005）认为，加强知识产权保护的同时减少模仿，可以让企业从改进产品质量转向新产品的开发，从而增加创新。并且，知识产权与创新之间的关系似乎不会随着保护水平的非线性上升而变为负。在前人研究的基础上，樊增强（2018）认为知识产权中专利权制度的建立给予创新创业者机会，能在激烈的竞争中垄断市场地位。而庄子银等人（2022）通过对除西藏以外的中国内陆 30 个省份知识产权保护数据和企业专利申请数量的实证研究得出，知识产权保护的加强对企业创新有激励效应。

其次，另一部分学者认为知识产权保护对科技创新有抑制作用。学者们基于相关数据进行研究后发现，超强度的知识产权保护反而抑制创新，减少专利产出，不利于国家经济发展。Kausik Gangopadhyay 等人（2012）的研究表明，更有力的知识产权保护会降低创新速度，且当知识产权增加创新预期收益的同时也抑制了科学知识的自由流动和扩散，使得创新增加了难度。武欣欣（2014）从知识产权保护角度对我国高新技术产品出口的成本效益分析中得出，如果我国实行知识产权保护，将会阻碍我国科技进步和创新的道路，对国外高新技术的模仿也会受到限制。孙铭壕等人（2019）在研究知识产权保护对地区创新的影响路径中发现，知识产权保护对地区创新有负面影响，即知识产权保护越强，地区创新能力越弱。

最后，还有的学者认为知识产权保护与科技创新呈倒"U"形。除了以上的两种观点，其实还存在着这样的说法，即知识产权保护的过松或过紧都会导致科技创新呈现不同的结果，而适合的知识产权保护则有利于国家科技创新和经济水平更好的发展。所以，知识产权保护与创新之间还存在一种复杂的"U"形关系，即也可以说是一种"最优知识产权保护假说"。

综上所述，学者们对于知识产权保护和科技创新的关系发表了不同的观点，基本可分为促进论、抑制论和"U"形论。适度的加强知识产权保护有利于促进企业科技创新，相反则会抑制企业创新。通过对上述相关研究的梳理，认为知识产权保护对科技创新主要有正面影响和负面影响。其中，正面影响表现为知识产权保护的加强，对创新者智力成果的保护得到了进一步的保障，提高了创新者研发的积极性，从而推进了创新。而负面影响则体现在知识产权保护过强时，创新技术的流动性过低，减少专利产出的同时抑制了企业的科技创新。在此基础上，结合相关文献，发现对于白酒企业知识产权的保护和科技创新关系的研究较少，白酒企业科技创新的进一步发展可能在于对知识产权的保护与完善上。因此，研究白酒企业知识产权保护对科技创新的影响，得出相关的结论并提出一些有建设性的建议。

第三节　概念界定及理论基础

一、相关概念界定

（一）知识产权

"知识产权"这一概念源于 17 世纪法国大革命时代，学者卡普佐夫将其译为"Intellectual Property"或"Intellectual Property Right"。后经比利时法学家皮卡第等人对其作了进一步的研究与发展。对于知识产权概念的界定，国外学者通常从法律的角度入手，将知识产权的内容列举在相关法律或者国际公约里。由于我国对于知识产权概念的界定尚未统一，所以有很多学者在对其进行研究后发表了不同的观点。最具有代表性的郑成思（1993）教授认为："知识产权是产权所有人对其智力成果所享有的专有权利。"刘春田（2000）教授则认为知识产权是对具有创造性的智力成果而依法产生的权利的统称。知识产权不仅仅是对智力成果的保护，也是对商业产权的保护。公民或法人可通过发明出具有创造性和时效性的智力成果、工商业标记而享有权利。其中，他们对其智力成果、工商业标记和其他法律规定的知识信息等具有可支配权、受利权和排它权。另外，还有的学者认为知识产权是对创造性知识进行管理、开发、法务和经营等产权运行的一个系统。综上所述，本研究采用刘春田教授的观点，认为知识产权是法律通过对创造者智力成果的保护产生出的一种权利的统称。①

（二）科技创新

以往很少有学者对科技创新的概念进行界定，唯有熊彼特在 1912 年的《经济发展论》中开始提出"创新"一词。在书中，熊彼特指出创新就是在生产过程里进行创新，生产出新的产品，满足市场需求并将其市场化的一个经济组织内部进行变革的过程。随着对熊彼特"创新"理论的深入认识和发展，慢慢地衍生出了"技术创新"的概念，这一定义与熊彼特的创新理论相似。之后，"技术创新"经由新技术新时代以及科学进步的快速发展逐渐为科技创新的概念界定奠定了基础。而由于我国对于科技创新的研究较晚，所以尚未统一其概念。其中，张来武（2011）认为科技创新是以实现市场价值为标准的科学发现与技术发明，胡映雪（2017）则认为科技创新是将科学知识应用到实践，进而引起技术创新，产生经济效应的一个过程。总而言之，科技创新的概念界定始终随着经济社会时代的发展而有待完善，整体上呈现出以下特征：一是"新"，主要体现为新思想、新技术以及新产出等方面的改革与创新；二是具有一定的价值表现，科技创新通过知识创新的产出实现价值，从而为国家发展带来经济利益。综上所述，文中采用张来武学者的观点，认为科技创新是以实现市场价值为标准的科学发现与技术发明。②

二、理论基础

（一）外部性理论

外部性指的是某一经济主体的行为对其他经济主体产生影响，而这种影响未能用市场交易和价格体系来反映。外部性有正外部性和负外部性，其中正外部性指的是某一个经济主体的行为对其他经济主体产生积极的影响，其他经济主体不需要为此付出代价；负外部性是指某一经济主体的行为对其他经济主体产生负面

---

① 刘春田. 知识产权法 [M]. 北京：中国人民大学出版社，2000.
② 张来武. 科技创新驱动经济发展方式转变 [J]. 中国软科学，2011（12）：1-5.

的影响，且其他经济主体无法因此而得到补偿。

知识本身可以称为一种"产品"，具有非排他性。当某一智力成果发布出来后，就无法避免被他人复制使用，这使得知识生产者的利益受到损害，从而减少创新。从新古典学派的角度解释，当知识生产者的边际收益小于社会收益时，他们就会降低生产意愿，从而导致知识生产数量小于社会需求量。采用知识产权的正外部性理论如图 13-1 所示：由于存在正外部性，使得知识生产者的个人收益（MR）小于社会收益（MSB），此时理性的知识生产者就会选择在 Q1 处进行生产，即 MC＝MR 时的产量。然而，社会的需求量为 Q2，Q1 的生产量无法满足于社会需求。因此，要想知识生产者 Q1 处的生产量达到 Q2 处的社会需求量，就得制定有效的解决措施，即对知识进行保护，通过法律手段赋予知识生产者对其产品享有垄断权，在增加其收益的同时防止侵权行为。

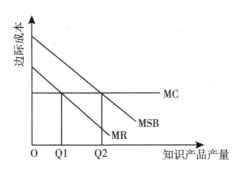

图 13-1　知识产权的正外部性

（二）信息不对称理论

信息不对称指的是在市场交易中，各方人员对于信息的知晓程度是不同的，获知信息多的一方往往比信息少的一方更具有优势。企业的研发活动具有特殊性，表现为投资者很难了解到企业研发的具体情况，无法对其价值进行评估，从而不会轻易对企业的研发项目进行投资。在投资者看来，对企业的研发项目进行投资是有风险的，因为一旦研发失败，研发过程中投入的各种人力、物力、财力等资源将会损失，即使研发成功了，那么研发的市场转化和收益情况也是无法预知的，会造成投资者与企业间信息不对称的问题。

因此，投资者在进行投资决策时更希望企业能够披露更多的研发信息，从而减少信息不对称问题的发生。而信息不对称问题的减少就与知识产权保护有着联系，即政府加强对知识产权的保护，加大对侵权行为的惩罚，那么，企业就可能会披露更多的研发信息来供投资者进行决策，获取研发资金的支持，从而进行科技创新。

第四节 研究设计

一、模型构建

吴超鹏等人（2016）的研究表明：加强知识产权保护执法力度，对企业的专利产出和研发强度有正向作用，提升了企业的创新能力。基于此结论，构建如下多元回归模型来检验知识产权保护对科技创新的影响：

$$\text{Innovation}_{i,\,t} = \beta_0 + \beta_1 \text{IPP}_{i,\,t} + \beta_2 \text{SOE} + \varepsilon_{i,\,t} \tag{13-1}$$

其中，下角标 i 表示 i 企业，t 表示第 t 年，$\text{Innovation}_{i,t}$ 即表示 i 企业在第 t 年的科技创新能力，用企业研发投入与营业收入的比值和专利授权数来衡量；$\text{IPP}_{i,t}$ 表示了 i 企业在第 t 年的知识产权保护水平；SOE 表示 i 企业的性质；$\varepsilon_{i,t}$ 为随机干扰项。

二、研究假设

（一）知识产权保护与研发投入强度

企业的研发投入强度可能会受到知识产权保护环境的影响。如外部性问题的存在可能会让企业研发活动所获得的知识产权受到其他企业的模仿。另外，政府通过加强知识产权保护，可以降低企业的知识产权侵权风险，在一定程度上减少外部性问题的发生，从而增加企业的研发投入。孙赫（2017）的研究表明：知识产权保护的加强，显著促进了企业研发资本投入的力度。基于此，白酒企业可以通过加强对知识产权的保护，对侵权行为进行大力度的制止，增加企业的研发投入强度，从而促进科技创新。

由此提出假设 1：知识产权保护的加强，可能会增加白酒企业的研发投入强度。

（二）知识产权保护与专利产出

加强知识产权保护可以增加企业的专利产出，从而促进企业的科技创新。从外部性理论来看，当知识产权保护得到加强时，正的外部性可能会增加企业的专利产出，而负的外部性可能会使企业的知识产权处于侵权的环境中，导致企业的研发积极性严重受挫，从而抑制新专利的产出数量。从相关的研究来看，知识产权保护对企业专利产出有直接作用的同时又有间接作用。直接作用表现为：加强知识产权保护会激发企业的创新积极性，增加专利产出数量。而间接作用表现为：加强知识产权的保护，可以增加企业的研发投入，从而促进企业的专利产出。基于此，当白酒企业想促进其自身的科技创新时，可以通过加强对知识产权的保护来增加企业的专利产出，从而促进企业创新。

由此提出假设 2：知识产权保护的加强，可能会增加白酒企业的专利产出。

三、变量设计

（一）被解释变量

为了衡量企业的科技创新能力，采用了研发投入强度和专利产出两个指标进行研究。通过梳理相关文献发现，研发投入除以营业收入与研发投入除以总资产这两种方法，主要用于衡量企业的研发投入强度。因此，选择研发投入与营业收入的比值来量化研发投入强度。

企业科技创新活动的一个具体表现是产出的专利数量，它可以成为衡量企业科技创新能力的一个有用的标准。对于专利产出的度量主要有专利申请数和专利授权数，二者各有优劣。其中，以专利授权数作为专利产出的度量指标，实证分析中对数据加 1 取对数。

（二）解释变量

目前对于知识产权保护的衡量指标有很多，大多数学者主要从国家和省级层面来构建知识产权保护指标体系，以便更好地反映某一国家或地区的知识产权保护水平。由于主要从微观层面来研究白酒企业的知识产权，因此选用单一指标来衡量企业对知识产权的保护，即用无形资产的自然对数。

（三）控制变量

企业性质是指企业的所有权性质或者组织性质。不同所有制的企业其在研发方面面临的预算及约束问题也会影响着企业的科技创新行为。因此，用企业性质作为控制企业科技创新的一个变量。

四、样本选取与数据来源

考虑到企业数据的可获得性，选取 19 家白酒上市公司 2011 年至 2021 年的相关数据为样本，在剔除数据缺失的 6 家上市公司后，最终选取 13 家公司为研究对象。上市公司各年度的财务数据均来自国泰安数据库，专利授权数手工收集自国家知识产权局专利检索网站。最后，对于数据的处理与分析采用 Stata 17.0 软件。

第五节　实 证 分 析

一、描述性统计分析

对相关变量的描述性统计分析如表 13-1 所示，从表中可知：13 家白酒企业研发投入强度的平均值为 0.0102，标准差为 0.00935，这表明了不同的白酒企业间在科技创新意愿方面的差距较小。从企业的专利产出情况来看，平均值为 2.205，表明每家白酒企业平均每年的专利授权数为 2.205 件，而标准差为 1.365，最值之间差距达 5.278，这说明了白酒企业间专利授权数的差距较大。

而从企业的知识产权保护数据分析来看，其标准差为 1.190，最小值为 17.12，最大值为 22.55，表明了不同的白酒企业对知识产权保护的程度存在较大差异。

表 13-1 　　　　　　　　　　　　**描述性统计**

变量	样本数	平均值	标准差	最小值	最大值
R&D	143	0.0102	0.00935	0.000327	0.0444
PATENT	143	2.205	1.365	0	5.278
IPP	143	19.38	1.190	17.12	22.55
SOE	143	0.615	0.488	0	1

二、相关性分析

继描述性统计分析之后，对变量进行了相关性分析，结果如表 13-2 所示。

表 13-2 　　　　　　　　　　　　**相关性矩阵**

变量	R&D	PATENT	IPP	SOE
R&D	1.000			
PATENT	0.218 ***	1.000		
IPP	0.061	0.398 ***	1.000	
SOE	0.067	0.254 ***	0.422 ***	1.000

从表中可知：知识产权保护与研发投入强度的相关系数为 0.061，这表明两者间的相关性不显著，且与假设 1 不一致，即知识产权保护的加强不一定会增加企业的研发投入强度。另外，知识产权保护与专利产出的相关系数为 0.398，这表明了加强知识产权保护在一定程度上可以增加企业的专利产出，从而促进企业的科技创新，与假设 2 基本一致。

三、豪斯曼检验

由于研究使用的是面板数据，因此进行 Hausman 检验以确定哪种模型更适合回归分析，检验结果如表 13-3 所示。从表中可知：当研发投入强度作为因变量时，Hausman 检验结果为 0.5470，接受原假设，选择随机效应模型进行回归；当专利产出作为因变量时，其检验结果为 0.0399，拒绝原假设，因此选择固定效应模型进行回归。

表 13-3　　　　　　　　　　　　　　豪斯曼检验结果

变量	因变量：R&D		因变量：PATENT	
	(1) FE	(2) RE	(1) FE	(2) RE
IPP	0.00152	0.00116	0.892***	0.682***
	(1.25)	(1.10)	(5.03)	(4.70)
SOE	0	0.0000888	0	0.0107
	(.)	(0.02)	(.)	(0.02)
Constant	−0.0192	−0.0123	−15.08***	−11.02***
	(−0.82)	(−0.61)	(−4.39)	(−4.01)
N	143	143	143	143
Hausman_Test		0.5470		0.0399

四、回归分析

基于对外部性理论的分析，认为企业知识产权保护的加强可能会对其研发投入强度和专利产出有促进作用。为对假设进行验证，使用多元回归模型（13.1）进行样本的回归分析。表 13-4 分别报告了将研发投入强度和专利产出作为因变量的回归结果。其中，第（1）列是使用随机效应模型进行的回归，结果显示知识产权保护与研发投入强度无显著相关关系，拒绝假设 1，即知识产权保护的加强不一定会促进企业增加研发投入强度。而第（2）列是使用固定效应模型进行的回归，结果显示知识产权保护与专利产出呈正相关关系，与假设 2 基本一致，即加强知识产权保护，在一定程度上增加了企业的专利产出。

表 13-4　　　　　　　　　　　回 归 结 果

变量	（1）RE	（2）FE
	因变量：R&D	因变量：PATENT
IPP	0.001	0.892***
	（0.001）	（0.177）
SOE	0.000	0.000
	（0.004）	（0.000）
Constant	−0.123	−15.08***
	（0.020）	（3.439）
Observations	143	143
R-squared	0.012	0.164
Prob	0.272	0.000

五、稳健性检验

为了进行稳健性检验，用企业的研发投入除以资产总额去度量研发投入强度，用专利申请数作为专利产出的衡量指标。然后用与上述相同的方法进行样本的回归分析，结果如表 13-5 所示。

表 13-5　　　　　　　　　　稳健性回归结果

变量	（1）RE	（2）FE
	因变量：R&D	因变量：PATENT
IPP	−0.000	0.973***
	（0.001）	（0.177）
SOE	0.002	0.000
	（0.003）	（0.000）
Constant	0.007	−16.50***
	（0.011）	（3.439）

续表

变量	（1）RE	（2）FE
	因变量：R&D	因变量：PATENT
Observations	143	143
R-squared	0.0004	0.189
Prob	0.817	0.000

从表中可知：第（1）列结果与上述结果基本一致，即知识产权保护与研发投入强度无显著相关关系，拒绝假设1；第（2）列结果显示知识产权保护与专利产出显著相关，与上述结果基本一致，接受假设1。

第六节　结论与建议

一、结论

以白酒上市公司为研究对象，对13家公司2011年至2021年的数据进行统计分析。采用单一指标衡量企业的知识产权保护，对企业的科技创新则从研发投入强度和专利产出两个方面来衡量，实证分析了白酒企业知识产权保护对科技创新的影响，具体结果如下：

第一，知识产权保护的加强，不一定会促进企业研发投入强度的增加。经过实证分析发现，知识产权保护与企业研发投入强度间的关系为不相关，这表明了白酒企业知识产权保护的加强不会增加企业的研发投入强度。而通过对相关的研究发现，知识产权保护的加强在一定程度上可以促进企业的研发投入强度，研究结论与之相反的原因可能是对相关变量指标的选取比较单一，因而有所差异。

第二，企业知识产权保护的加强在一定程度上可以增加专利产出数量。以企业专利产出作为被解释变量进行回归分析后发现，知识产权保护与企业专利产出的系数在1%水平下显著为正，说明了白酒企业加强知识产权保护能够在一定程度上可以提高其创新积极性，从而提高专利产出数量。另外，专利产出作为企业科技创新的衡量指标之一，其数量的增加反映了企业科技创新能力的提升，也表

197

明了企业知识产权保护的加强对其科技创新有促进作用，且当出现侵权行为时，企业会积极利用法律进行维权，从而提升企业的科技创新能力。

二、建议

（一）完善知识产权保护政策体系

第一，政府部门可以根据当前白酒企业的发展状况，制定符合白酒企业的知识产权保护地方性政策和法律规章制度。

第二，不同地区的政府可以将与知识产权保护相关的不同部门组建在一起，形成一个资源共享平台，专门提供一些有关知识产权保护的信息。

第三，地方政府可以适当地给予一些特权，让企业更好地完善自身产权保护的建立。

（二）增强知识产权保护意识

第一，白酒企业可以专门开设以知识产权保护为主题的讲座，让企业员工了解知识产权的同时也了解知识产权保护的存在对企业所带来的价值。

第二，白酒企业可以开展以组建知识产权保护队伍为主题的活动，以相关知识考核的形式选拔人才，对通过考核的人才给予一定的奖励，以此提升员工参与活动的积极性。

第三，将选拔出的人才进行分组组队，以知识产权保护为主要内容加大培训，提升他们的专业水平和职业素养，且不定期地进行队伍间的比赛，增加紧迫感，加深他们对企业知识产权保护的印象，从而增强产权保护意识。

第四，政府可以通过公共媒体，重复性播放知识产权的相关知识，加深群众印象，以此提高人们知识产权保护的意识。

（三）建立惩罚与激励相互配合机制

第一，对侵权者侵权行为的大小进行不同程度的惩罚，加大赔偿力度，增加侵权违法成本。

第二，鼓励群众揭发侵权行为，减少侵权事件发生，给予群众现金奖励。

　　第三，对积极创新的企业或者个人提供法律的最大保护，给予他们创新的激励，从而引导更多的人进行创新。

　　第四，政府可以适当减少部分科技创新活动的费用，对有创新意向且创新积极性高的企业进行扶持，让其尽可能地快速完成一项创新。

第十三章　白酒产品地理标志对消费者
购买意愿的影响分析

第一节　导　　言

一、研究背景

20 世纪 90 年代初我国开始探索有关地理标志产品的保护制度。2005 年 6 月7 日，国家质检总局在总结最初的《地理标志产品保护规定》和《原产地名称管理规定》成功经验的基础上，制定并公布了《地理标志产品保护规定》，并于2005 年 7 月 15 日正式生效。与之配套的规范性文件《国外地理标志产品保护办法》于 2016 年发布并于 2019 年进行了修订。上述规章和规范性文件在有效保护地理标志产品、促进地方经济发展方面起到了重要作用。白酒地理标志不仅是一种知识产权，也是一种促进特色产业发展的制度。对白酒产品地理标志的保护，不仅体现了我国自然资源的优势，还增强了地理标志白酒产品的竞争力。更多的消费者同时也认识到地理标志和商标都是推动经济发展的重要工具。

消费者作为消费主体，地理标志产品是否真正具有良好的市场发展前景，是否能助推经济的发展，从根本上取决于消费者的需求。据统计，关于消费者对地理标志白酒产品的购买意愿研究相对而言比较少，资料也相对匮乏，在市场上一直都存在许多假冒地理标志白酒产品以及地理标志产品质量不合格的现象。因此，为了探究地理标志白酒产品对消费者购买意愿的影响，以消费者作为研究对象展开调查，更好地促进地理标志产品的政策实施，推动地理标志产品的发展。

二、国内外研究现状

(一) 关于地理标志产品的研究

在内容上,《地理标志产品保护条例》明确规定了相关内容:地理标志产品是指原产于某一特定地理区域的产品,其质量、声誉或其他特征主要取决于该产地的自然和人文因素,并且经过核准和命名地理名称。迄今为止,地理标志产品有三个公认的要素:产品的原产地、产品的特点以及这些特点是否可归因于地理环境。

在作用上,戴晶 (2008) 认为地理标志产品之所以具备独特品质是因为地理标志产品本身的人文历史和特殊的地理环境,同时还会给潜在市场带来了巨大的经济效益。李建军、徐基南等 (2010) 学者认为人文历史也是最能代表区域独特魅力的地理标志产品的品牌形象。还有许多学者一致认为地理标志产品能够在一定程度上带动地区的经济发展、增强地区的品牌建设,从而提高商业产品的竞争力。郝建强 (2012) 通过研究地理标志产品在哪个方面最受人们关注,将人文历史作为本次研究的重要因素,并且最后的研究结果显示人文历史作为地理标志产品的重要因素都会被消费者所忽略。

在品牌建设上,王海忠和赵平 (2004) 通过实证研究最终证实了消费者对地理标志产品的态度与该产品的品牌形象呈正相关关系。苏悦娟 (2009) 研究发现,当发展地理标志产品的品牌形象时,应充分考虑各利益相关方的作用,以加强区域产业的品牌形象。谢敏通过调查问卷的方式获得相关数据,证明了品牌建设有利于提高地理标志产品之间的竞争力。

(二) 关于消费者认知的影响相关研究

认知是指通过心理活动 (如形成知觉、概念、判断和想象) 获取知识。消费者认知是消费者行为理论中的重要部分。以下几种因素是被学者普遍认同的主要影响因素:

认知质量。在已有的文献中,学者们认为产品品牌的认知质量对消费者的购买意愿呈正相关关系。Lin 和 Marshall (2009) 两位国外学者认为基于产品的质量，消费者对他们所熟悉的产品质量的认知也会增加，这反过来会对产品质量呈现出更积极的影响。

认知价格。消费者对价格的感知是他们期望的价格和实际价格之间的比较。Sinha 和 Bata（2005）认为价格比较便宜的产品会直接提高消费者的购买意愿。大量研究发现在消费者的眼中购买产品"最重要"的因素是低价，因为有些产品价格较低，消费者容易放弃购买制造商品牌，而去购买厂商自己所使用的品牌。

认知风险。影响消费者的需求偏好和购买意向的一个因素是感知风险。在其他因素稳定的情况下，风险小是消费者偏好的首要选择。根据相关文献的查阅发现认为消费者对品牌的认知风险越低，则购买意愿越强。

品牌形象。Steenkamp（1990）认为产品的品牌形象是消费者在特定环境下的心理变化，在心理上对产品的质量属性信息进行评估，导致购买更好的品牌产品。Kirmani（2000）认为消费者是通过地理标志白酒产品的内外部来感受品牌形象的不同方面，品牌和产品之间的关联对消费者基于认知的购买意愿有非常明显的影响。

（三）关于地理标志产品对消费者购买意愿的影响相关研究

1999 年欧盟的一项研究发现，约 40% 的消费者认为地理标志白酒产品具有更高的价值。在这方面，一半以上的被调查者认为值得支付更高的费用。外国学者对欧盟 15 个国家的调查显示，消费者希望购买低价以外一定范围内的地理标志白酒产品。占辉斌（2018）以地理标志产品黄山毛峰为例，认为消费者对地理标志产品的了解程度对其购买意愿有着重要的影响，随着了解程度的增加，消费者也愿意支付更高的价格去购买地理标志产品。马冰然（2018）在研究中发现，地理标志产品对消费者的购买意愿有显著的正向影响，而消费者的认知对消费者购买地理标志产品的意愿也有显著的正向影响，在整个模型中起着调节作用。换句话说，消费者认识水平越深，对地理标志产品的购买意愿就越强。张国政（2019）研究表明，消费者对地理标志产品质量和安全性的认识越高，就越倾向于购买该产品。郭超龙（2019）研究了消费者对地理标志产品的认识和购买意愿，认为消费者的教育水平和购买意愿之间存在积极的正向关系，高学历和高收入消费者是地理标志产品的潜在消费者。龙丽丽（2020）研究了消费者购买地理标志产品的意愿，结果显示，大部分消费者对地理标志产品不太了解，只有少数人有比较全面的认识，少数人只听说过地理标志产品，但不太了解。随着消费者的了解，80%的人愿意购买，有一半以上的被调查者愿意支付比地理标志产品更高的价钱。因此，认识对消费者购买地理标志产品具有重要作用。康伟玲（2022）以安溪铁观音为例，调查了消费者购买地理标志产品的意愿，结果显示，大多数消费者对地理标志产品溢价的承受能力是有限的，如果地理标志产品的溢价低于普通产品价格的 30%，更容易被消费者接受。

第二节　概念界定及理论基础

一、相关概念界定

（一）地理标志

地理标志是"原产地名称"演变而来的最终产物，最早提出地理标志定义的是 1883 年签署的《巴黎公约》，但是协议里并没有对地理标志的概念作出确切的定义。而第一次明确规定地理标志概念的是在 20 世纪 90 年代签署的《与贸易有关的知识产权协定》，并对地理标志下了定义。该协议中将地理标志定义为"地理标志是指用来证明某产品来自某一国家或者某一地区或地区内的某一个地点的标志。并在本质上将该产品的某些特殊的品质、信誉及其特点归根于该地理来源。当 2001 年我国加入世贸组织之时，重新修订的《中华人民共和国商标法》增加了对地理标志方面的相关规定，其将地理标志定义为："地理标志是指某一商品来自某一地区，该商品特殊的品质、声誉或者其他特点主要是由该地区的自然和人文两大因素所决定的标志。"这一定义也是目前我国对地理标志的定义使用最多的解释。

（二）购买意愿

Mullet 学者在 1985 年提出了购买意愿的相关概述，认为"购买意愿是指在外部因素的作用下，消费者对某产品或某品牌的态度，构成了消费者的购买意愿，将购买意愿看作消费者是否愿意购买产品的主观倾向，同时也表明了购买意愿可以用来作为预测消费行为的重要指标"。朱智贤（1985）认为，"购买意愿是消费者购买满足其需求的商品的心理顾问，是消费心理的表现，是购买意愿的前提"。Dodds学者在1991年发表的文章中提到"购买意愿是指消费者购买某种商品这一事件发生的可能性"。同时这一观念也受到了人们的一致肯定。大量学者常以这个定义作为基础，并在这个定义的基础上再加修改。更多的学者认为修改后的购买意愿是指消费者在购买商品前作出的相应购买计划。

二、理论基础

（一）消费者认知理论

认知过程要经历两个复杂的过程，一个是生理过程，另一个是心理过程。从心理学的角度来看，认知的最终结果是行为的发生，这个过程要经历个人心理活动的初始阶段，不仅要经历情感和行为，还要经历心理活动。人的认识在生理功能大脑的指导下，从简单到复杂，从低级到高级。心理功能也是一个负责任的过程，必须经过感知和理性认识，从客观到主观。人们所处的环境和其他条件的差异，例如个人的主观因素也导致了不同的认知现象。

一个产品或服务是否被消费者接受和使用，主要是消费者的认知问题。消费者的认知在决定是否购买产品方面起着重要作用，他们的购买决定是基于他们的认知，他们认为认知是真实的、无懈可击的，而不是基于理性和具体的思考。认知是消费者在主观和客观环境中，在熟悉的环境中，在其他外部条件的刺激下的思维表现，是选择、感知和使用个人信息的过程，是形成对事物的整体感知的反应。消费者的认知能力，即他们的注意力，受到许多主观和客观条件的限制。主观条件指的是心理和生理因素，如感知、记忆、动机、个性、情绪和态度。客观条件包括物理环境、社会环境、以前的条件等。

（二）消费者购买决策理论

消费者购买决策是一个过程，消费者仔细评估品牌、产品质量和服务，以选择和购买满足特定需求的产品。在经济理论中，消费者一般被认为是能够做出理性决定的代理人。这个假设被接受了，但很多研究者，无论是国内的还是国际的，都经常会拒绝这个理论模型，有多个方面的原因，如果和经济理论一样是合理的，消费者应该知道所有可以选择的方案，会正确地划分每个方案的优点和缺点，并作出最适合自己的选择。但实际上，消费者很少有机会充分理解和作出正确的选择。有时消费者会搜索有关所需产品条件的信息，选择最满意的信息，然后选择最满意的产品。因此，有时人们为了适应一时的购物心情而冲动地选择产品，就会产生并不正确的行为。

第三节 模型构建与研究假设

一、理论模型构建

该模型基于消费者认知理论和消费者购买决策理论，将地理环境、人文历史和品牌建设作为地理标志白酒产品的外部因素进行讨论，将产品品质、生产方式作为地理标志白酒产品的内部因素进行讨论，并提出白酒产品地理标志对消费者购买意愿有正向影响的假设，且消费者认知在其中还起着调节作用。因此，建立了白酒产品地理标志对消费者购买意愿影响的理论模型，如图14-1所示。

二、研究假设

通过整理白酒产品地理标志对消费者购买意愿影响因素的情况，将地理标志白酒产品的内外部因素以及消费者认知因素进行研究讨论，同时消费者认知在其中还起着调节的作用。

（一）白酒产品外部因素对消费者购买意愿的影响

1. 地理环境与消费者购买意愿。

地理环境是一个广泛的统称，指的是白酒产品的原产地或出产地的自然资源、气候、水源、土壤和其他因素。杨锐征（2011）指出该产业具有一定的特殊性，高度依赖产地的地理环境，气候、光照、微生物等因素，这些因素对产品的产量和质量都有影响。因此，地理标志产品依赖于原产地的自然条件，与原产地

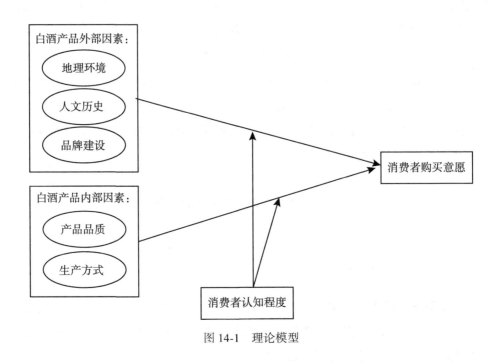

图 14-1 理论模型

的自然环境密切相关。陈思（2013）认为地理标志产品独特的自然环境条件是消费者购买地理标志产品的一个核心要素。综上所述，提出假设如下：

H1：地理环境对消费者的购买意愿有正向影响。

2. 人文历史与消费者购买意愿。

中国一直以丰富悠久的历史闻名于世。与国外相比，具有地理标志的产品在中国建立的时间并不长，但在短时间内发展迅速，这主要是由于中国拥有优秀的文化遗产和历史典故。陈思（2013）认为历史和文化是地理标志产品的一个基本和重要特征。显然，历史和文化差异导致消费者对白酒产品的兴趣程度不同。综上所述，提出假设如下：

H2：人文历史对消费者的购买意愿有正向影响。

3. 品牌建设与消费者购买意愿。

白酒市场的竞争十分激烈，绝大部分的消费者被众多的烈酒产品弄得眼花缭乱。地理标志是具有强大社会影响力的区域品牌，它们也是对具有地理标志的精神饮料的质量和文化特征的认可，所以消费者在购买白酒时更喜欢地理标志白酒产品。崔艳阳（2022）在关于品牌价值对消费者购买意愿影响的研究中证实，品牌强烈地影响着消费者的购买意向，甚至可以改变消费者的偏好。综上所述，提出假设如下：

H3：品牌建设对消费者的购买意愿具有正向影响。

（二）白酒产品内部因素对消费者购买意愿的影响

1. 产品品质与消费者购买意愿。

随着生活水平的不断提高，人们在购买白酒时有了更多的选择，加之消费者收入的增加，对白酒的功效要求也越来越高。在竞争激烈的白酒市场，产品的质量一直是白酒产品最基本、最重要的保证，也是消费者关注的焦点。周安宁等（2012）学者证明了消费者愿意为高品质的地理标志产品来支付额外的费用。地理标志产品的产品质量是消费者一直重视的关键。综上所述，提出假设如下：

H4：产品品质对消费者的购买意愿有正向影响。

2. 生产方式与消费者购买意愿。

中国的白酒多种多样，具有鲜明的工艺特色。最重要的是，具有地理标志的利口酒产品与特定的生产方式有关，由于生产方式不同，各种产品的口味、质量和形象可能有一定的差异。陈思（2013）认为产品的质量和种植的方式等属于生产方式的影响因素都对消费者认知和消费有一定的影响。可见，特定的生产方式作为影响因素在某程度上会对消费者有所影响。综上所述，提出假设如下：

H5：生产方式对消费者的购买意愿有正向影响。

（三）消费者认知对消费者购买意愿的影响

当消费者对某个地理标志白酒产品有一定的了解时，可能会影响购买的意愿，但这种影响是积极的还是消极的，取决于相关因素，如地理标志白酒产品的质量和形象，以及是否满足消费者的购买偏好。Rossiter（2004）研究了信息效率和消费者认知之间的关系，并得出结论：尽管消费者可获得的客观信息非常有限，但他们在分析和识别产品后，仍然能够对产品的质量和功能作出一个判断。这种判断可能与客观事实不完全一致，但足以满足消费者在这种认知的基础上作出理性的购买决定。中国的许多学者在研究中也注意到，近年来地理标志产品的数量和种类不断增加，但由于缺乏广告和推广，很多消费者在市场上对品牌产品都没有表现出太多的兴趣。周应恒（2014）采用不同的研究方法，在上海家乐福店进行了一次消费者调查，发现可追溯性的存在与否会影响消费者对产品的了解和认识，从而影响购买意愿。研究还表明，随着人们对可追溯性产品认识的提高，他们的购买意愿也随之提高。可见，消费者的认知可以直接影响消费者的购买意愿。综上所述，提出假设如下：

H6：消费者认知对消费者的购买意愿有正向影响。

（四）消费者认知的调节作用

消费者对产品的整体认识来自产品的质量和形象，根据消费者收到的信息形成对产品的理解，通过分析和联想进行评价。认知程度在地理标志白酒产品购买中起调节作用。杨智（2016）将消费者认知作为调节变量，研究认知程度以及绿色认证对品牌信任的影响。杨一翁（2016）分析了消费者认知作为调节变量与消费者购买意愿的关系。当消费者在识别地理标志白酒产品时，愿意根据真实有效的信息购买，也愿意花费相对更高的价格购买高质量地理标志白酒产品。反之，在没有一定的意识下，劣质白酒产品和地理标志白酒产品在同一个市场混在一起，消费者认为地理标志白酒产品的质量下降，消费者的购买意愿大大降低。从长远来看，地理标志白酒的市场将逐渐被劣质白酒取代。可见消费者对同一产品有不同的认识，可以改变消费者的决定。简单地说，消费者的认知越高，消费倾向越强。综上所述，提出假设如下：

H7：消费者认知在地理环境对消费者购买意愿的影响模型中起着正向调节作用。

H8：消费者认知在人文历史对消费者购买意愿的影响模型中起着正向调节作用。

H9：消费者认知在品牌建设对消费者购买意愿的影响模型中起着正向调节作用。

H10：消费者认知在产品品质对消费者购买意愿的影响模型中起着正向调节作用。

H11：消费者认知在生产方式对消费者购买意愿的影响模型中起着正向调节作用。

总结所有研究假设，得到表 14-1：

表 14-1　　　　　　　　　　　　研究假设汇总

序号	研究假设内容
H1	地理环境对消费者的购买意愿有直接正向影响
H2	人文历史对消费者的购买意愿有直接正向影响
H3	品牌建设对消费者的购买意愿有直接正向影响
H4	产品品质对消费者的购买意愿有直接正向影响
H5	生产方式对消费者的购买意愿有直接正向影响
H6	消费者认知对消费者的购买意愿有直接正向影响
H7	消费者认知在地理环境对消费者购买意愿的影响模型中起着正向调节作用
H8	消费者认知在人文历史对消费者购买意愿的影响模型中起着正向调节作用
H9	消费者认知在品牌建设对消费者购买意愿的影响模型中起着正向调节作用
H10	消费者认知在产品品质对消费者购买意愿的影响模型中起着正向调节作用
H11	消费者认知在生产方式对消费者购买意愿的影响模型中起着正向调节作用

值得注意的是，想要得出更科学、更有经验的结论，就必须设置控制变量。为了保证其真实性以及可行性，将消费者的个体特征作为整体模型的控制变量。即性别、年龄、文化程度、月收入和工作单位。

第四节　问卷设计与数据收集

一、研究量表选取

以地理环境、历史文化、品牌建设、产品品质以及生产方式五个因素为自变量，有 16 个测量题项；消费者认知为调节变量，同时也是自变量，有 2 个测量题项；消费者购买意愿为因变量，有 4 个测量题项。

参照陈思、Burns、周安宁等研究者在文献中的问卷量表,地理环境的测量点有 3 个,分别是地理位置、气候条件和原料条件。

参照陈思、史韵琪、牛永革、蔺全录等研究者在文献中的问卷量表,人文历史的测量点有 3 个,分别是历史传承、文化内涵与声誉和历史内涵。

参照张海龙和 Peterson 等研究者在文献中的问卷量表,品牌建设的测量点有 3 个,分别是品牌知名度、品牌辨识度和品牌认同度。

参照陈思和陈素梅学者在文献中的问卷量表,产品品质的测量点有 3 个,包括体验满意度、质量认可度和质量认可度。

参照陈思、蔺全录和史韵琪等研究者在文献中的问卷量表,生产方式的测量点有 4 个,分别是工艺的可靠性、品种的独特性、工艺的水平以及口味的独特性。

参照唐晶、张淑云、张国政等研究者在文献中的问卷量表,消费者认知的测量点有 2 个,分别是认知的质量和认知的程度。

参照王家宝、尚家栋和陈思等研究者在文献中的问卷量表,购买意愿的测量点有 4 个,分别是重复购买、购买意愿的程度、对产品信息的关注和对溢价的态度。

二、问卷设计

调查问卷采用李克特 5 级量表进行测量,其中 5 个等级的选项分别为非常不同意、不同意、一般、同意、非常同意,所对应分值为 1 分、2 分、3 分、4 分、5 分。即分值越高,代表消费者同意该观点的程度就越高。并结合地理环境、人文历史、品牌建设、产品品质、生产方式、消费者认知以及消费者购买意愿七个维度的关键测量点设计出具体相关题项,要求消费者根据自身情况作出相应的判断。

问卷整体结构分为四个部分:第一部分是消费者的基本情况;第二部分是关于消费者对白酒产品地理标志认知情况的相关题项;第三部分是关于各个变量对消费者购买意愿影响的相关题项;第四部分是关于消费者购买意愿的相关题项。

三、数据收集

由于采用的是问卷调查法，主要通过网上调查来收集数据。为了保证问卷的可信度和最大限度地提高被调查者的随机性，问卷在全国范围内发放，调查对象来自各行各业。本次问卷共发出 350 份，其中有效问卷有 314 份，有效回收率为 89.71%。

第五节　数据分析与验证假设

一、描述性统计分析

表 14-2 选取了年龄、性别、文化程度、月收入以及工作单位进行统计分析。

表 14-2　　　　　　　　　　**样本基本特征描述**

名称	类别	频率	百分比（%）
年龄	18 岁以下	0	0
	18~27 岁	48	15.29
	28~37 岁	91	28.98
	38~47 岁	122	38.85
	48~57 岁	45	14.33
	58 岁以上	8	2.55
性别	男	166	52.87
	女	148	47.13
文化程度	初中及以下	5	1.59
	高中	6	1.91
	中专	32	10.19
	大专	113	35.99
	本科	109	34.71
	研究生	41	13.06
	其他	8	2.55

续表

名称	类别	频率	百分比（%）
月收入（元）	2000 元以下	8	2.55
	2001~4000 元	41	13.06
	4001~6000 元	72	22.93
	6001~8000 元	77	24.52
	8001~10000 元	57	18.15
	10001~12000 元	32	10.19
	12001~14000 元	15	4.78
	14001~16000 元	7	2.23
	16001 元以上	5	1.59
工作单位	外资企业	89	28.34
	政府部门	29	9.24
	事业单位	32	10.19
	国有企业	16	5.1
	民营企业	115	36.62
	其他单位	32	10.19
	学生	1	0.32

从表 14-2 中可以看出：（1）消费者的年龄主要集中在 38~47 岁。占总人数的 38.85%，这可能与调查内容地理标志白酒产品购买意愿有关，所以通常是中年消费者所占比例会相对更大一些，其次是年龄区间在 28~37 岁的消费者人数占比比较大，这可能是因为采用的是网上填写的方式，而这种方式更受年轻人的喜爱；（2）消费者的性别分布比较平均，差距不大，女性占总人数的 47.13%，男性占总人数的 52.87%；（3）在文化程度的题项中，大专占总人数的 35.99%，占比最大，其次是本科占总人数的 34.71%，而占比最小的是初中以下；（4）消费者的月收入占比最大的区间范围是 6001~8000 元，占比最小的区间范围是 16001 元以上，主要集中在 2000~12000 元之间；（5）消费者的工作单位性质主要以外资企业和民营企业为主。

二、信度效度分析

(一)信度检验

信度检验选择了 Cronbach's Alpha 系数进行可靠性分析。如果信度系数低于 0.7，那么有必要考虑重新设计问卷；如果信度系数在 0.7~0.8，那么量表可以通过效度检验；如果信度系数在 0.8~0.9，那么量表具有良好的信度；如果信度系数高于 0.9，那么量表具有非常好的信度。(见表 14-3)

表 14-3 　　　　　　　　　　　 **变量信度分析结果**

变量	题项数	Cronbach's Alpha
地理环境	3	0.854
人文历史	3	0.885
品牌建设	3	0.852
产品品质	3	0.826
生产方式	4	0.740
消费者认知	2	0.779
购买意愿	4	0.900

从表 14-3 可以看出，地理环境、人文历史、品牌建设、产品质量、生产方式、消费者认知、购买意向七个变量均通过了信度检验，各变量的信度系数均达到 0.7 以上，分别为 0.854，0.885，0.852，0.826，0.740，0.779 和 0.900。其中，地理环境、人文历史、品牌建设、产品品质和购买意愿的信任系数达到 0.8 以上。综上所述，消费者对地理标志白酒产品购买意愿的调查问卷全部通过了检验。

(二)效度检验

效度检验是用来检验问卷的有效性。使用了 KMO 和 Bartlett's 球形检验来检验变量是否符合因子分析的条件。(见表 14-4)

表 14-4　　　　　　　　　　**KMO 和 Bartlett 的球形度检验**

取样足够度的 Kaiser-Meyer-Olkin 度量		0.974
Bartlett 的球形度检验	近似卡方	5997.832
	自由度	231
	显著性	0.000

从表 14-4 可以看出，KMO 值为 0.974，说明很适合做因子分析；Bartlett 球形检验的近似卡方值为 5997.832，df 值为 231 达到显著，Sig 值为 0.000，拒绝初始假设，符合显著性水平。

三、相关分析

通过对每个变量进行交叉相关检验，可采用皮尔逊相关分析来研究变量之间的相关程度和方向。相关系数的范围是 -1~1。如果相关系数在 0~1，则是正相关；如果相关系数在 -1~0，则是负相关的。（见表 14-5）

表 14-5　　　　　　　　　　**相关分析结果**

	消费者认知	地理环境	人文历史	品牌建设	产品品质	生产方式	购买意愿
消费者认知	1						
地理环境	0.696**	1					
人文历史	0.714**	0.920**	1				
品牌建设	0.558**	0.843**	0.876**	1			
产品品质	0.610**	0.853**	0.849**	0.851**	1		
生产方式	0.574**	0.784**	0.768**	0.787**	0.815**	1	
购买意愿	0.672**	0.851**	0.858**	0.833**	0.830**	0.799**	1

从表 14-5 可以看出，消费者认知、地理环境、人文历史、品牌建设、产品质量和生产方式的相关系数分别为 0.672，0.851，0.858，0.833，0.830 和 0.799。相关系数的绝对值都在 0.6 以上，说明这六个变量与购买意向在 0.01 水

平上显著相关，且与购买意向呈正相关。这也说明，各变量之间的相关性较强，变量选择合理。

四、回归分析

以地理环境、人文历史、品牌建设、产品品质和生产方式这五个作为自变量，以消费者购买意愿作为因变量进行回归分析，得到表 14-6、表 14-7、表 14-8。

表 14-6　　　　　　　　　　　　**模 型 汇 总**

模型	R	R^2	调整后 R^2	标准估算的错误
1	0.896	0.803	0.800	0.33150

表 14-7　　　　　　　　　　　　　　**Anova**

模型		平方和	自由度	均方	F	显著性
1	回归	137.758	5	27.552	250.712	0.000
	残差	33.847	308	0.110		
	总计	171.605	313			

表 14-8　　　　　　　　　　　　**回 归 系 数**

模型		未标准化系数		标准化系数	t	显著性	共线性统计	
		B	标准错误	Beta			容差	VIF
1	（常量）	0.250	0.108		2.320	0.021		
	地理环境	0.198	0.072	0.193	2.755	0.006	0.131	7.661
	人文历史	0.283	0.074	0.282	3.809	0.000	0.117	8.557
	品牌建设	0.147	0.063	0.137	2.324	0.021	0.183	5.451
	产品品质	0.141	0.060	0.137	2.334	0.020	0.186	5.379
	生产方式	0.207	0.046	0.211	4.523	0.000	0.293	3.414

从表 14-6 可以看出，模型的 R^2 为 0.803，说明自变量解释了因变量 80.0% 的变异性，拟合度比较好。

从表 14-7 中可以看出，F 值为 250.712，与之相对应的 Sig. 值为 0.000，并通过了方程的显著性检验。

从表 14-8 中可以看出，地理环境、人文历史、品牌建设这三个因素作为地理标志白酒产品的外部因素，回归系数分别是 0.198，0.283，0.147，产品品质和生产方式作为地理标志产品的内部因素，回归系数分别是 0.141，0.207，其中对消费者购买意愿影响最大的是人文历史，其次分别是生产方式、地理环境、品牌建设、最小的是产品品质。

五、消费者认知的调节作用分析

首先将自变量与消费者意愿进行一次回归分析，其次将消费者认知作为自变量加入到模型中再进行一次回归分析，最后在此步骤基础上将自变量和消费者认知的乘积项再次加入模型中进行一次回归分析。

（一）消费者认知对地理环境与消费者购买意愿的调节作用

从表 14-9 中可以看出，在模型 1 中，只有地理环境一个自变量进行回归分析，地理环境 Sig. 值为 0.000，并通过了模型 1 的显著性检验，回归系数是 0.871，验证了地理环境与消费者购买意愿之间呈现正相关关系；在模型 2 中，将消费者认知和地理环境一起加入到模型 2 中，Sig. 值为 0.000，也通过了模型 2 的显著性检验，地理环境的回归系数为 0.760，消费者认知的回归系数为 0.131；在模型 3 中，在原来步骤的基础上加上地理环境和消费者认知的乘积交互项做回归分析，发现乘积交互项 Sig. 值为 0.870，没有通过模型 3 的显著性检验，表明消费者认知在地理环境与消费者购买意愿之间是不存在调节作用的，假设 H7 不成立。

表 14-9 消费者认知调节作用

模型		未标准化系数		标准化系数	t	显著性	R^2	F
		B	标准错误	Beta				
1	（常量）	0.757	0.111		6.834	0.000	0.724	817.561
	地理环境	0.871	0.030	0.851	28.593	0.000		
2	（常量）	0.677	0.110		6.130	0.000	0.736	434.074
	地理环境	0.760	0.041	0.743	18.320	0.000		
	消费者认知	0.131	0.034	0.155	3.834	0.000		
3	（常量）	0.724	0.307		2.358	0.019	0.736	288.486
	地理环境	0.744	0.106	0.727	7.042	0.000		
	消费者认知	0.116	0.094	0.138	1.244	0.215		
	乘积项	0.005	0.028	0.030	0.164	0.870		

（二）消费者认知对人文历史与消费者购买意愿的调节作用

从表 14-10 中可以看出，在模型 1 中，只有人文历史一个自变量进行回归分析，人文历史 Sig. 值为 0.000，并通过了模型 1 的显著性检验，回归系数是 0.862，验证了人文历史与消费者购买意愿之间呈现正相关关系；在模型 2 中，将消费者认知和人文历史一起加入到模型 2 中，Sig. 值分别为 0.003 和 0.000，也通过了模型 2 的显著性检验，人文历史的回归系数为 0.775，消费者认知的回归系数为 0.102；在模型 3 中，在原来步骤的基础上加上人文历史和消费者认知的乘积交互项作回归分析，发现乘积交互项 Sig. 值为 0.552，没有通过模型 3 的显著性检验，表明消费者认知对人文历史与消费者购买意愿之间是不存在调节作用的，假设 H8 不成立。

表 14-10　　　　　　　　　　　　消费者认知调节作用

模型		未标准化系数		标准化系数	t	显著性	R^2	F
		B	标准错误	Beta				
1	（常量）	0.635	0.111		5.706	0.000	0.737	837.316
	人文历史	0.862	0.029	0.858	29.552	0.000		
2	（常量）	0.590	0.111		5.316	0.000	0.744	451.894
	人文历史	0.775	0.041	0.772	18.846	0.000		
	消费者认知	0.102	0.034	0.121	2.959	0.003		
3	（常量）	0.751	0.293		2.568	0.011	0.744	300.755
	人文历史	0.723	0.097	0.720	7.479	0.000		
	消费者认知	0.052	0.090	0.062	0.578	0.564		
	乘积项	0.015	0.026	0.104	0.595	0.552		

（三）消费者认知对品牌建设与消费者购买意愿的调节作用

从表 14-11 中可以看出，在模型 1 中，只有品牌建设一个自变量进行回归分析，品牌建设 Sig. 值为 0.000，并通过模型 1 的显著性检验，回归系数是 0.890，验证了品牌建设与消费者购买意愿之间呈现正相关关系；在模型 2 中，将消费者认知和地理环境一起加入模型 2 中，Sig. 值为 0.000，也通过了模型 2 的显著性检验，品牌建设的回归系数为 0.708，消费者认知的回归系数为 0.255；在模型 3 中，在原来步骤的基础上加上品牌建设和消费者认知的乘积交互项作回归分析，发现乘积交互项 Sig. 值为 0.599，通过了模型 3 的显著性检验，表明消费者认知对品牌建设与消费者购买意愿之间是不存在调节作用的，假设 H9 不成立。

表 14-11　　　　　　　　　　　　消费者认知调节作用

模型		未标准化系数		标准化系数	t	显著性	R^2	F
		B	标准错误	Beta				
1	（常量）	0.419	0.133		3.146	0.002	0.688	689.536
	品牌建设	0.890	0.034	0.830	26.259	0.000		

续表

模型		未标准化系数		标准化系数	*t*	显著性	R^2	*F*
		B	标准错误	Beta				
2	（常量）	0.194	0.122		1.597	0.111	0.752	471.487
	品牌建设	0.708	0.036	0.660	19.408	0.000		
	消费者认知	0.255	0.029	0.304	8.924	0.000		
3	（常量）	0.375	0.365		1.028	0.305	0.752	313.685
	品牌建设	0.654	0.109	0.610	5.988	0.000		
	消费者认知	0.200	0.108	0.238	1.847	0.066		
	乘积项	0.016	0.030	0.104	0.526	0.599		

（四）消费者认知对品牌建设与消费者购买意愿的调节作用

从表14-12中可以看出，在模型1中，只有产品品质一个自变量进行回归分析，产品品质 Sig. 值为 0.000，并通过了模型1的显著性检验，回归系数是 0.852，验证了产品品质与消费者购买意愿之间呈现正相关关系；在模型2中，将消费者认知和产品品质一起加入到模型2中，Sig. 值为 0.000，也通过了模型2的显著性检验，产品品质的回归系数为 0.687，消费者认知的回归系数为 0.222；在模型3中，在原来步骤的基础上加上产品品质和消费者认知的乘积交互项作回归分析，发现乘积交互项 Sig. 值为 0.018，也通过了模型3的显著性检验，表明消费者认知对产品品质与消费者购买意愿之间是存在调节作用的，假设H10成立。

表 14-12　　　　　　　　　消费者认知调节作用

模型		未标准化系数		标准化系数	*t*	显著性	R^2	*F*
		B	标准错误	Beta				
1	（常量）	0.733	0.121		6.040	0.000	0.689	691.301
	产品品质	0.852	0.032	0.830	26.293	0.000		

续表

模型		未标准化系数		标准化系数	t	显著性	R^2	F
		B	标准错误	Beta				
2	（常量）	0.533	0.116		4.594	0.000	0.733	426.484
	产品品质	0.687	0.038	0.669	18.092	0.000		
	消费者认知	0.222	0.031	0.264	7.139	0.000		
3	（常量）	0.062	0.371		0.167	0.867	0.734	285.629
	产品品质	0.838	0.119	0.816	7.017	0.000		
	消费者认知	0.358	0.106	0.426	3.361	0.001		
	乘积项	0.042	0.032	0.280	1.334	0.018		

（五）消费者认知对生产方式与消费者购买意愿的调节作用

从表 14-13 中可以看出，在模型 1 中，只有生产方式一个自变量进行回归分析，生产方式 Sig. 值为 0.000，并通过了模型 1 的显著性检验，回归系数是 0.784，验证了生产方式与消费者购买意愿之间呈现正相关关系；在模型 2 中，将消费者认知和生产方式一起加入模型 2 中，Sig. 值为 0.000，也通过了模型 2 的显著性检验，生产方式的回归系数为 0.604，消费者认知的回归系数为 0.282；在模型 3 中，在原来步骤的基础上加上生产方式和消费者认知的乘积交互项作回归分析，发现乘积交互项 Sig. 值为 0.009，也通过了模型 3 的显著性检验，表明消费者认知对生产方式与消费者购买意愿之间是存在调节作用的，假设 H11 成立。

表 14-13　　　　　　　　　　消费者认知调节作用

模型		未标准化系数		标准化系数	t	显著性	R^2	F
		B	标准错误	Beta				
1	（常量）	0.985	0.125		7.864	0.000	0.638	550.263
	生产方式	0.784	0.033	0.799	23.458	0.000		

续表

模型		未标准化系数		标准化系数	t	显著性	R^2	F
		B	标准错误	Beta				
2	（常量）	0.622	0.118		5.285	0.000	0.717	393.688
	生产方式	0.604	0.035	0.615	17.069	0.000		
	消费者认知	0.282	0.030	0.335	9.297	0.000		
3	（常量）	1.168	0.342		3.412	0.001	0.719	265.014
	生产方式	0.431	0.108	0.439	4.008	0.000		
	消费者认知	0.116	0.102	0.138	1.142	0.025		
	乘积项	0.050	0.030	0.332	1.699	0.009		

第六节 结论与建议

一、研究结论

1. 检验结果汇总。

基于之前的分析，得出地理环境、人文历史、品牌建设、产品质量和生产方式 5 个因素对消费者的购买意愿都有明显的正向影响。消费者认知在地理标志白酒产品内外部因素对消费者的购买意愿起着调节作用得到了部分验证。综上所述，得到表 14-14：

表 14-14　　　　　　　　　　检验结果汇总

序号	内　　容	结果
H1	地理环境对消费者购买意愿具有直接的正向影响	成立
H2	人文历史对消费者购买意愿具有直接的正向影响	成立
H3	品牌建设对消费者购买意愿具有直接的正向影响	成立
H4	产品品质对消费者购买意愿具有直接的正向影响	成立
H5	生产方式对消费者购买意愿具有直接的正向影响	成立

续表

序号	内　　容	结果
H6	消费者认知对消费者购买意愿具有直接的正向影响	成立
H7	消费者认知在地理环境对消费者购买意愿的影响模型中起着正向调节作用	不成立
H8	消费者认知在人文历史对消费者购买意愿的影响模型中起着正向调节作用	不成立
H9	消费者认知在品牌建设对消费者购买意愿的影响模型中起着正向调节作用	不成立
H10	消费者认知在产品品质对消费者购买意愿的影响模型中起着正向调节作用	成立
H11	消费者认知在生产方式对消费者购买意愿的影响模型中起着正向调节作用	成立

2. 研究结果分析。

首先，从地理标志白酒产品的外部因素来看，地理环境、人文历史和品牌建设都对消费者的购买意愿有明显的正向影响，即地理环境越好，历史文化传承越久、品牌建设越完善，消费者购买意愿就越强；从地理标志白酒产品的内部因素来看，产品质量和生产方式对消费者的购买意愿有明显的正向影响，即产品质量越高，生产方式越规范，消费者购买意愿就越强。

其次，消费者认知对消费者的购买意愿有明显的正向影响，即消费者的认知程度越高，消费者的购买意愿就越强。

最后，消费者认知在地理环境、人文历史、品牌建设与消费者购买意愿影响之间的调节作用结果并不明显，有效验证了消费者认知在产品品质和生产方式与消费者购买意愿的影响之间存在正向的调节作用，即消费者认知对地理标志白酒产品的外部因素没有明显的正向调节作用；而消费者认知对地理标志白酒产品的内部因素存在明显的正向调节作用，说明消费者认知水平越高，就会增强对地理标志白酒产品的购买。

二、建议对策

（一）地理环境远程监管

第一，严格监测生态环境。良好的自然生态环境是决定白酒质量的关键，在严格监控原料生长的过程中，可以使用远程视频监控系统，对种植区进行监控和检查，以确保生态系统的健康和稳定。

第二，设置专业监督人员。利用环境检测设备等高科技手段检查当地生态环境，确保白酒产品的原料种植区没有土壤和水污染的痕迹。同时，要注意汽车尾气，选择离道路较近的种植区。

（二）历史文化影视宣传

第一，积极开展各类公众参与活动。如白酒文化交流会、品鉴会、节庆活动等大型活动，这些活动一方面能吸引社会各界人士，还为地理标志产品的推广提供了一个非常好的平台；另一方面，也易于向消费者传递地理标志产品的信息，让消费者更好地了解地理标志产品相关的历史文化。

第二，使用互联网宣传地理标志产品。目前自媒体是营销的热点，充分利用当前互联网发达的优势，建立良好的网络平台，在抖音、快手、小红书等短视频平台上，以当地特色、风土人情、故事等为基础制作纪录片或短视频，宣传地理标志白酒产品的相关文化和工艺，从而引起消费者的关注和认识。

（三）强化品牌建设意识

第一，企业要积极与地方政府合作。根据相关法律法规和政策全面宣传自己的地理标志品牌，知晓品牌的明显差异化，结合当地情况和市场需求，制定适合自己的推广方式和手段。

第二，引导行业树立品牌建设意识。充分发挥政府职能，积极引导、支持各种地理标志白酒产品行业协会的成立，并增强协会的品牌意识。这样政府不仅可以建立起与企业之间的沟通桥梁，还可以建立起高效的协作机制。

第十四章　白酒地理标志产品空间分布
特征与认证效果分析

第一节　导　　言

一、研究背景

目前，国际上认为《TRIPS 协议》是对于地理标志保护而言的最高公约。在 1994 年，地理标志保护才被世界贸易组织归入 TRIPS 中。全球也是从此时开始兴起对地理标志的保护。相对我国而言，对地理标志的研究和保护是比较晚的，到了 20 世纪 80 年代才开始完善相关的法律和管理体系。我国在 2001 年学习国际经验发布了《商标法》，2005 年 6 月 7 日国家质检总局吸取了《原产地域产品保护规定》和《原产地标记管理规定》的经验，发布了《地理标志产品保护规定》并在当年 7 月 15 日开始实施，为此我国地理标志产品保护工作开始有了新的进展。

地理标志是指对某一地区特有的产品规定范围并进行保护，它对推进酒类地理标志产品的市场开拓有着重要的意义。随着国内酒类地理标志保护工作的推进，我国酒类地理标志产品日渐丰富，也有许多学者开展了对酒类地理标志产品的研究。我国学者对酒类地理标志产品的研究大多是在白酒方面，对酒类地理标志产品的研究多在于酒类地理标志产品保护、酒类地理标志产品品牌等方向，从事地理学和经济学方向的研究较少。还有大多数学者先前都是研究农产品或其他类型的产品，他们缺少对酒类地理标志产品的研究。因此，基于三个主要部门统计的白酒地理标志的产品数量，分析研究白酒地理标志产品空间分布特征与认证

224

效果，为酒类地理标志产品的保护和发展提供参考。

二、国内外研究现状

（一）地理标志产品空间分布的相关研究

1. 地理标志产品空间分布特征的方法。

通过对相关文献进行梳理发现，国外对地理标志产品空间分布的研究较少，而国内学者们进行空间分布特征的研究的方法主要有地理集中指数法、核密度估计法、最近邻指数法等。

地理集中指数法。通常用来测量区域的地理要素的集中程度，这种方法被大部分学者用来作为对地理标志产品空间分布特征的研究方法。韩磊等学者（2018）用地理集中指数法反映了湖北省地理标志的分异特征。徐英等学者（2019）用地理集中指数法来测量贵州省农产品地理标志的空间集中程度。王懋楠等学者（2022）用地理集中指数法来反映山东省农产品地理标志的空间分布特征。

核密度估计法。通常用来分析地理标志产品的空间集聚特征。刘海兰等学者（2021）就用了这种方法来研究中药材地理标志的空间分布特征以及药用植物种质资源的空间分布特征。郜尧禹等学者（2022）用核密度估计法研究全国茶叶地理标志产品，发现全国茶叶地理标志产品核密度分布呈明显组团分布。李景相、何元凯（2022）用核密度估计法来分析广西地理标志空间分布的密度分布特征。

最近邻指数法。少部分学者用此方法来分析地理标志产品的空间集聚特征。卜长利（2020）用最近邻指数法分析农产品地理标志中心点的集聚特征。

2. 地理标志产品空间分布特征。

通过对相关文献的梳理可知，学者们在对地理标志产品进行空间分布特征的研究时，主要是通过全国和省际范围进行分析，得出了全国范围内的空间分布特征存在非均衡性，省际范围的空间分布特征存在不均匀性的观点。

非均衡性。夏龙等学者（2015）对中国农产品地理标志的研究发现，其空间分布特征存在非均衡性。朱晓风等学者（2021）对家禽类地理标志产品在全国范围内的空间分布特征的研究发现，其同样存在空间非均衡特征。王弘儒、秦文晋

（2023）通过以中国地理标志产品为研究对象，对其进行空间分布特征分析，得出山东省分布的地理标志产品最多，而山东和新疆则是水果类注册最多的地方，依旧有空间分布非均衡的特征。

不均匀性。刘华军（2011）通过研究我国地理标志产品的空间分布特征，结果表明其存在不均衡性，其中地理标志在东部数量较多，地理标志在中西部除四川以外的地区、东北地区的数量较少。Liu G 等学者（2016）认为中国农产品地理标志在我国东南部的分布呈现高密度，其他地方却较少。汪军能等学者（2022）则对广西地理标志产品空间分布特征进行研究发现，其同样具有不均匀性，其中分布形态有着"北密南疏，区域集聚"的特征。

（二）地理标志与酒类产品发展的相关研究

依据相关文献可知，学者们在酒类地理标志产品的研究中，主要是从酒类地理标志产品的品牌建设，以及对酒产品实施地理标志产品后的产业发展进行研究。

品牌建设。众多学者认为，酒类地理标志产品的品牌建设存在着管理以及塑造方面的问题，同时也认为品牌建设对其发展有促进作用。詹爱岚、毛姗姗（2012）以绍兴黄酒地理标志产品为例，得出了绍兴黄酒的发展需要对品牌进行一定的孕育和维护，并且还针对政府、企业及协会关系不清的问题提出了加强政府立法，要完善酒类协会管理机制，建立企业和品牌战略地理标志管理模式。余琨岳（2016）研究了川酒的品牌塑造系统、动力、机制、参与主体以及成果，发现川酒品牌塑造存在问题，并提出有关建议。认为地理标志品牌塑造对保护和利用川酒有关资源，对川酒的发展起着重要作用。唐宏、严婷婷（2018）以地理标志产品邛酒为例，研究其品牌形象塑造，发现其品牌创新不足、意识不够、缺乏形象塑造，提出需要构建品牌地理标志形象，才能更好地推进邛酒的发展。王晶等学者（2022）认为贺兰山东麓葡萄酒品牌存在品牌拥有者和使用者错位、企业对区域品牌认知不够、品牌建设资金投入不够等问题。

产业发展。学者们认为酒产品认证地理标志能够促进其产业发展。周珈亦（2019）对绍兴黄酒进行研究，研究结果表明绍兴黄酒在认证之后，有 1/5 家企业获得其商标使用权，这不仅可以提升绍兴黄酒知名度，还能促进每个绍兴黄酒品牌的销量。Lubinga M. H. 等学者（2021）认为认证地理标志能够增加葡萄酒的出口量，并且地理标志对南非与欧盟出口葡萄酒起到了重要的促进作用。

（三）顾客感知价值与购买行为相关研究

通过对相关文献的收集与整理，分析得出学者们通过研究不同产品的顾客感知价值，并且得出结论为产品的顾客感知价值对消费者购买行为有影响。学者们在对产品的顾客感知价值维度进行研究时得出对消费者购买行为影响更大的有功能价值、情感价值、经济价值、安全价值几个维度：

功能价值。Woo E. 等学者（2019）在对绿色产品感知价值进行研究时分析得出，功能价值对消费者购买意愿的影响最强。

情感价值。刘议蔚、王玉斌（2021）研究发现，消费者认为特色农产品感知价值中的情感价值对购买行为意向的效用最大。

经济价值。于佳（2012）通过对绿色产品实证分析得出，经济价值对购买行为有正相关关系。

安全价值。张国政等学者（2017）基于认证农产品，根据农产品顾客感知价值在维度上的分析，得出包括功能价值、情感价值、经济价值、环境友好价值、安全价值五个维度，结果表明对认证农产品购买意愿影响最显著的是安全价值。

第二节 概念界定及理论基础

一、相关概念界定

（一）地理标志

地理标志最先是在产地标记、原产地名称的基础上演化而来。产地标记指的是将某国作为某原产国的标识，但该地产品的质量与特征、产品信誉都与其无关。而原产地名称不仅起源于该地，产品的质量、信誉都归因于该地的地理环境，包含了人文或自然因素。国际条约最先在 1883 年《巴黎公约》提出并规定了相关的保护法律，其中规定工业产权的保护对象包含了产地标记或原产地名称。但国际条约并未提出地理标志的概念，对地理标志进行定义是在 1994 年由《TRIPS 协议》（关贸总协定知识产权协议）提出，并且在该协议的第 22 条第 1 款说明了地理标志的定义："地理标志是指用来辨别某一产品源自成员区域或该成员区域内的地区，并且该产品的质量、特征及信誉都归因于该地的人文或自然环境。"我国《商标法》第 16 条对地理标志的定义是在吸收《TRIPS 协议》对地理标志的定义上提出："地理标志是一种标志，用来标记产品属于某地，并且某地的产品所具备的质量、特征或信誉都由该地的人文或自然因素所决定。"综上所述，地理标志就是一种标识，用来识别产品源自某地，并由该地的地理环境决定产品的质量、特征与信誉。

（二）空间分布

胡波（2007）认为空间分布有场所的含义，是一种空间状态，任何经济活动都需以它为基础。杨彬（2010）对空间分布的定义是指客观事物在空间中的客观分布和组合状态。吴霞（2019）认为空间分布是空间上的变量及物体的特征，并且要从全面及整体的视角来进行说明，用来反映空间物体在一定区域内有集中与分散的特征。明跃强（2021）认为空间分布是指物质资源在某个时间和空间内的稳定状态，这些物质资源在地理空间的很长一段时间里会受到一定的影响，并在其影响下朝着某个方向发展，形成一定的形态属性和分布模式，这些形态属性和分布模式是内部条件和外部因素在演变中相互作用的结果。综上所述，空间分布指的是物体会在空间上受到影响，还会随着在空间上所存留的时间变化而朝着一个方向发展，形成一定的分布趋势。

（三）顾客感知价值

1954 年由德鲁特最早提出关于对顾客感知价值的理解，认为顾客并不会完全因为产品本身而去购买产品，而是通过产品是否有实际的价值才去购买。Zeithamal 在 1988 年提出感知价值的衡量是通过支出的成本及收益来进行的，从而来评价产品、服务或消费者收益。之后的学者都是在二者的基础上结合不同的产品对顾客感知价值提出不同的见解，但是概念基本相似。综上所述，顾客感知价值就是消费者在选择产品时，会首先考虑到产品自身的价值是否能为他带来实际的效益。

二、理论基础

（一）消费者购买行为理论

国际标准化组织对消费者进行了区分，在它看来消费者是指根据主观认知而去购买物品或接纳他人提供的服务行为的个体。消费者购买行为是指满足个人和家庭需要而采取购买行动的总称，不仅包括对消费者需求的识别，还包括消费者动因的形成、购买决策的规划和执行以及购买后的跟踪反馈等。消费者购买行为在含义上有广义和狭义的区别。狭义上，消费者购买行为指的是消费者对产品产生需求而实行的购买行为。广义上其指消费者为了满足根本需求而进行的购买行为，它包含了消费者对产品的感知、选取、采购、使用或享受服务以及购买后评价产品的整个过程。探讨消费者购买行为的目标就是为了探索不同消费者在进行购买行为时心理变化的过程，从而剖析影响消费者心理状态及购买行为的因素。因此，本文的消费者购买行为是指消费者感知白酒地理标志产品的价值并对其进行选择，最后决定是否对白酒地理标志产品产生购买行为。

（二）顾客感知价值理论

1991 年，Sheth 学者就提出了消费者感知价值理论，并基于此理论提出了消费者感知价值理论分类模型，主要是为了解释消费者为什么要购买某种产品或者为什么不购买另一种产品。Sheth 研究表明，顾客在抉择商品或服务的购买时，将考虑产品或服务是否能够达到顾客所追求的价值。因此，他创建了五种消费者价值观，分别是功能价值观、情感价值观、社会价值观、认知价值观、条件价值观，这些价值观都可以对消费者的选择行为产生影响。Sheth 认为，消费者购买决策会受到其中一个的影响又或者全部的影响。他还认为该理论不仅可以预测消费者行为，还可以用来解释和描述消费者行为，甚至该理论可以应用于全部消费者行为的情境，但情境限制为个人。因此，本文的顾客感知价值指的是白酒地理标志产品是否可以给顾客提供感知价值，进而推论出消费者购买行为的影响因素。

第三节　空间分布特征研究

一、数据来源与研究方法

（一）数据来源

所选取的 104 个白酒地理标志产品的信息全部来自国家知识产权局、国家市场监督管理总局以及地理标志网发布的公告。

（二）研究方法

使用地理集中指数法来衡量白酒地理标志产品数量在四大地区的集中程度。地理集中指数的计算公式为：

$$G = 100 \times \sqrt{\sum_{i=1}^{n}\left(\frac{X_i}{T}\right)^2} \qquad (15.1)$$

式中：G 为地理集中指数，X_i 为区域第 i 个省份的白酒地理标志数量，T 为区域白酒地理标志总数，n 为区域省份总数。

二、空间分布特征

（一）总体分布格局

由表 15-1 可知，全国范围内的白酒地理标志产品的数量存在不均匀的特征。我国白酒地理标志产品最多的省份为西部地区的四川省，四川省的白酒地理标志产品达到了 21 个，紧跟其后的有河北 8 个、安徽 9 个；山东、黑龙江、河南共为 6 个；贵州、吉林、辽宁、湖北为 5 个；江苏、陕西、广东为 3 个；新疆、内蒙古、广东、甘肃为 2 个；其余像浙江、青海、北京、湖南、天津、福建、上海、广西、重庆、江西、山西为 1 个。

表 15-1　　　　　　　　　全国范围内白酒地理标志产品数量分布

省份	白酒地理标志产品名称	数量/个
贵州	贵州茅台酒、金沙回沙酒、鸭溪窖酒、黄果树窖酒、习酒	5
吉林	大泉源、洮南香酒、吉林高粱酒、榆树钱酒、龙泉春酒	5
江苏	双沟酒、汤沟白酒、洋河大曲	3
四川	崇阳酒、王泗白酒、邛酒、保宁压酒、中国白酒金三角（川酒）、李庄白酒、泸州酒、江口醇酒、剑南春、五粮液、沱牌系列酒、国窖1573、泸州老窖、舍得系列酒、郎酒、水井坊酒、宜宾酒、尖庄酒、五粮春、五粮醇、绵竹大曲	21
山东	景阳冈酒、云门陈酿酒、强恕堂酒、盟台宴酒、景芝神酿、扳倒井酒	6
黑龙江	高贤老酒、黑土地白酒、富裕老窖酒、玉泉酒、北大仓酒、鹤岗白酒	6
新疆	古城酒、伊犁酒	2
辽宁	老龙口白酒、凌塔白酒、凤城老窖酒、泉盛河酒、道光廿五酒	5
浙江	严东关五加皮酒	1
陕西	西凤酒、太白酒、白水杜康酒	3
安徽	古井贡酒、口子窖、临水酒、高炉家酒、宣酒、迎驾贡酒、明绿御酒、运遭酒（运酒）、金种子酒	9
青海	互助青稞酒	1
北京	牛栏山二锅头	1
湖北	绣林玉液、监利粮酒、古泉清酒、武当酒、枝江酒	5
河南	山庄老酒、张弓酒、仰韶酒、伊川杜康酒、宝丰酒、天湖古酒	6
河北	板城烧锅酒、刘伶醉酒、燕潮酩酒、十里香酒、献王酒、贯头山酒、丛台酒、承德老酒	8
内蒙古	归流河酒、开鲁老白干	2
广东	长乐烧酒、九江双蒸酒、石湾玉冰烧酒	3
云南	庙坝白酒、鹤庆乾酒	2
湖南	酒鬼酒	1
天津	芦台春酒	1
甘肃	金徽酒、红川酒	2
福建	吉山老酒	1

续表

省份	白酒地理标志产品名称	数量/个
上海	崇明老白酒	1
广西	湘山酒	1
重庆	江津白酒	1
江西	李渡酒	1
山西	杏花村酒	1

（二）区域差异特征

以 2011 年国家统计局发布的《东西中部和东北地区划分方法》为依据，将白酒地理标志产品所在的 28 个省份分为东部、中部、西部、东北地区，并且分析白酒地理标志产品在东部、中部、西部、东北地区的集中程度，最后比较出四个地区的地理集中指数。地理集中指数的 G 值，若是接近 100 则越集中，若是接近 0 则表示越分散。见表 15-2 所示，东北地区地理集中指数最接近 100，并且大于其他三个地区，所以东北地区相对其他三个地区最集中，而其他三个地区相对于东北地区较分散。东部地区比起中部、西部、东北地区较分散；而中部、西部比起东部来说较集中，比起东北地区来说较分散。通过计算得出四大地区平均地理集中指数为 40.878，而东部、中部、西部、东北地区的 G 值要比四大地区平均地理集中指数要大，所以，四大地区的白酒地理标志产品数量是集中的。总而言之，东部地区最分散，东北地区最集中，中部、西部相对于东部地区较集中，相对于东北地区较分散。

表 15-2　　　白酒地理标志产品数量在不同区域的地理集中指数

区域	省　份	白酒地理标志产品数量	地理集中指数
东部	北京、天津、河北、上海、江苏、浙江、福建、山东、广东	25	44.362
中部	山西、安徽、江西、河南、湖北、湖南	23	52.355

续表

区域	省　份	白酒地理标志产品数量	地理集中指数
西部	内蒙古、广西、重庆、四川、贵州、云南、陕西、甘肃、青海、新疆	40	55. 565
东北	辽宁、吉林、黑龙江	16	57. 960

三、白酒地理标志的形成与分布原因

（一）自然地理条件

不同的地理环境、气候因素会使白酒产品形成特定的地理标志，这也就意味着，白酒地理标志产品的形成与其特殊的地理环境和气候区分不开。比如，迎驾贡酒位于霍山县，霍山县所在地处于大别山腹地，它的森林覆盖面达到了 75% 以上，大别山所拥有的生态环境及原料对迎驾贡酒的生产起到了重要的作用。[1] 又比如，伊犁酒生产地区地处高原，并且有着历史悠久的原始针叶林带，同时，地区气候温暖湿润、年日照时长多，水源是来自拥有 7000 年历史的天山冰川融水。[2] 很明显，白酒地理标志产品的分布与地形、气候有密不可分的关系。

（二）历史文化条件

我国白酒地理标志都具有一定的历史底蕴，这也就意味着白酒地理标志与历史文化二者之间存在关联。并且历史文化越丰富的地区，往往更容易产生地理标志产品。例如，上海的崇明老白酒在公元 1271 年便有了记载，当地的农民将采摘的药草通过特定的酿造方法制作白酒，此后这一白酒便被称作此名称。[3] 后来

---

① 高纬光，蒲顺昌，杨建刚，等．安徽省白酒研究现状［J］．中国酿造，2022，41（10）：13-17.

② 卢丕超，刘宗昭，王晓军，等．新疆伊犁河谷葡萄酒产业发展现状、存在的问题与对策［J］．新疆农垦科技，2023，46（3）：46-49.

③ 刘星，张其才，姚春霞，等．崇明老白酒产地溯源判别［J］．食品与机械，2020，36（11）：77-82.

在《崇明县志》中也留有记载，所以，崇明老白酒成为地理标志产品离不开其深厚的历史底蕴。又比如广西的湘山酒，湘山酒的名称出自《湘山诗》，其已拥有1200 年的历史，并且在 1803 年的《全州志》中存有记载。由于湘山酒悠久的生产历史，所以为保护其传统文化，便需要使其成为地理标志产品。① 为此，白酒地理标志产品的形成跟历史文化有着不可分割的联系。

（三）社会经济条件

白酒地理标志产品的形成能够促进当地的产业发展，所以更多的酒企为了经济的发展而去申请白酒地理标志。这不仅能够赋予品牌知名度，还能带动整个区域的发展。例如，四川省对川酒的申报工作就是为了促进"中国白酒金三角"的发展，由于对川酒实施地理标志产品保护，不仅能促进四川省的发展，还能构建当地的区域品牌，因此四川省才更加注重白酒地理标志产品的申报工作。② 又例如，江苏省的汤沟白酒在成为地理标志产品之后产量已达 3 万吨，而产值也突破了 2 亿，对当地经济发展作出了贡献。③ 因此，白酒地理标志越多的地方意味着更需要其促进经济的发展。

（四）政府行为条件

政府因素对于白酒地理标志的形成具有巨大的影响，白酒地理标志的申报离不开政府的支持。而当地政府对于申报白酒地理标志的态度，会对当地白酒地理标志产品的形成有着很大的影响。例如，白酒地理标志最多的四川省，四川省政府对于促进"中国白酒金三角"的发展给予了巨大的支持，并且四川省先后积极申请白酒地理标志获得了成功。④ 例如贵州省就投入了大量资金在白酒产业科技

---

① 苏悦娟．湘山酒地理标志产品保护分析和产业监管建议 [J]．中国标准导报，2012，21（10）：33-35.

② 陶然．"中国白酒金三角"申报地理标志产品保护川酒给知识产权上"保险" [J]．酿酒科技，2011，32（2）：50.

③ 朱其太．地理标志产品保护让江苏汤沟白酒飘香 [J]．中国检验检疫，2011，27（3）：55-56.

④ 崔凤暴，王云川，谢莲碧．川酒原产地地理标志品牌公信力研究——结构、内涵及措施 [J]．酿酒科技，2014，35（3）：109-112.

创新上，开展了关于酱香型白酒重大的科技专项，用来推动贵州省白酒行业的发展，并且贵州省酒企也积极申请专利，目前已有 5 个白酒地理标志产品。① 综上所述，政府对于白酒的支持，会促进当地白酒地理标志的发展。

第四节　白酒地理标志产品认证效果研究

一、研究区概况

贵州茅台酒的地理位置属于仁怀市茅台镇，茅台镇区域四周环山，属于封闭的河谷。该地区夏季气候较长，冬季较短，全年气温较高，湿润度极大，但很少见到霜雪。茅台镇历史悠久，不仅适合贵州茅台酒的生产，而且生产的贵州茅台酒已成为我国酱香型白酒的代表。自从贵州茅台酒认证白酒地理标志产品后，发展速度极快。2007 年，贵州茅台酒成为中国白酒行业最有价值的商标。2011 年，贵州茅台不仅以第 66 的排名进入了中国企业效益 200 佳，还在全国酿酒的行业内成了榜首和贵州省企业的榜首。2015 年，贵州茅台酒被列入中国地理标志产品大典的行列。2021 年，贵州茅台酒品牌价值在全球酒类产品中位列前茅。2022 年，贵州茅台酒在与全球品牌对比中位置也较靠前。因此，"贵州茅台酒"在白酒地理标志产品中有一定的代表性，为此，本书选取"贵州茅台酒"为研究对象，来分析白酒地理标志产品的认证评价。

二、数据来源

主要从发展现状、消费者感知状况两个角度研究贵州茅台酒认证为白酒地理标志后的效果。

品牌知名度情况的相关数据和资料主要来源于贵州茅台股份有限公司以及茅台集团官网。关于产业发展的数据主要来源于贵州茅台股份有限公司的财务报告。

---

① 童俊，张艺萌，王凯. 基于专利信息分析的贵州白酒产业专利发展研究［J］. 技术与市场，2023，30（5）：127-130.

本章选取"贵州茅台酒"为样本,使用问卷调查的方式,对消费者感知状况进行实证分析得出贵州茅台酒的认证效果。

采用李克特 5 级量表来评估,对每个问题进行量化并赋予 1~5 的分数,消费者可以根据问题来打分,1 代表非常不同意,2 代表不同意,3 代表一般,4 代表同意,5 代表非常同意。

第一部分,设置了甄别问题,消费者是否愿意购买贵州茅台酒,愿意继续,不愿意停止问卷,并且对地理标志产品进行了解释。

第二部分,本部分有两个方面,一方面是调查消费者对贵州茅台酒各项感知价值的看法,另一方面是调查消费者的购买行为。

第三部分,则是调查消费者的个人基本情况。

主要以线上发放问卷为主。此次调研发放问卷数为 500 份,去除一些不合格或者答题不认真的选项,成功回收的有效问卷为 299 份,回收率为 59.8%。

三、贵州茅台酒发展现状

(一) 品牌知名度

2001 年贵州茅台酒被认证为白酒地理标志产品,为了提高贵州茅台酒成为地理标志产品后的知名度,茅台集团对贵州茅台酒在质量以及宣传上制定了严格的要求。贵州茅台酒在成为白酒地理标志产品后,品牌价值在逐渐提高,贵州茅台酒的地位也不断提升。2012 年,贵州茅台酒首次进入品牌价值的行列,以 118.38 亿美元排名第 69。2016 年,贵州茅台酒成为最具价值品牌的榜首。2019 年,"贵州茅台酒"成为中方试点产品之一。2020 年,贵州茅台酒成为首批中欧互认保护的地理标志产品。到了 2021 年,贵州茅台酒的品牌价值已经达到了 1093.3 亿美元,并且还进入了全球最具价值的酒类品牌的行列,排名第 11。2022 年,贵州茅台酒在与全球品牌对比中获得了第 14 名,获得 1033.80 亿美元的品牌价值。这就意味着,贵州茅台酒的认证标志对它的发展起到了巨大的帮助,因此,认证白酒地理标志产品对贵州茅台酒的知名度有着积极的影响。

（二）产业发展

如图 15-1 可知，贵州茅台酒在 2001 年认证为白酒地理标志产品之后，贵州茅台酒及系列酒的产量迅速增多，从 2001 年的 8610 吨，到 2014 年的 58735.49 吨，足足提高了将近 7 倍。虽然在 2015 年增长有所缓慢，但总体呈上升趋势。

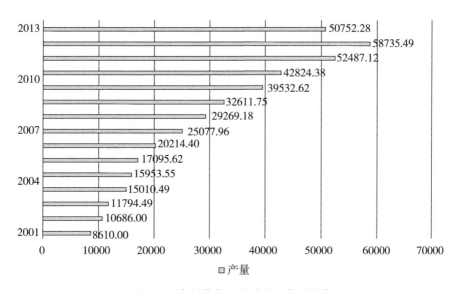

图 15-1　贵州茅台酒及系列酒产量变化

如图 15-2 可知，2016 年至 2021 年，贵州茅台酒的产量和销量的发展都很稳定，总体呈上升趋势。

四、消费者感知状况

（一）理论分析框架

顾客感知价值理论认为，消费者在选择产品时，会考虑产品是否能达到预想的价值，然后才会产生购买行为。消费者购买行为理论认为，消费者购买行为是指产品能够满足消费者的需求，因此对其产生购买行为。对于地理标志产品而言，消费者的需求则是其感知到地理标志产品的价值，而对地理标志产品产生的

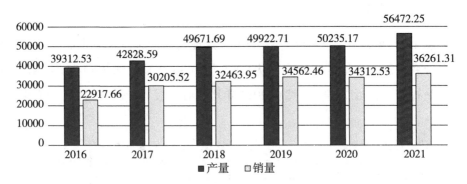

图 15-2 贵州茅台酒产量和销量变化

购买行为。因此，基于顾客感知价值理论、消费者购买行为理论并且结合白酒地理标志产品的特点，以白酒地理标志产品顾客感知价值中的功能价值、情感价值、经济价值、安全价值为自变量，以消费者购买行为作为因变量，构建理论模型如图 15-3 所示。

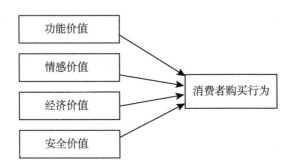

图 15-3 白酒地理标志产品顾客感知价值对消费者购买行为影响理论模型

(二) 产品顾客感知价值的维度分析

根据相关文献可知，影响消费者感知价值的因素是商品自身的特征以及消费者在购买时的感受，而地理标志产品与其他产品不同，因此，本书以贵州茅台酒为样本，来分析其感知价值对消费者购买行为的影响。结合对相关文献的梳理及分析，借鉴 2017 年张国政学者对产品顾客感知价值维度的内涵的描述，将产品的顾客感知价值分为功能价值、情感价值、经济价值、安全价值四个维度，维度的内涵如下：

功能价值：是指产品本身具有符合消费者内心需求的特点以及其功能和作用是能被公众所接受的，这代表了消费者购买产品所带来的用益感知。

情感价值：是指产品有着能够改变消费者情感或者情感状态的能力，主要体现在消费者对生产者的信任程度、对产品的安心程度。

经济价值：是指消费者对产品在经济上有着期望以及评价。主要包括产品是否划算、产品价值是否值得、价格是否实惠等内容，而消费者会根据需求对产品进行选择。

安全价值：随着生活水平的提高，人们会对质量提出更高的标准。在未来，消费者将会更加关注产品的安全价值。

（三）研究假设

1. 功能价值与消费者购买行为的关系。

张思慧等（2022）学者通过对"三同"食品的实证分析得出，由于其质量水平有保障、功能水平更高，并能给消费者带来认同感，所以功能价值会正向影响到消费者购买意愿。对于地理标志产品来说，它的产品质量不仅能为其带来独特价值，还能为消费者带来用益感知。因此对于白酒地理标志产品而言，其会比普通白酒的质量更有保障，能够更好地满足消费者的需要。在此基础上，消费者识别和认可产品的功能价值并且产品的功能价值能够满足他们的需求，继而能够产生消费者的购买行为。据此，提出假设：

H1：功能价值对消费者购买行为有正向影响。

2. 情感价值与消费者购买行为的关系。

张启尧、李娜（2022）以深加工农产品为例，认为消费者是感性的，而产品具有的独特功能及服务能为消费者带来情感体验，从而积极地影响消费者购买。因此，消费者购买产品时是否获得情感上的愉悦会是消费者购买的关键原因，地理标志产品拥有传统的工艺、文化及历史的特点，能为消费者提供与其他产品不一样的特色，因此在消费者购买白酒地理标志产品时，产品的独特性会给消费者提供情感效益从而影响到购买行为。据此，提出假设：

H2：情感价值对消费者购买行为有正向影响。

3. 经济价值与消费者购买行为的关系。

李雪岩等学者（2022）以横州茉莉花茶为研究对象，从感知价值角度对其消费者购买意愿进行实证分析，得出经济价值对顾客购买意愿有着巨大的正向影响的结论。地理标志产品不仅拥有美誉度和知名度，而且还拥有产品的品牌效应，能为消费者提供与价格相符的价值，满足消费者的需求。对于白酒地理标志产品而言，产品所拥有的价值能够为消费者提供较高的性价比，从而促使消费者购买。据此，提出假设：

H3：经济价值对消费者购买行为有正向影响。

4. 安全价值与消费者购买行为的关系。

2017 年张国政学者以认证农产品为例，认为随着生活水平提高，消费者对产品的需求也会提高，进而会更加关注到产品的安全问题以及产品是否对自身健康有影响，为此从感知价值维度提出了安全价值，得出安全价值对购买意愿最有显著影响的结论。对地理标志产品而言，其品质会比其他普通产品更优，成分更安全可靠，而且由国家批准生产及监管。因此，白酒地理标志产品会比普通白酒更符合消费者所需要的安全保障，从而引起消费者的购买行为。据此，提出假设：

H4：安全价值对消费者购买行为有正向影响。

（四）量表设计

自变量产品顾客感知价值测量问卷借鉴了 Sheth（1991）、张国政等学者（2017）的相关量表并进行修改，将感知价值维度划分设置为题项，功能价值为"认证农产品营养更丰富"等三个题项，情感价值为"认证农产品可减轻自己对食品安全质量的担心"等三个题项，经济价值为"认证农产品定价比较合理"等两个题项，安全价值为"认证农产品农药残留比普通农产品低"等三个题项，如表 15-3 所示。因变量消费者购买行为的量表来自 2012 年于佳学者的量表，并将消费者购买行为设置为"我经常购买贵州茅台酒"等四个题项，如表 15-4 所示。

表 15-3   **产品顾客感知价值测量问卷**

自变量	序号	问　　项	出处
功能价值	F11	认证农产品营养更丰富	Sheth（1991）
	F12	认证农产品口感更好	
	F13	认证农产品新鲜度更高	
情感价值	F21	认证农产品可减轻自己对食品安全质量的担心	Sheth（1991）
	F22	认证农产品信誉、品牌等方面让自己感到放心	
	F23	认证农产品食用让自己感到很安心	
经济价值	F31	认证农产品定价比较合理	Sheth（1991）
	F32	认证农产品提供了与之价值相符的价格	
安全价值	F41	认证农产品农药残留比普通农产品低	张国政（2017）
	F42	认证农产品比普通农产品对人体的有害物质低	
	F43	认证农产品比普通农产品对人的身体健康更加有帮助	

表 15-4   **消费者购买行为测量问卷**

因变量	序号	问　　项	出处
消费者购买行为	FD1	我经常购买贵州茅台酒	于佳（2012）
	FD2	对于贵州茅台酒我能承受较普通白酒更高的价格	
	FD3	我会将贵州茅台酒推荐给其他人	
	FD4	我未来还会购买贵州茅台酒	

（五）描述性统计分析

1. 性别、年龄的描述性统计分析。

由表 15-5 可知，从性别上来看，购买贵州茅台酒的女性、男性分别为 39.1%，60.9%，可以得出结论，对于贵州茅台酒而言，男性消费者比女性消费者的购买占比更大。从年龄上来看，各个年龄段的消费者都有，分布较为均匀，不过中青年以上的消费者占比更大。

表 15-5　　　　　　　　　　　　　　　性别、年龄分析

项目	类别	频次	百分比
性别	男	182	60.9
	女	117	39.1
年龄	18~24 岁	55	18.4
	25~29 岁	49	16.4
	30~34 岁	70	23.4
	35~39 岁	69	23.1
	40 岁以上	56	18.7
	总计	299	100

2. 收入、学历的描述性统计分析。

由表 15-6 可知，每月收入在 7501 元以上的消费者有 155 个样本，占总体收入比的 51.8%，这就意味着购买贵州茅台酒的消费者收入都很高。从学历上看，大学本科及以上的占比为 70.6%，样本量为 211，这就意味着，学历对购买贵州茅台酒的影响较大。

表 15-6　　　　　　　　　　　　　　　收入、学历分析

项目	类别	频次	百分比
收入	2500 元以下	24	8
	2501~5000 元	57	19.1
	5001~7500 元	63	21.1
	7501 元以上	155	51.8
学历	中学及以下	24	8
	高中或专科	64	21.4
	大学本科及以上	211	70.6
	总计	299	100

3. 职业的描述性统计分析。

由表 15-7 可知，贵州茅台酒的消费者在职业上的占比比较均匀，而普通职员的占比最高为 26.4%，其他职业的占比相差并不大。

表 15-7　　　　　　　　　　　　　　职 业 分 析

项目	类别	频次	百分比
职业	公务员	25	8.4
	普通职员	79	26.4
	企业高层管理员	34	11.4
	教师	33	11
	个体经营者	39	13
	自由职业者	31	10.4
	企业中层管理者	18	6
	学生	25	8.4
	其他	15	5
	总计	299	100

4. 职业的描述性统计分析

进行变量的描述性统计分析，主要是以平均值、标准差对数据进行分析，并且进一步对各选项数据分布情况进行判断。

通过对表 15-8 进行分析，主要从偏度和峰度来观察，可以看到偏度绝对值小于 3，峰度绝对值小于 10，符合正态分布的特点，可以进行接下来的分析。

表 15-8　　　　　　　变量描述性统计分析结果（$N = 299$）

	最小值	最大值	均值	标准偏差	偏度	峰度
a1	1	5	3.73	0.825	−0.950	1.435
a2	1	5	4.10	0.816	−1.227	2.560
a3	1	5	4.22	0.779	−1.129	1.919
b4	1	5	3.88	0.829	−1.022	1.513
b5	1	5	4.14	0.788	−0.883	0.934

续表

	最小值	最大值	均值	标准偏差	偏度	峰度
b6	1	5	4.10	0.925	−1.148	1.471
c7	1	5	3.46	0.931	−0.415	−0.273
c8	1	5	3.69	0.879	−0.951	1.091
d9	1	5	3.69	0.844	−0.575	0.458
d10	1	5	3.65	0.916	−0.696	0.385
d11	1	5	3.59	0.987	−0.543	−0.151
f12	1	5	3.15	1.254	0.004	−1.023
f13	1	5	3.59	0.990	−0.800	0.183
f14	1	5	3.87	1.004	−0.729	0.161
f15	1	5	3.93	1.011	−0.944	0.719
有效 N（成列）						

（六）信度分析

信度分析方法是一种有效判断调查问卷是否具有稳定性和可靠性的分析方法。（见表 15-9）

表 15-9　　　　　　　　　　**各变量的 alpha 系数**

变量	项数	alpha 系数	总 alpha 系数
功能价值	3	0.718	
情感价值	3	0.737	
经济价值	2	0.789	0.901
安全价值	3	0.751	
购买行为	4	0.807	

从表 15-9 可知，表中 alpha 的系数都大于 0.7，总 alpha 的系数大于 0.8，因此认为该问卷具有可靠性，可以进行实证分析。

（七）效度分析

效度主要是用来评估量表的有效性、准确性和真实性，比如测定值与目标真实值的偏差大小。而本文将使用 SPSS25.0 软件进行探索性因子分析，对量表结构效度进行检验。

1. 产品顾客感知价值的因子分析。

探讨因子分析适合与否，要先检验 KMO 和 Sig 值，见表 15-10 所示。分析得出 KMO 为 0.887，Sig 为 0.000，适合作因子分析。

表 15-10 **KMO 和显著性检验**

KMO 取样适切性量数		0.887
巴特利特球形度检验	近似卡方	1274.333
	自由度	55
	显著性	0.000

基于旋转成分矩阵，产品顾客感知价值可以提取四个因子，与问卷设置的因子一致，同时因子载荷都大于 0.5，说明量表有良好的结构效度，见表 15-11。

表 15-11 **产品顾客感知价值旋转成分矩阵**

因子问项	产品顾客感知价值因子载荷			
	经济价值	安全价值	情感价值	功能价值
F31	0.872			
F32	0.754			
F41		0.717		
F42		0.821		
F43	0.687			
F21			0.706	
F22			0.777	

续表

因子问项	产品顾客感知价值因子载荷			
	经济价值	安全价值	情感价值	功能价值
F23			0.526	
F11				0.696
F12				0.680
F13				0.744
累积方差比例	71.233%			

2. 消费者购买行为的因子分析

根据表 15-12 可知，KMO 为 0.773，Sig 为 0.000，说明可以进行因子分析。

表 15-12　　　　　　　　　　**KMO 和显著性分析**

KMO 取样适切性量数		0.773
巴特利特球形度检验	近似卡方	390.09
	自由度	6
	显著性	0.000

由表 15-13 可知，消费者购买行为的因子都大于 0.5，通过检验，可以进行下面的研究。

表 15-13　　　　　　　　　　**因 子 分 析**

因子问项	因 子 载 荷
FD1	0.805
FD2	0.810
FD3	0.787
FD4	0.795
累积方差比例	63.902%

五、计量经济分析

（一）相关性分析

相关性分析是指研究分析变量之间的相关关系的一种统计分析方法。

根据表 15-14 可以得出，自变量功能价值、情感价值、经济价值、安全价值的皮尔逊相关系数为正数，因变量消费者购买行为的皮尔逊相关系数也为正数，并且两者都是 $0<r<1$。因此，自变量与因变量之间存在正相关关系，显著性水平在 0.01 上呈现正相关关系，可以进行接下来的回归分析。

表 15-14　　　　　　　　　　　　　　相关性分析

相关性	功能价值	情感价值	经济价值	安全价值	消费者购买行为
功能价值	1				
情感价值	0.649**	1			
经济价值	0.467**	0.479**	1		
安全价值	0.510**	0.545**	0.566**	1	
消费者购买行为	0.522**	0.510**	0.582**	0.522**	1

** 在 0.01 级别相关性显著。

（二）回归分析

回归分析是指研究分析某一变量受其他变量影响的分析方法，被影响的变量为因变量，影响变量为自变量，回归分析研究二者之间的因果关系。

由表 15-15 可知，R^2 为 0.45，调整后的 R^2 为 0.442，说明本次线性回归模型拟合度比较好，因此本次运算结果可以很好地表现自变量与因变量之间的影响状况。而德宾-沃森的数值为 1.761，接近 2 的数值说明自变量与因变量之间相互独立。并且 F 为 60.115，显著性为 0.000 小于 0.05，说明回归方程显著。

表 15-15　　　　　　　　　　　参 数 检 验

R	R^2	调整后 R^2	标准估算的错误	德宾-沃森	F	显著性
0.671[a]	0.45	0.442	0.63647	1.761	60.115	0.000[b]

a 预测变量：（常量），安全价值，功能价值，经济价值，情感价值

b 因变量：消费者购买行为

由表 15-16 可知，基于通用的显著性水平为 0.05，可以发现，自变量功能价值、情感价值、经济价值、安全价值的显著性均小于 0.05，因此比较显著，并且系数值都大于 0，说明都是正向作用关系。而且 VIF 值均小于 5，说明自变量之间没有多重线性关系。并且功能价值、情感价值、经济价值、安全价值的 t 值都大于 2，这就意味着四个变量都能正向影响消费者购买行为。

表 15-16　　　　　　　　　　　回 归 分 析

	未标准化系数		标准化系数		显著性	共线性统计	
	B	标准错误	Beta	t		容差	VIF
（常量）	0.016	0.254		0.061	0.951		
功能价值	0.259	0.078	0.196	3.303	0.001	0.532	1.879
情感价值	0.169	0.075	0.136	2.247	0.025	0.507	1.973
经济价值	0.349	0.057	0.337	6.149	0.000	0.624	1.602
安全价值	0.179	0.065	0.157	2.736	0.007	0.566	1.765

由以上回归分析结果可知，H1，H2，H3，H4 成立。

（三）研究假设验证

根据对上面数据加以验证及分析，能够得出白酒地理标志产品感知价值的四个维度对消费者购买行为产生影响的假设验证的结果，见表 15-17 所示。

表 15-17　　　　　　　　顾客感知价值对消费者购买行为的影响结果

假设编号	假 设 内 容	验证结果
H1	功能价值维度对消费者购买行为有正向影响	成立
H2	情感价值维度对消费者购买行为有正向影响	成立
H3	经济价值维度对消费者购买行为有正向影响	成立
H4	安全价值维度对消费者购买行为有正向影响	成立

（四）结果分析

根据回归分析结果可以发现，白酒地理标志产品感知价值对消费者购买行为有着显著正向影响。从影响程度上看，经济价值（0.349）＞功能价值（0.259）＞安全价值（0.179）＞情感价值（0.169）。

1. 经济价值。消费者认为贵州茅台酒的价值与价格是相符的，并且认为定价也很合理，因此贵州茅台酒的经济价值能够积极影响消费者的购买行为。

2. 功能价值。贵州茅台酒的口感、营养、外观以及品质被消费者看重，因此贵州茅台酒的功能价值能积极影响消费者的购买行为。

3. 安全价值。贵州茅台酒对人体健康的保障也是消费者购买行为里考虑的因素，同时贵州茅台酒能够给消费者带来饮用上的安全保障，因此贵州茅台酒的安全价值能够积极影响消费者购买行为。

4. 情感价值。贵州茅台酒的食品安全质量以及信誉和品牌，甚至饮用茅台酒是否能让消费者感到安心，也是影响消费者购买行为的因素。

第五节　结论与建议

一、结论

白酒地理标志产品数量、地域差距相对较大。从全国区域内来看，白酒地理标志产品在全国分布存在不均匀性，最多的四川省有 21 个，可像浙江、北京、青海等多个省份只有 1 个。从四大地区的集中程度来看，白酒地理标志产品总体上是集中的，东部地区最分散，东北地区最集中，中部、西部相对于东部地区较集中，相对于东北地区较分散。说明全国范围内的白酒地理标志产品存在不均匀性，而在四大地区分布的白酒地理标志产品较为集中。

白酒地理标志形成原因多元化。白酒地理标志产品的形成原因会受到多种因素的影响，主要是自然地理、历史文化、社会经济、政府行为条件等因素会对其形成原因产生影响。总而言之，自然地理条件里的地理环境、气候因素，历史文化条件里的历史底蕴，社会经济的发展，政府鼓励与支持的作用都会影响白酒地理标志产品的形成。

贵州茅台酒认证白酒地理标志有一定效果。从贵州茅台酒的发展现状来看，认证白酒地理标志产品贵州茅台酒的品牌价值大幅提升，促使知名度显著提高。并且认证白酒地理标志产品不仅提高了贵州茅台酒及系列酒的产量，还提高了贵州茅台酒的销量，促进了产业发展。从消费者角度来看，认证后的贵州茅台酒被赋予白酒地理标志的价值，得出功能价值、情感价值、经济价值、安全价值四个维度，而四个维度对消费者购买行为均有显著影响，这也就意味着认证白酒地理标志产品后的贵州茅台酒对消费者购买行为产生了积极的影响。

二、建议对策

第一，推动白酒地理标志产品在区域上组成团体和打造白酒地理标志产品区域，促进白酒地理标志产品的开发和制造。将区域内知名度最高的白酒地理标志产品作为首要品牌，增进区域内其余白酒地理标志产品的宣传营销，由此不仅可以使该区域白酒地理标志产品在市场上有所互补，还能促进市场的占有率。形成区域之后，白酒地理标志产品在宣传推广上的成本费用可以降低，还能减少在技术改革上的成本，而且可以借鉴成熟的白酒地理标志产品在市场监管上的经验。

第二，有想法去发展白酒地理标志产品的企业方，可以根据当地的自然地理条件以及历史底蕴的不同，来开发适合本地区发展的白酒地理标志产品，并通过技术上的改良、产品上的革新，打造专属于本地区的白酒地理标志产品，促进当地白酒产业在结构上的优化。

第三，白酒地理标志申请后，可以通过品牌建设、宣传推广、参加展览、寻找文化内涵等方式提高品牌知名度以及品牌价值，有助于带动消费者的购买行为，促进产量，提高销量。质量层面上也要严格按照国家标准生产，保障质量安全。白酒地理标志产品一般比普通白酒的价格高，可以通过探索白酒地理标志产品的价值，让消费者接受高价格。

三、展望

第一，扩大收集资料的范围，通过文献来进行更加深入的研究，在白酒地理标志形成原因上进行细化描述。

第二，选择消费者购买行为这一指标侧面反映认证效果，虽然并不那么科学，但下一步可使用宏观分析的方法进行研究，能更准确评价认证效果。

第三，选择贵州茅台酒作为研究对象可能不那么全面，但下一步可选取多个指标来综合分析认证效果。

第十五章　白酒企业专利保护对
企业绩效的影响分析

第一节　导　　言

一、研究背景

随着知识经济时代的到来、经济全球化的迅速发展，创新在经济发展中起着重要的作用，保护创新成果的重要性已日益凸显。近几年来，我国在知识产权保护方面取得了重大成效。国务院印发的《"十四五"国家知识产权保护和运用规划》强调，要加强知识产权保护，促进社会创新。我国在专利保护方面出台了许多政策措施，《中华人民共和国专利法》自1984年推行以来不断地得到完善，到目前共经历了四次修订。为确保我国专利法更好地实施，国家又出台了《中华人民共和国专利法实施细则》以及《专利代理条例》等行政法规。由此可见我国对于专利保护的重视。

白酒是我国优秀的物质文化遗产，白酒企业的发展同我国的经济发展息息相关。专利是知识产权的重要组成部分，体现着企业的核心竞争力。由于规模和资金等方面的差异，处于优势地位的企业更重视专利保护，以维持企业的核心竞争力。而其他的企业会因为缺少专利保护意识从而导致创新成果流失；有的企业对专利过度保护，既会增加成本又不利于企业融资；有的企业甚至放弃自主研发，选择模仿复制以降低专利研发和保护的成本。产生这些不同选择的关键就在于白酒企业不知道付出高昂的成本进行专利保护是否会对企业绩效产生正向影响。因此，进一步分析白酒企业专利保护对企业绩效的影响显得尤为重要。

二、国内外研究现状

国内外大量学者基于不同的角度对于专利保护与企业绩效的关系进行了研究，通过梳理相关文献，将国内外学者的研究内容划分为三个方面。

（一）专利保护指标选择的相关研究

研究的侧重点不同，指标的选取也不同。关于专利保护的度量，国外学者大多用 GP 指数来衡量专利保护强度，但 GP 指数不适用于测量我国的专利保护强度，因此国内学者对 GP 指数进行了改进，以适合测量我国的专利保护强度。

最早对专利保护强度进行度量的是 RT Rapp 和 RP Rozek（1990），但最具代表性的指标是 Ginarte 和 Park（1997）提出的 GP 指数，GP 指数侧重于国家立法强度的层面，因此在实际运用中存在一定的局限性。

随着研究的深入，我国学者在 GP 指数的基础上不断进行改进，韩玉雄和李怀祖（2005）在 GP 指数的基础上，引入执法强度，提出了更适合我国的专利保护强度的度量方法。仇云杰等人（2016）也在韩玉雄等人研究的基础上结合其他学者的研究，用立法强度与执法力度的乘积来测算我国知识产权的保护强度。邓雨亭和李黎明（2021）也对 GP 指数进行了修正，重构了其中的专利执法指标。

此外，也有学者采用其他指标对专利保护强度进行度量。史宇鹏和顾全林（2013）以专利纠纷侵权案件处理力度来衡量知识产权保护力度，专利纠纷侵权案件处理力度的值越高，知识产权的保护力度就越高。符必勇（2015）将企业专利总数等指标作为解释知识产权的变量，来研究上市公司知识产权与绩效之间的关系。张晓月等人（2017）选择发明专利被引次数、发明专利平均被引次数等指标，来研究专利质量与企业绩效的作用关系。张雪莹（2021）采用当年专利授权量占受理量的比重来衡量一国对专利的保护程度。综上所述，本文中选择专利授权量占受理量的比重、企业专利总数、专利被引次数来代表专利保护水平。

（二）企业绩效指标选择的相关研究

在企业绩效指标的选择方面，主要有财务指标和非财务指标，财务指标具有客观性强、数据易收集等优点，所以多数学者在研究时选择财务指标来代表企业绩效。

首先，财务指标。刘小青等学者（2010）用销售收入、利润总额代表企业绩效，来研究专利活动对企业绩效的影响。严鸿雁（2011）选取总资产收益率，以研究企业知识产权、资本结构与企业绩效之间的关系。葛骏等学者（2016）选择净资产收益率来衡量企业绩效，以研究 R&D 活动、创新专利与企业绩效的关系。林霜（2018）也用净资产收益率代表企业绩效，以研究知识产权保护、技术创新与企业财务绩效的关系。宋艳等学者（2021）选取滞后两期的主营业务利润来代表企业绩效，研究专利质量对企业绩效的影响。马凤等学者（2022）选取企业年利润额来衡量企业绩效，研究专利的质量、强度与企业绩效的关系。

其次，非财务指标或两者相结合。Griliches Z. 等人（1991）采用市场价值、资产回报率来反映企业绩效，以研究研发、专利与市场价值之间的关系。赵远亮等学者（2009）选取资产回报率、托宾 Q 值来反映企业绩效，分析医药企业知识产权与经营绩效的关联性。符必勇（2015）为研究知识产权与绩效之间的关系，采用托宾 Q 值与其他传统财务指标相结合来评价上市公司的绩效。朱清香等学者（2022）采用托宾 Q 值来衡量企业绩效，以研究自主创新能力与企业绩效的关系。综上所述，本文参考葛骏等学者的研究，选取净资产收益率来代表企业绩效。

（三）专利保护与企业绩效的相关研究

关于专利保护与企业绩效的研究，有学者研究表明专利保护对企业绩效有积极影响，也有学者认为专利保护对企业绩效虽有积极影响，但存在滞后性。

一方面，专利保护对企业绩效有积极影响。Park（2008）认为创新绩效会受到企业知识产权保护强度的影响，企业的知识产权保护水平要适当才会促进企业创新绩效。邢斐（2009）基于国内大中型企业的面板数据开展分析，得出专利保护强度与企业绩效呈正相关的结果。吴超鹏和唐菂（2016）研究得出，政府知识产权保护执法力度会正向影响企业提升专利研发强度、专利产出和企业创新能力，在这种情况下，企业提高专利产出对于提升企业未来的财务绩效有显著的作用。龙小宁和林菡馨（2018）研究表明专利保护程度的增加会正向促进企业进行专利维权，企业积极地进行维权会促使专利的净收益和价值提升，从而推动企业申请专利、提升企业创新质量。肖延高等学者（2019）的研究指出企业的专利创造、专利运用和专利保护能力，都能够显著提高企业绩效，但企业主动采取措施对专利成果进行保护的能力较为薄弱。

另一方面，专利保护对企业绩效有积极影响但存在滞后性。Holger（2001）通过截面数据，对50家德国公司进行分析，得出专利申请对企业绩效的影响有滞后性，表现为申请2~3年后才会增加企业的销售额，企业申请的高质量专利越多，企业销售额增长得越快。牟莉莉等学者（2009）的研究表明专利保护对企业盈利能力存在正向影响但存在一定的滞后性，企业所处行业、规模不同时，专利保护对企业绩效的影响也不同。沈飞等学者（2021）研究发现专利执行保险作为知识产权保护的重要制度之一，对提升企业滞后的财务绩效有显著促进作用。

第二节　概念界定及理论基础

一、相关概念界定

（一）专利

专利（patent）一词来源于拉丁语 Litterae patentes，意为公开的信件或公共文献，是中世纪的君主用来颁布某种特权的证明，这种含义与我国法律意义上的概念大致相同。现如今，专利包含三种含义：一是专利权人对发明创造享有的专利权；二是受到专利法保护的发明创造；三是专利证书或专利文献。我国规定专利分为三种，即发明、实用新型和外观设计。

（二）专利保护

专利保护是指通过授予创新者专利权，通过法律的途径在一定时期内维护其专利创新成果的合法权益。专利保护有时间和地域的限制。专利长度、专利宽度作为专利保护的两个维度，会影响专利保护的强弱。专利长度就是专利权人对于被授予的专利权利所享有的时间，专利宽度就是专利权所覆盖的领域。1978年中央作出"我国应建立专利制度"的决策之后，我国第一部专利法在1984年制定，于 1985 年开始实施。至今我国专利法经历了四次修订，在专利保护方面取得了显著的成效。

（三）企业绩效

企业绩效一词最早由美国提出，目前学者们对于企业绩效定义的认识虽然繁多但较为统一。Bernardin 和 Bety（1984）强调企业绩效是产出的结果，认为企业绩效是在一定的工作活动或行为过程中的最终成效。于洋和李一军（2003）提出，企业绩效是企业在一定的时期内运用自身所有的资源，进行经营活动而获得的成果。孙奕驰（2011）认为，企业绩效就是在一定经营期间内，企业的经营效益和经营者的业绩。葛广宇等学者（2021）也认为，企业绩效就是企业在一定的经营期间内，获得的效益和公司业绩。综上所述，本文借鉴葛广宇的定义，认为企业绩效就是企业在一定的经营期间内，获得的效益和公司业绩。

二、理论基础

20 世纪 80 年代提出的内生增长理论认为，在人力资本、技术创新、知识投资这三个内生性动力因素中，技术创新对经济增长的影响最大，技术创新直接决定着经济的增长。保罗·罗默在 1986 年提出了内生经济增长模型，同时指出知识和技术研发作为经济增长的源泉是具有内生性的，罗默的模型详细地阐述了知识和技术研发对经济增长的影响，并且这种影响具有实际意义。根据罗默的"内生增长理论"，发展中国家只有积极倡导技术创新，不断建立和完善技术创新机制，并且在教育、资金、政策上不断加大对技术创新企业的扶持力度，才能实现经济的持续稳定增长。因此，企业要想实现持续的绩效增长，必须投入大量生产要素进行技术创新，并获得新的竞争优势。

第三节　研究设计

一、模型构建

通过对专利保护指标选择、企业绩效指标选择以及专利保护与企业绩效的相关研究，试图探索专利保护与企业绩效之间的关系。根据"内生增长理论"可知，企业技术创新能力的提高直接决定了经济的增长，专利保护就是对企业创新成果进行保护，因此可以认为专利保护会对企业绩效产生影响，同时控制其他因素如总资产周转率、资产负债率对企业绩效产生的影响。基于上述理论基础及关系分析，认为专利保护与企业绩效之间存在以下的关系模型（见图16-1）：

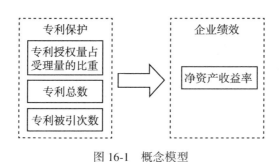

图 16-1　概念模型

二、研究假设

（一）专利授权量占受理量的比重与企业绩效

专利保护是保护创新成果的重要保障，国家对于专利保护的重视程度对企业的创新发展起着至关重要的作用。张雪莹（2021）选取专利授权量占受理量的比重来代表专利保护，研究得出在研发投入与专利保护的联合作用下，对创新产出的表现呈现显著的正向促进作用。结合"内生增长理论"可知，企业技术创新能力的提高直接决定了经济的增长。专利授权量占受理量的比重越大，说明国家对于专利保护的重视程度越高。国家知识产权局受理白酒企业的专利申请，认可企业的创新成果后，对白酒企业创新成果进行授权，白酒企业得到专利授权后专利得到保护，能够迅速将专利投入使用，从而获得专利带来的经济效益，因此企业绩效得到提升。基于以上分析，提出了假设1：

H1：专利授权量占受理量的比重对白酒企业绩效产生正向影响。

（二）专利总数与企业绩效

专利产出的总量在一定程度上能够代表企业对创新成果的保护能力以及创新能力。结合"内生增长理论"的内容，可知专利产出代表企业的创新能力。白酒企业将专利应用到生产或者生产制造中，会吸引更多相关的技术厂商、合作伙伴以及投资商等的注意力。白酒企业拥有创新技术含量的专利数量越多，说明企业对于专利保护的意识以及企业核心竞争力越强，越能促成企业之间的技术交流以及合作，而这些正是白酒企业收入增长的来源，因此白酒企业的专利总数对企业绩效应该具有正向的提升作用。在国内外文献梳理中，符必勇（2015）也得出了专利数量对企业绩效产生积极影响的结论。因此可以认为白酒企业专利总数对于提升企业未来的财务绩效有显著的促进作用。基于以上分析，提出了假设2：

H2：白酒企业专利总数对企业绩效产生正向影响。

（三）专利被引次数与企业绩效

专利被引次数，也就是企业所有专利被审查员、发明人所引用的总次数，能够反映白酒企业专利的影响力。白酒企业的专利在获得授权同时具备法律效力后，就具备了一定的影响力，这种影响力只要存在，就会被引用。白酒企业对于专利保护的意识越强、获得授权的专利就越多，企业专利被引用的次数也会越多。专利被引用的次数越多，说明白酒企业的专利对后面的专利越有借鉴价值以及技术启示。白酒企业的专利质量越好，说明白酒企业的创新能力就越强，这对于白酒企业的经济收益具有很好的提升作用。张晓月等学者（2017）的研究也指出企业的发明专利被引次数能够显著提升企业绩效。基于以上分析，提出了假设3：

H3：白酒企业专利被引次数对企业绩效产生正向影响。

三、变量选取

（一）因变量

净资产收益率。国内外关于企业财务绩效的衡量指标一般有财务指标和非财务指标，其中财务指标包括总资产收益率、净资产收益率和经济增加值，非财务指标包括每股收益率和托宾 Q 值。由于股票市场波动幅度较大，数据不易获取，因此参考葛骏等学者的研究，选取净资产收益率作为衡量企业绩效的指标，对企业的财务绩效水平进行度量，净资产收益率越高，其财务绩效水平就越高，用 ROE 表示。

（二）自变量

第一，专利授权量占受理量的比重。对于专利保护，研究者们从专利保护长度以及宽度两方面来进行度量。随着学者们更为深入的研究，得出对专利保护宽度可以更好地代表专利保护制度的质量或者效力。因此，选取专利授权量占受理量的比重，以代表我国对专利的保护程度，用 Dpp 表示。

第二，专利总数。企业拥有的专利总数不仅代表一个企业的创新成果，也代表了企业对于自主创新成果的保护程度。当企业提交专利申请，得到知识产权局的授权后，企业的专利成果就得到了社会及国家的认可与保护。因此，参考符必勇（2015）的研究，选取白酒上市公司每年新增的专利总数来代表专利保护强度，用 Patent 表示。

第三，专利被引次数。当白酒企业将创新成果进行专利保护后，专利就有了价值，专利被引次数反映了白酒企业的专利质量水平，白酒企业专利的价值越高，专利越容易被引用。因此，参考张晓月等学者（2017）的研究，选择专利被引次数作为自变量，选取白酒上市公司每年的专利被引次数，用 Citations 表示。

（三）控制变量

在研究白酒企业专利保护对企业绩效的影响中，除专利保护等指标之外，企业绩效还会受到企业规模、总资产周转率等因素的影响。在实证分析中要避免其他因素干扰结果，控制可能对白酒企业绩效产生影响的因素，以提高研究的准确性。通过文献梳理，参考李红英（2020）以及孙银亭（2022）的研究，选择以下变量作为控制变量。

第一，总资产周转率。总资产周转率能够反映企业的经营能力，总资产周转率越高，意味着企业的经营能力也就越强，这对于企业绩效有很好的促进作用。

因此，选择总资产周转率作为控制变量，取白酒上市公司销售收入与总资产的比值，用 TAT 表示。

第二，资产负债率。企业的资产结构也会影响企业绩效，资产负债率能够衡量企业运用资金进行经营活动的能力，是企业资本结构的重要组成成分。因此，选择资产负债率作为控制变量，用 Lev 表示。

四、样本选取与数据来源

选取 2010 年至 2021 年中国 13 家白酒上市公司为研究样本，通过国泰安数据库收集企业绩效的相关数据，通过国家统计局、中国研究数据服务平台收集专利保护相关数据。为了确保研究的可行性、准确性，可除去专利保护、企业绩效相关数据不完整的样本。

五、回归模型

根据专利保护与企业绩效的概念模型，参考国内外其他学者的研究方法，结合所选取的指标，采用面板数据构建如下回归模型：

模型 1：$ROE = \alpha_1 + \beta_{11}Dpp_{i,t} + \beta_{12}TAT_{i,t} + \beta_{13}Lev_{i,t} + \zeta_{i,t}$

模型 2：$ROE = \alpha_2 + \beta_{21}Patent_{i,t} + \beta_{22}TAT_{i,t} + \beta_{23}Lev_{i,t} + \zeta_{i,t}$

模型 3：$ROE = \alpha_3 + \beta_{31}Citations_{i,t} + \beta_{32}TAT_{i,t} + \beta_{33}Lev_{i,t} + \zeta_{i,t}$

这些回归模型中，ROE 代表企业绩效，Dpp 代表专利授权量占受理量的比重，Patent 代表专利总数，Citations 代表专利被引次数，TAT、Lev 分别代表总资产周转率以及资产负债率。α 为常数项，β 为回归系数，ζ 为随机误差项，i 表示第 i 个企业，t 表示年度。通过 Stata17.0 对数据进行分析。

第四节　实证分析

一、描述性统计分析

选取 2010 年至 2021 年中国 13 家白酒上市公司为研究样本，根据筛选规则，共筛选出 156 个样本。采用 Stata17.0，对各变量进行描述性统计分析，保留均值、标准差、最小值以及最大值，如表 16-1 所示：

表 16-1 各变量描述性统计

Variable	Obs	Mean	Std. dev.	Min	Max
ROE	156	0.172527	0.1208467	−0.337548	0.464905
Dpp	156	0.6057558	0.1029945	0.485341	0.8827845
Patent	156	34.62179	55.01019	0	274
Citations	156	12.08333	23.14665	0	116
TAT	156	0.5830125	0.1813912	0.184384	1.05998
Lev	156	0.364961	0.1375516	0.130919	0.769649

首先，在专利保护方面：专利授权量占受理量的比重的平均值是 0.60，标准差是 0.10，最小值是 0.48，最大值是 0.88，说明样本数据变化较小，政府对于专利保护的力度较大；专利总数的平均值是 34.62，标准差是 55.01，最小值是 0，最大值是 274，样本变化较大，说明白酒上市公司专利保护存在不足；专利被引次数的平均值是 12.08，标准差是 23.15，最小值是 0，最大值是 116，说明白酒上市公司被保护的专利质量不高、专利质量参差不齐。

其次，在企业绩效方面：净资产收益率的平均值是 0.17，标准差是 0.12，最小值是 −0.34，最大值是 0.46，说明白酒上市公司总体盈利能力较强，企业之间的绩效差距不是很大。

最后，在控制变量方面：总资产周转率的平均值是 0.58，标准差是 0.18，最小值是 0.18，最大值是 1.06，说明白酒上市公司整体的经营能力还有待提升；资产负债率的平均值是 0.36，标准差是 0.14，最小值是 0.13，最大值是 0.77，总体来说较为合适。

二、相关性分析

在回归之前，首先利用 Stata17.0 软件对各个变量进行相关性分析，检验专利保护与企业绩效各指标之间的相关性，分析结果如表 16-2 所示：

表 16-2　　　　　　　　　　　　　相关性分析结果

	ROE	Dpp	Patent	Citations	TAT	Lev
ROE	1.000					
Dpp	0.164**	1.000				
Patent	0.111	0.181**	1.000			
Citations	0.116	−0.216***	0.423***	1.000		
TAT	0.400***	−0.024	−0.065	0.000	1.000	
Lev	−0.068	0.092	−0.265***	−0.263***	0.493***	1.000

根据上表我们可以得知，各个变量之间相关系数的绝对值都不大，都在 0.5 以下，说明变量之间不存在严重的多重共线性，能够确保回归分析结果的信度。通过相关性分析可以初步判断出专利总数、专利被引次数与企业绩效呈正相关关系，专利授权量占受理量的比重与企业绩效通过 5% 显著水平上的相关性检验，与前文的预期结果基本相符。

三、面板数据模型选择检验

在对面板数据进行回归之前，确定是适合采用固定效应模型还是随机效应模型，需进行 Hausman 检验，检验结果如表 16-3 所示：

表 16-3　　　　　　　　　　　　**Hausman 检验结果**

假　　设	检 验 结 果
H0：选择随机效应模型	chi2（5）= 474.73
H1：选择固定效应模型	Prob > chi2 = 0.0000

从上表可知，P 值的检验结果为 0.0000。因此强烈拒绝原假设 H0，应接受备择假设 H1，由此说明选择固定效应模型更好，在接下来的回归分析中均采用固定效应模型。

四、回归分析

（一）专利授权量占受理量的比重与企业绩效回归分析

本节在回归模型 1 的基础上研究专利授权量占受理量的比重对白酒上市公司绩效产生的影响，分析结果如表 16-4 所示：

表 16-4 　　　　　　　**专利授权量占受理量的比重与企业绩效回归结果**

ROE	Coefficient	Std. err.	t	$P>\mid t\mid$	[95% conf.	interval]	R^2	F
Dpp	0.1764608	0.0442849	3.98	0.000	0.0889072	0.2640145		
TAT	0.4698085	0.0379003	12.40	0.000	0.3948777	0.5447394	0.6586	90.02
Lev	0.2941372	0.071952	4.09	0.000	0.1518843	0.4363901		
_cons	−0.315618	0.0359386	−8.78	0.000	−0.3866707	−0.2445654		

从上表可知，$R^2>0.6$，表示模型拟合非常好，且 $P<0.01$，通过 1% 的显著性水平检验，说明自变量可以较好地解释因变量，政府提高对专利的保护强度使得白酒企业的创新成果受到更好的保护。当专利投入使用，白酒企业就会获得相应的收益，即增加专利授权量占受理量的比重会提升企业绩效，假设 H1 得到验证。

（二）专利总数与企业绩效回归分析

本节在回归模型 2 的基础上研究白酒上市公司专利总数对企业绩效产生的影响，分析结果如表 16-5 所示：

表 16-5 　　　　　　　　**专利总数与企业绩效回归结果**

ROE	Coefficient	Std. err.	t	$P>\mid t\mid$	[95% conf.	interval]	R^2	F
Patent	0.0002888	0.0001271	2.27	0.025	0.0000376	0.00054		
TAT	0.4680567	0.0396166	11.81	0.000	0.3897325	0.5463809	0.6334	80.63
Lev	0.3635806	0.0729249	4.99	0.000	0.2194042	0.507757		
_cons	−0.2430485	0.029583	−8.22	0.000	−0.3015357	−0.1845614		

从上表可知，$R^2>0.6$，表示模型拟合非常好，且 $P<0.05$，通过 5% 的显著性水平检验，说明自变量可以较好地解释因变量，白酒企业通过增加自身的专利授权总数，用自身的技术优势，在激烈的市场竞争中获得市场的认可，即增加白酒企业专利授权的总数会提升企业绩效，假设 H2 得到验证。

（三）专利被引次数与企业绩效回归分析

本节在回归模型 3 的基础上研究白酒上市公司专利被引次数对企业绩效产生的影响，分析结果如 16-6 所示：

表 16-6　　　　　　　　　专利被引次数与企业绩效回归结果

ROE	Coefficient	Std. err.	t	$P>\lvert t\rvert$	［95% conf.	interval］	R^2	F
Citations	−0.0005021	0.00033	−1.52	0.130	−0.0011546	0.0001503		
TAT	0.4527094	0.0394003	11.49	0.000	0.374813	0.5306059	0.6261	78.13
Lev	0.3267091	0.0759429	4.30	0.000	0.176566	0.4768523		
_cons	−0.2045771	0.0301889	−6.78	0.000	−0.2642622	−0.1448919		

从上表可知，该模型未通过显著性水平的检验，表明白酒上市公司专利被引次数对企业绩效没有显著的正向影响关系。专利被引次数数据差异较大，表明白酒上市公司专利质量参差不齐。专利易被取代和模仿，可能会出现白酒上市公司的专利已经被取代或模仿但被引次数仍然增加等情况，即白酒上市公司专利被引次数对企业绩效无显著影响，拒绝假设 H3。

五、稳健性检验

为了确保实证分析中回归结果的稳健性，对本文的因变量进行调整，参考严鸿雁（2011）的研究，将因变量净资产收益率替换为总资产收益率，再次进行回归，分析结果如表 16-7、表 16-8、表 16-9 所示：

表 16-7　　　　专利授权量占受理量的比重与企业绩效回归结果

ROE	Coefficient	Std. err.	t	P>|t|	[95% conf.	interval]	R^2	F
Dpp	0.1079996	0.0288796	3.74	0.000	0.0509032	0.1650961		
TAT	0.3288	0.0247159	13.30	0.000	0.2799352	0.3776648	0.6123	73.69
Lev	−0.0009243	0.0469221	−0.02	0.984	−0.0936919	0.0918432		
_cons	−0.1460991	0.0234367	−6.23	0.000	−0.1924347	−0.0997635		

表 16-8　　　　专利总数与企业绩效回归结果

ROE	Coefficient	Std. err.	t	P>|t|	[95% conf.	interval]	R^2	F
Patent	0.0002121	0.0000819	2.59	0.011	0.0000501	0.000374		
TAT	0.3296464	0.0255433	12.91	0.000	0.279146	0.3801468	0.5930	67.99
Lev	0.0425761	0.0470191	0.91	0.367	−0.0503832	0.1355354		
_cons	−0.1043899	0.019074	−5.47	0.000	−0.1421002	−0.0666797		

表 16-9　　　　专利被引次数与企业绩效回归结果

ROE	Coefficient	Std. err.	t	P>|t|	[95% conf.	interval]	R^2	F
Citations	−0.0003246	0.0002139	−1.52	0.131	−0.0007475	0.0000983		
TAT	0.3183467	0.0255388	12.47	0.000	0.2678552	0.3688382	0.5804	64.56
Lev	0.0180209	0.0492252	0.37	0.715	−0.0793	0.1153418		
_cons	−0.0775749	0.0195681	−3.96	0.000	−0.1162621	−0.0388878		

从表 16-7、表 16-8、表 16-9 中可以看出，P 值分别为 0.000，0.011，0.131，稳健性检验的回归结果与前文的回归结果基本一致。R^2 均在 0.6 左右，模型拟合效果虽不及前文的结果，但总体情况较好。因此可以说明，前文的回归结果是比较稳健的，选择回归模型 1，2，3 来进行的回归分析是较为可靠的。

第五节　结论与建议

一、结论

对白酒企业来说，专利保护是保障白酒企业创新成果的重要手段，在发扬中国白酒酿造传统工艺的基础上，走创新的道路，利用专利成果为白酒企业带来经济效益。因此，国家以及白酒企业对于专利保护的程度，是否会影响白酒企业的绩效呢？本文尝试分析白酒企业专利保护对企业绩效的影响关系。主要结论包含两个方面：

第一，专利授权量占受理量的比重与白酒上市公司绩效正相关、白酒上市公司专利总数与企业绩效正相关。本文通过收集 2010 年至 2021 年白酒上市公司相关数据，利用回归分析对本文提出的研究假设进行验证。结果表明：（1）专利授权量占受理量的比重对白酒上市公司绩效有正向影响，即专利授权量占受理量的比重越高，白酒企业绩效越好；（2）白酒上市公司专利总数对企业绩效有正向影响，即白酒上市公司专利总数越多，企业绩效越好；（3）白酒上市公司专利被引次数对企业绩效无显著影响。

第二，白酒上市公司的专利能力和质量水平较低。从描述性统计分析来看，白酒企业整体的专利产出能力较差；从专利被引次数来看，白酒上市公司被保护的专利质量参差不齐且质量较差。

二、建议

（一）政府层面

第一，强化专利立法和执法工作。首先，完善白酒行业专利管理制度，鼓励白酒企业进行专利保护；其次，加大对专利侵权的打击力度，简化专利执法程序，缩短专利案件审理时间，降低白酒企业专利维权的成本。

第二，鼓励发展专利中介服务机构。加强对专利中介服务市场的正确引导，规范专利服务市场相关制度，鼓励和支持开展专利中介服务。

（二）行业层面

第一，成立专利联盟，推进校企合作。首先，白酒行业协会建立专利联盟，汇聚白酒行业的力量，加强对白酒的专利保护；其次，引导白酒企业与高校开展技术交流、信息共享，引进高校的专业人才，促进白酒行业专利共同发展。

第二，建立白酒专利知识平台。普及专利相关知识和专利申请流程，使得白酒企业专利信息共享，提升白酒企业专利转化能力。

（三）企业层面

第一，树立专利意识，建立专利数据库。首先，白酒企业要更加重视企业专利，制定或完善企业专利管理制度，积极进行技术创新，提升自身软实力，在激烈的白酒市场中赢得竞争力；其次，将企业专利数据化，建立企业专利数据库，以便于对专利进行分析，更加科学、合理地对企业专利进行管理和布局。

第二，提高专利质量，提升专利转化能力。首先，白酒企业在追求专利数量的同时也要重视专利质量，研发人员要了解白酒行业的专利发展动态，找准研发方向，提升企业的专利质量；其次，白酒上市公司应在企业年报中披露专利相关信息，将专利优势充分融入白酒产品的营销中去，提高产品的竞争力，促进专利成果转化为经济效益。

第十六章　消费者对白酒地理标志产品的认知程度及支付意愿分析

第一节　导　　言

一、研究背景

进入 21 世纪，我国经济有了质的飞跃。一方面，人民生活水平有了显著的提高，对白酒的需求也由"量"向"质"转变；但是另一方面，也有一些生产者在追求利润的同时，降低了生产标准、忽略了产品质量，从而导致了产品安全事故的发生。在这种情形下，优质的政府导向商品应运而生。白酒地理标志产品经过国家相关机构的认证，不仅拥有独特的地域文化特色和人文历史，而且对原产地的环境条件也有更高的要求，市场发展潜力向好。但是在白酒地理标志产品进入市场之后，由于消费者对白酒产品了解不够深入，就很难从外观和质量等特性上将白酒地理标志产品与一般的白酒产品区分开来，这就增加了他们购买的难度。因此探究消费者对白酒地理标志产品认知程度及支付意愿的因素就显得十分必要。只有在充分了解消费者的购买意愿后，才能够按需制定有针对性的营销策略。同时，政府可以给出相关的政策建议，从而推动区域经济的发展。以贵州地理标志白酒为例，通过对支付意愿与认知程度进行分析，可以为保护和发展白酒地理标志产品提出参考性建议。

二、国内外研究现状

(一) 地理标志产品的相关研究

第一，法律制度层面。Belletti 等学者（2015）认为地理标志法律保护的作用非常重要，并讨论该制定怎样的政策从而去推动地理标志的发展。王笑冰（2006）研究结果表明德国、法国、瑞士的地理标志法律保护对国际影响巨大。李小钰（2022）通过对我国农产品地理标志保护研究状况进行分析，提出应该对其进行完善并强化其在国际上的应用。

第二，经济学视角。Sepúlveda 等学者（2010）在研究中发现地理标志的运用能够为农户赢得更多的信任，使得销售途径更加畅通。地理标志农产品在农业产出中起着重要作用，区域公共品牌价值的提高有利于地理标志农产品的发展。

(二) 地理标志产品认知程度的相关研究

第一，个体特征。个体特征会影响消费者的态度，消费者认知程度是随着自身受教育程度以及家庭收入的提高而提高的。占辉斌（2015）调查结果显示，女性对地理标志农产品认知程度远低于男性，男性善于思维且一般比女性阅历丰富。彭贝贝和周应恒（2019）认为"柠檬困境"使正宗地理标志农产品的经济效应无法得到保障。王欣（2022）提出消费者的性别、年龄、职业以及消费者对九台贡米的品质评价和产品信息、实体产品传播渠道等对消费者认知有显著影响。

第二，家庭特征。Gao 等学者（1993）运用潜在结构变量模型分析得出家庭人数是影响消费者对橙汁感知的重要因素。许标（2017）认为家庭特征是影响消费者认知程度的重要因素。赖彩平（2020）提出家庭因素是消费者的认知重要因素，王欣（2022）的研究也表明消费者的家庭月收入水平对消费者认知有显著影响。

(三) 地理标志产品支付意愿的相关研究

第一，消费者个人基本特征。Cacicj（2011）研究发现受教育程度是影响购买意向的重要因素。邓义等学者（2018）在研究中表明，消费者购买粮食的经验随着年龄的增大而增加，故经验愈丰富消费者支付意愿愈强烈。学者余红红（2019）的调查结果显示，消费者的性别对购买核桃产品的行为有显著的负向影响，而文化水平对消费者购买核桃产品的行为产生正向影响。消费者在消费时往往会考虑多方面的因素。方江霞（2020）调查指出，家庭中 65 岁以上年龄的人数会对消费者购买的购买行为产生显著的正向影响；刘胜科（2019）实证得出年龄与学历对溢价支付水平有重大影响；笙婷婷（2022）指出消费者个人基本特征是影响消费者有机牛奶支付意愿的重要因素；这进一步说明了个人基本特征在购买过程中的重要性。

第二，产品属性因素。产品品牌、价格和质量安全等是学者们研究的重点范畴。消费者支付意愿受到商品属性的直接或间接影响，由于未能选择更能满足自己与家庭需求的产品，故消费者参照产品属性进行消费。范晶（2017）研究提出，消费者在购买牛肉时主要考虑的因素是牛肉的口感、价格以及质量安全。尚豫新（2019）实证结果表明农产品的质量与品牌建设对消费者的购买行为产生正向影响。何迪（2020）的一项调查中发现，消费者的购买意愿随着银杏产品营养价值、效用和质量安全的提高而提高。胡越（2022）认为消费者对吉林省品牌鲜食玉米购买意愿受到产品属性的影响。故此，于消费者而言，质量安全是产品属性中最重要的因素之一。

第三，消费情境因素。消费环境、购买经验、他人的意见和文化因素是学者们主要研究调查的影响因素。消费者在不同的消费情境下，其购买行为也会随之改变。消费者的购买行为受到消费环境的质量、消费的便利性和工作人员态度的影响，从而消费的不确定性得到了降低、产品的确定性得到了增加，以此来达到卖出更多产品（服务）的目的。卢强和李辉（2017）在研究中提出，网上商店提供的服务质量对消费者购买有正向的影响，这种信任的形成通过周边人群的口口相传建立起来，从而带来正向影响，从而促使消费者产生再次或多次的购买行为。丁·尤利安的研究指出，消费习惯对消费者的购买行为起到了推动的作用，于牛奶而言消费者更加愿意购买知名度高的。胡越（2022）认为消费者对吉林省品牌鲜食玉米购买意愿受到消费情景的影响。

（四）地理标志产品认知程度与支付意愿的相关研究

第一，消费习惯。Halkos George 等学者（2022）认为显示不同支付水平内决定因素的差异存在很大的局限性。张国政等学者（2017）发现消费者购买习惯对支付意愿有不同程度的影响，可知消费习惯是影响其认知程度和支付意愿的重要因素之一。

第二，个人偏好。占辉斌等学者（2010）的研究表明：茶叶的原产地和其新鲜程度对消费者购买行为有很大的影响，消费者的认知程度受到个人关注偏好影响。陈建新和董涛（2015）研究认为个人偏好对消费者的溢价支付意愿有着显著的正向影响。Likoudis 等学者（2016）研究表明，消费者偏好显著影响消费者购买行为。王国华（2017）也认为，由于消费者对省内地理标志大米的了解与信任不高，因此他们的购买意愿一般，认知对其购买行为有很大的影响。周禹研究表明个人偏好是影响消费者认知与支付意愿产生的重要诱因之一。

第二节　概念界定及理论基础

一、相关概念界定

（一）地理标志产品

借鉴国家质检局发布的《地理标志产品保护规定》中对"地理标志产品"作出的定义：地理标志产品，是指产自特定地域，其声誉、质量或其他特性主要取决于原产地的自然与人文条件，在经过有关部门审核批准之后才能以地理名称进行命名的产品。

（二）认知程度

西蒙在20世纪40年代提出，消费者的认知程度受信息的不对称、信息加工成本等的制约。Ackermann 等学者在 2016 年提出经济主体的认知是单维变量，且认知与行为是一致的。马婧（2018）研究则指出，行为主体在某一时刻的认知程度是其行为意向和行为响应的前提条件。赖彩平（2020）在她的研究中指出，认知是消费者在得到产品信息之后，依据自己的实际情况对该产品进行评估，最后作出是否要购买的决定。研究借鉴王晓雅学者（2019）2019 年对认知程度的定义：认知程度是消费者在购买某一产品之前或者在通过对该产品的消费比较后，所累积的对产品特征的鉴别和区分的能力以及了解。

（三）支付意愿

19 世纪 90 年代初，马歇尔提出支付意愿，指的是消费者愿意为购买某特定商品而愿意付出的最高金额。1946 年 Hicks 指出购买意愿是指为了获得更高的效用水平，消费者付出的金钱收益。20 世纪末 Phillips 提出，支付意愿是消费者为从特定商品（服务）的消费中获得满意度以及效用而愿意放弃的金钱成本。2007 年 Sunstein 认为支付意愿是评估效率和财富的指标。张珊珊（2017）的研究表明支付意愿是指消费者愿意为某一产品支付的最大值。研究借鉴宫悦 2021 年对支付意愿的定义：支付意愿就是一种对于产品的感知和态度，这种感知和态度具有主观性。

二、理论基础

20 世纪初期，行为心理学家 John B. Watson 在对 Pavlov 条件反射实验研究的基础上，构建了刺激-反应（Stimulus-Response，S-R）理论，提出人类的各种行为可以被分解为两部分：刺激、反应。人类的行为是在外界的刺激下所产生的一种反应，这种刺激来源于身体内部与体外环境两个方面，而这种反应总是伴随着刺激而出现的。早期，S-R 理论属于认知主义的心理学范畴，主要用于对学习心理进行研究，对学习过程进行解释。"人们的某种行为是在受到了特定的刺激以后所做出的反应"，是"刺激-反应"论者的观点。S-R 是消费行为学中一个重要的理论，它可以帮助我们更好地理解顾客的购买行为。（见图 17-1）

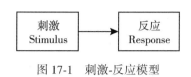

图 17-1 刺激-反应模型

第三节 模型构建与研究假设

一、理论模型构建

S-R 理论可以解释消费者认知程度及支付意愿的产生：消费者在接受有关因素的刺激后，心里产生了某种认知，做出反应的行为。研究中消费者个人基本特征、获取信息渠道、产品属性、消费情景属于前因刺激（S），消费者受到刺激之后产生的认知程度及支付意愿属于受众反应（R）。根据 S-R 理论构建理论模型，如图 17-2 所示。

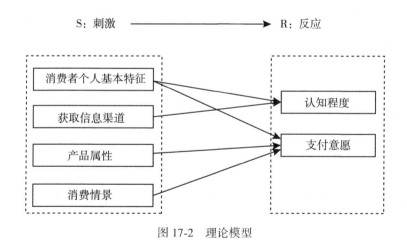

图 17-2 理论模型

二、研究假设

（一）消费者个人基本特征与消费者认知程度

个体特征影响消费者认知程度的变量很多，如性别、婚姻状况、年龄、文化水平、收入以及职业等。王艳荣等学者（2019）研究指出性别、年龄、学历与职业等对认知水平有影响，以及何嘉莹（2020）实证研究亦指出，消费者的性别正向影响消费者的认知程度。故此，判断出消费者个人基本特征可以对消费者认知程度产生一定的影响。因此，提出研究假设：

H1：消费者个人基本特征对消费者的认知程度具有显著影响。

（二）获取信息渠道与消费者认知程度

刘鑫（2018）实证分析指出，消费者对于转基因食品的认知受到消费者对选择资讯途径的影响。王欣（2022）指出实体产品传播渠道对消费者认知有显著影响。政府等相关权威性机构是消费者提高认知程度的重要途径。因此，判断出消费者获取信息途径可以对消费者认知程度产生影响，故提出相关研究假设：

H2：获取信息渠道对消费者的认知程度具有显著影响。

（三）个人基本特征与消费者支付意愿

性别、年龄、职业、学历和婚姻状况等特征是反映人口统计学变量的主要指标。汪爱娥（2016）在研究区域性消费时，发现性别、年龄、文化水平及之前的购买经验对支付意愿产生重要影响。胡越（2022）研究指出，消费者个人特征差异对其支付意愿的影响程度具有差异性，并且拥有高学历、收入较高的男性消费者更加注重产品的属性。故得出消费者个体因素可以对消费者支付意愿产生影响。研究将消费者个人基本特征分为：性别、年龄、职业、学历、个人月收入，并提出相关研究假设：

H3：消费者个人基本特征对消费者的支付意愿具有显著影响。

（四）产品属性与消费者支付意愿

刘增奎（2016）在其研究中提出，产品属性是产品内外部相互作用的结果，包括消费者在购买产品中获得的特征。产品本身所具有的基本特性包括产品品牌、质量安全和价值等要素。尚豫新（2019）在他的研究中指出，在消费者进行购买选择时，其对产品特性的认知程度愈高，支付意愿随之提高。消费者在作出购买决定时，部分人认为产品的质量会随着价格的上升而提高（也就是说质量与价格成正比），参考价格来选择是否购买产品（服务），贵州地理标志白酒作为质量安全有保障、价位较高的产品也具有此特征；另一部分人则选择物美价廉的产品，产品的价格过高易出现购买较少的现象。产品的质量安全一直是衡量其是否畅销以及消费者是否愿意为其付费的重要指标，故此，在对产品特征进行了解以后，为了方便作出购买决定，将产品品质、价格、质量安全、品牌、包装和宣传程度引入模型，提出相关研究假设：

H4：产品属性对消费者的支付意愿具有显著影响。

（五）消费情景与消费者支付意愿

消费者在不同的购买环境下，其支付行为也有差异。消费行为学认为，环境会对购买行为产生影响，比如工作人员的态度、购买环境和客户的口碑等。要想促进消费者的购买心理作用、动摇其购买想法、使其购买行为发生改变和达到影响消费者购买决策的最终目的的前提是，需要对消费环境进行持续不断的优化。目前，产品/服务消费环境不再局限于线下实体店，而是从传统的商业模式转移到线上，网购也受到了网页制作的影响。当人们在移动端购物平台购物时，由于网站的图文设计以及平台的营销环境的潜移默化影响，使其形成冲动的购买意向，并最终引发冲动的购买行为。因此提出相关研究假设：

H5：消费情境对消费者的支付意愿具有显著影响。

第四节　设计与数据收集

一、问卷设计

在参考地理标志产品认知程度和支付意愿的相关文献的基础上，结合有关的理论成果，借鉴唐静（2020）和胡越（2022）的量表，加以修改后设计调查问卷，对调查问卷进行了设计且在篇幅上进行了设定。问卷内容主要分为三个部分：

第一，消费者个人基本信息。包括消费者的性别、年龄、学历、居住地区、月收入、职业、一周锻炼次数，这些信息用于对样本量的描述性统计分析及影响因素的研究。

第二，消费者对白酒地理标志产品的认知情况。首先，消费者对我国白酒质量安全的评价；其次，消费者对白酒地理标志产品信息的获取情况；再次，消费者对白酒地理标志产品附加价值的关注；最后，消费者是否认为白酒地理标志产品质量更安全。

第三，消费者对白酒地理标志产品的支付意愿情况。包括产品属性、消费情景，本部分主要是获取消费者对白酒地理标志产品支付意愿的影响因素相关信息。利用李克特5级量表测量，使用1到5表示非常不同意到非常同意。使用问卷星平台设计调查问卷，利用微信、QQ等社交平台向亲朋好友发放322份问卷。

二、数据收集

由于采用的是问卷调查法，主要通过网上调查来收集数据。为了保证问卷的可信度和最大限度地提高被调查者的随机性，问卷在全国范围内发放，调查对象来自各行各业。本次问卷共发出322份。

第五节　数据分析

一、信效度分析

（一）信度检验

信度分析主要用来研究量表的内在信度，研究选择克隆巴赫 α 系数用于可靠性分析。通常认为：克隆巴赫 α 系数在 $0.7\sim0.98$，量表内部一致性好，数据具有较好的可信度。若问卷需要重新编排，则克隆巴赫 α 系数要在 0.7 以下，故克隆巴赫 α 系数需要大于或等于 0.7。信度分析值如表17-1所示。

表 17-1   **变量信度分析结果**

变量	题项数	Cronbach Alpha
产品属性	6	0.815
消费情景	4	0.771

（二）效度检验

调查结果映射出调查者需要检验内容的程度就是效度检验，其主要被划分为内容效度、结构效度。实际测量的结果与要检验的内容愈吻合，则效度愈高，表明得到的结果愈有效；反之，则效度愈低，说明得到的结果的可靠性愈低。换而言之，KMO 值需要大于 0.7；拒绝所有变量之间没有相关性的假设的先决条件是巴特莱特球形检验的值 Sig. 低于 0.05。通过对调查问卷进行效度检验后得到表 17-2。

表 17-2   **KMO 和 Bartlett 的检验**

变量	KMO 值	Bartlett 的球形度检验		
		近似卡方	df	Sig.
产品属性	0.872	554.550	15	0.000
消费情景	0.789	348.681	6	0.000

二、消费者认知程度实证分析

（一）消费者认知情况的统计分析

第一，调查样本基本特征的情况分析。一共收回 322 份调查问卷，剔除无效问卷 37 份。

由表 17-3 可知，在调查对象的性别上，男性为 142 人，女性为 143 人，男女比例基本一致；从年龄组成来看，消费者年龄段大多集中在中青年群体，26.32% 的人在 30 岁以下，31～40 岁占比为 21.75%，41～50 岁的比例为

24.56%；从文化水平构成来看，初中及以下的有 81 人，占到了样本数据的 28.42%，高中或中专的有 121 人，占样本数据的 42.46%，本科或大专学历的有 64 人，占样本数据的 22.46%，硕士及以上学历的占样本数据的 6.67%。从现有的调查数据来看，多数消费者都是受过高等教育的。由居住地点的数据可知，没有居住在城市的占到样本数据的 21.05%。除了上面的影响因素以外，月收入的不同也会对认知产生重要影响。月收入在 3000 元以下的占比仅为 15.44%。在调查对象的职业上，自由职业和企业人员占比最多，分别占样本数据的 40.7% 和 36.14%；在调查数据中，锻炼次数在 4 次及以上的占样本数据的 29.47%，一周运动的次数在 1 次及以下占样本数据的 18.95%。

表 17-3　　　　　　　　　　样本消费者基本情况（$N=285$）

特征	样本特征分类	人数（人）	比例（%）
性别	男	142	49.82
	女	143	50.18
年龄	30 岁及以下	75	26.32
	31~40 岁	62	21.75
	41~50 岁	70	24.56
	51~60 岁	62	21.75
	61 岁以上	16	5.61
文化程度	初中及以下	81	28.42
	高中或中专	121	42.46
	本科或大专	64	22.46
	硕士及以上	19	6.67
居住地	城市	225	78.95
	村镇	60	21.05
消费者月收入	3000 元以下	44	15.44
	3001~5000 元	90	31.58
	5001~8000 元	91	31.93
	8000 元以上	60	21.05

续表

特征	样本特征分类	人数（人）	比例（%）
职业	政府或事业单位人员	12	4.21
	医生、教师、科技人员	48	16.84
	学生	3	1.05
	企业工作人员	103	36.14
	退休人员	3	1.05
	自由职业	116	40.7
一周锻炼的次数	1次及以下	54	18.95
	2次	72	25.26
	3次	75	26.32
	4次及以上	84	29.47

第二，白酒地理标志产品信息来源的分布情况。从图17-3、图17-4可以看出，不关注白酒地理标志产品的质量信息的人占比达到49.47%，大部分消费者会选择关注有关报道。安全意识的提高，可能与互联网平台对质量问题的披露以及当前我国发生的酒类质量安全问题有关。另一方面，高效的宣传工作对认知的提升有重大的影响。若要提高有关宣传的效果，首先需要对得到有关资讯的途径有清晰的认知，然后才能进行有针对性的引导和宣传。从数据中可以看出，消费者通过广播、书籍、展览、网络、政府、销售商和购物中心等途径获得信息。大部分的消费者获得资讯的主要途径是销售商或者商场，占到样本数据的31.23%；从政府获取有关信息的占比是23.51%。对上述结果进行分析，消费者从商场或销售商处获得资讯比例最高的缘故可能是有大量具有轰动效应的广告；来自政府处资讯的比例略低，可能与政府在提供资讯方面表现不佳有关。

第三，对当前我国白酒安全状况的评价。安全问题历来受到人们的广泛关注，如图17-5所示，少数的消费者对当前我国白酒安全状况表示担忧。消费者在回答对当前我国白酒质量的评价时，"比较放心"达到了60.56%，只有2.8%的人表示"非常担忧"。进一步回答对我国白酒产品质量安全的评价时，只有58

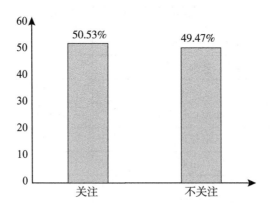

图 17-3　是否关注地理标志白酒产品相关信息

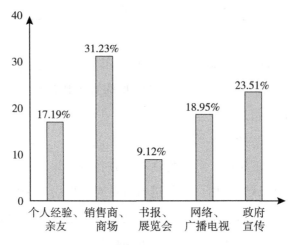

图 17-4　消费者获取贵州地理标志白酒的信息渠道

位消费者选择"差"。

　　第四，个人关注偏好对认知程度的影响。品牌打造的重要推动力之一是制度，在有些地区，产品的附加价值具有决定性作用，因而地理标志就成了该地的形象和名片的特定标志之一。从表 17-4 可以看出，在"是否认为白酒地理标志产品比普通白酒产品附加价值更高"这一问题上，134 人的答案是肯定的。其中，消费者关注的附加价值最低的是环境保护，占比是 30.18%。

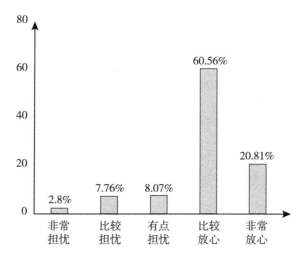

图 17-5　消费者对当前我国白酒安全状况评价的描述性分布

表 17-4　　　　消费者对当前我国白酒安全状况评价的描述性分布

特征	样本特征分类	比例（%）
是否认为白酒地理标志产品比普通白酒产品附加价值更高	是	41.02
	否	58.98
关注贵州地理标志白酒哪些附加价值信息	历史、文化体验感的提升	78.95
	口感、营养价值更高	63.16
	更利于环境保护	30.18

第五，对白酒地理标志产品认知程度的分析。如图 17-6 所示，样本中没有听说过白酒地理标志产品的有 37 人，进一步追问得到，消费者对识别、区分地理标志白酒产品的标识存在认知上的缺失占样本数据的 22.46%。消费者在被问到是否关注白酒地理标志产品质量更安全时，144 人的答案是肯定的，这表明大多数的消费者对白酒地理标志产品有较高的信心。在被问及是否知道白酒地理标志产品需要经过严格的生产流通程序时，对此一无所知的有 27.37%。

（二）变量说明

被解释变量选择了与消费者对白酒地理标志产品认知程度相关的信息，解释

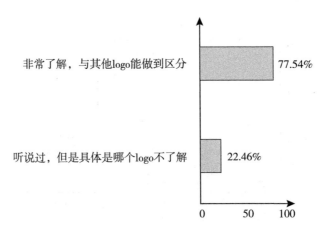

图 17-6　消费者对地理标志标识的了解程度分析

变量选择了消费者的性别、年龄、学历、居住地点、月收入、所处的社会阶层、每周锻炼的次数以及获取信息渠道，表 17-5 是对回归分析变量的赋值与其预期作用方向。

表 17-5　　　　　　　　　认知程度模型的变量定义及预期作用方向

变 量 名 称	变量符号	变量定义及说明	预期作用
性别	X1	1=男；0=女	+/.
年龄	X2	5=61 岁以上；4=51~60 岁；3=41~50 岁；2=31~40 岁；1=30 岁及以下	.
文化程度	X3	4=硕士及以上；3=本科或大专；2=高中或中专；1=初中及以下	+
居住地	X4	2=村镇；1=城市	.
消费者个人月收入	X5	4=8001 元以上；3=5001~8000 元；2=3001~5000 元；1=3000 元以下	+
职业	X6	6=自由职业；5=退休人员；4=企业工作人员；3=学生；2=医生、教师、科技人员；1=政府或事业单位人员	+/.

续表

变 量 名 称	变量符号	变量定义及说明	预期作用
一周锻炼次数	X7	4＝四次及以上；3＝三次；2＝二次；1＝一次及以下	+
获取信息渠道	X8	5＝政府机构；4＝网络、广播电视；3＝书报、展览会；2＝销售商、商场；1＝个人经验、亲友	+/.
对当前我国白酒产品质量安全状况评价	Y₁	1＝好；0＝差	
对白酒地理标志产品信息是否关注	Y₂	1＝是；0＝否	
白酒地理标志产品附加价值更高	Y₃	1＝是；0＝否	
白酒地理标志产品质量更安全	Y₄	1＝是；0＝否	

（三） 回归分析

由于研究设定的 Y 均是 ［0，1］ 二分变量，故利用二元 Logistic 回归模型对数据进行分析。SPSSAU 软件在置信区间为 95％的情况下，对数据进行分析使用二元 logistic 回归模型，所得结果见表 17-6，表 17-7，表 17-8，表 17-9。

第一，对目前我国白酒产品质量安全状况的评价。表 17-6 显示，文化程度、居住地、职业均负向显著影响消费者对白酒产品质量安全状况评价。

表 17-6　消费者对我国白酒产品质量安全状况评价的二元 logistic 分析结果

项	回归系数	标准误	Z 值	Wald χ^2	P 值	OR 值	OR 值 95% CI
性别(X1)	0.032	0.309	0.104	0.011	0.918	1.032	0.564.1~891
年龄(X2)	−0.151	0.124	−1.223	1.495	0.221	0.860	0.674~1.096
文化程度（X3）	−0.446**	0.174	−2.556	6.534	0.011	0.640	0.455~0.901

续表

项	回归系数	标准误	Z 值	Wald χ^2	P 值	OR 值	OR 值 95% CI
居住地（X4）	−0.834**	0.340	−2 453	6.019	0.014	0.435	0.223～0.846
月收入（X5）	0.178	0.156	1.141	1.301	0.254	1.195	0.880～1.624
职业（X6）	−0.170*	0.103	−1.648	2.717	0.099	0.844	0.689～1.033
一周锻炼次数（X7）	0.055	0.141	0.392	0.153	0.695	0.946	0.717～1.248
获取信息渠（X8）	−0.044	0.106	−0.413	0.170	0.680	0.957	0.777～1.179
截距	4.307	1.198	3.596	12.934	0.000	74.219	7.098～7.101
		因变量：Y_1					
		Cox & Snell R 方：0.056					
		Nagelkerke R 方：0.089					
		McFadden R 方：0.058					

注：$***P<1\%$、$**P<5\%$、$*P<10\%$

第二，对白酒地理标志产品信息的关注。表 17-7 显示，性别、年龄、获取信息渠道显著影响消费者对白酒地理标志产品信息的关注。对消费者资讯获取途径来说，来自政府机构的信息更加可靠和值得信赖。

表 17-7　消费者是否关注白酒地理标志产品信息的二元 logistic 分析结果

项	回归系数	标准误	Z 值	Wald χ^2	P 值	OR 值	OR 值 95% CI
性别（X1）	0.491*	0.244	2.008	3.302	0.069	1.542	0.967～2.460
年龄（X2）	0.195*	0.098	1.983	3.087	0.079	1.183	0.981～1.427
文化程度（X3）	−0.095	0.139	−0.682	2.625	0.105	0.804	0.617～1.047
居住地（X4）	0.069	0.298	0.231	0.242	0.623	0.869	0.497～1.519
月收入（X5）	0.024	0.124	0.195	0.173	0.677	0.951	0.751～1.205
职业（X6）	−0.049	0.076	−0.642	0.091	0.763	1.022	0.886～1.179
一周锻炼次数（X7）	0.095	0.112	0.846	1.082	0.298	1.120	0.904～1.388
获取信息渠（X8）	−0.030***	0.083	0.365	12.768	0.000	1.243	1.1103～1.401
截距	−0.991	0.915	−1.083	2.061	0.107	0.235	0.040～1.366

续表

项	回归系数	标准误	Z 值	Wald χ^2	P 值	OR 值	OR 值 95% CI
		因变量：Y_2					
		Cox & Snell R 方：0.032					
		Nagelkerke R 方：0.043					
		McFadden R 方：0.023					

注：$***\ P<1\%$、$**\ P<5\%$、$*\ P<10\%$

第三，对白酒地理标志产品附加价值的认同。从表 17-8 可以看出，性别、年龄、文化程度显著影响消费者对白酒地理标志产品附加价值的认同。对社会服务组织和政府的人来说，由于工作内容和环境的特殊性，他们对白酒地理标志产品的了解比较深入，并对其背后的文化、附加价值产生更多的认可。

表 17-8　消费者对白酒地理标志产品附加价值认同的二元 logistic 分析结果

项	回归系数	标准误	Z 值	Wald χ^2	P 值	OR 值	OR 值 95% CI
性别（X1）	-0.334^{**}	0.245	-1.367	4.031	0.045	1.633	1.012~2.637
年龄（X2）	0.005^{**}	0.098	0.048	3.931	0.047	1.216	1.002~1.474
文化程度（X3）	-0.253^{*}	0.140	-1.813	0.465	0.495	0.909	0.692~1.194
居住地（X4）	0.351	0.301	1.168	0.053	0.817	1.071	0.598~1.920
月收入（X5）	-0.031	0.124	-0.252	0.038	0.845	0.976	0.765~1.245
职业（X6）	-0.017	0.077	-0.222	0.413	0.521	0.952	0.820~1.106
一周锻炼次数（X7）	0.099	0.112	0.882	0.716	0.397	1.099	0.883~1.369
获取信息渠（X8）	-0.095	0.083	-1.135	0.133	0.715	0.970	0.824~1.142
截距	0.891	0.915	0.973	1.174	0.279	0.371	0.062~2.229
		因变量：Y_3					
		Cox & Snell R 方：0.033					
		Nagelkerke R 方：0.045					
		McFadden R 方：0.025					

注：$***\ P<1\%$、$**\ P<5\%$、$*\ P<10\%$

第四，对白酒地理标志产品质量安全的信任度。表 17-9 表明，获取信息渠道在 5% 水平上正向影响消费者对白酒地理标志产品质量安全的关注，消费者每周运动的次数影响是负向的原因可能是由于重视锻炼的人同时也会关注白酒产品质量，消费者会从多方面比较选用与他们需求相匹配的产品。

表 17-9　消费者对白酒地理标产品质量信任的二元 logistic 分析结果

项	回归系数	标准误	Z 值	Wald χ^2	P 值	OR 值	OR 值95% CI
性别（X1）	0.123	0.245	0.503	0.253	0.615	1.131	0.699~1.830
年龄（X2）	−0.085	0.099	−0.859	0.737	0.391	0.919	0.757~1.115
文化程度（X3）	0.055	0.140	0.391	0.153	0.696	1.056	0.803~1.390
居住地（X4）	0.291	0.302	0.962	0.926	0.336	1.338	0.740~2.419
月收入（X5）	−0.058	0.125	−0.461	0.212	0.645	0.944	0.739~1.206
职业（X6）	−0.035	0.077	−0.450	0.202	0.653	0.966	0.831~1.123
一周锻炼次数（X7）	−0.076	0.113	−0.676	0.457	0.499	0.927	0.743~1.156
获取信息渠（X8）	0.178**	0.084	2.104	4.428	0.035	1.194	1.012~1.409
截距	−0.166	0.916	−0.181	0.033	0.856	0.847	0.141~5.10
		因变量：Y_4					
		Cox & Snell R 方：0.026					
		Nagelkerke R 方 0.035					
		McFadden R 方：0.020					

注：*** $P<1\%$、** $P<5\%$、* $P<10\%$

三、消费者支付意愿的实证分析

（一）调查样本基本特征的情况分析

本次共收回 322 份有效问卷。"白酒地理标志产品由于其质量受到严格控制导致其生产成本高于市面上的一般白酒，根据您自己的条件当贵州省地理标志白酒单价高于其他普通白酒时是否愿意购买？"不愿意购买的有 226 人，愿意购买的人占比为 29.8%。表 17-10 是关于消费者基本特征与支付意愿的调研数据：

第一，在对消费者年龄进行的调查中，83 人年龄在 30 岁以下，16.67% 的人愿意支付；31~40 岁的有 73 人，23 人愿意支付。

第二，根据消费者学历的数据来看，有 127 人的文化水平是高中或中专；购买倾向最低的是硕士及以上学历的消费者的比例为 16.67%。

第三，由消费者月收入的数据可知，当月收入达到 8001 元以上时，消费者愿意购买的比例从 18.75% 上升至 27.08%，支付意愿随着月收入的增加而增加。

表 17-10　　　　　消费者基本特征与支付意愿的关系 ($N=322$)

特征	类别	支付意愿			
		频数	频率	频数	频率
性别	男	161	50	45	46.88
	女	161	50	51	53.13
年龄	30 岁及以下	83	25.78	16	16.67
	31~40 岁	73	22.67	23	23.96
	41~50 岁	77	23.91	23	23.96
	51~60 岁	80	21.74	27	28.13
	61 岁以上	19	5.9	7	7.29
文化程度	初中及以下	82	25.47	20	20.83
	高中或中专	127	39.44	31	32.29
	本科或大专	84	26.09	29	30.21
	硕士及以上	29	9.01	16	16.37
消费者个人月收入	3000 元以下	69	21.43	18	18.75
	3001~5000 元	101	31.37	25	26.04
	5001~8000 元	102	31.68	27	28.13
	8001 元以上	50	15.53	26	27.08

（二）变量说明

通过选择消费者是否愿意购买贵州地理标志白酒产品作为被解释变量，以消费者个人基本特征、产品属性和消费情景为解释变量，回归分析变量的赋值和其预期作用的方向如表 17-11 所示：

表 17-11　　　　　　　　支付意愿模型的变量定义及预期作用方向

变量属性	变量类型	变量名称	变量定义及说明	符号预期
自变量	基本特征	性别（X1）	1=男；0=女	+/.
		年龄（X2）	5=61 岁以上；4=51~60 岁；3=41~50 岁；2=31~40 岁；1=30 岁及以下	+/.
		文化程度（X3）	4=硕士及以上；3=本科或大专；2=高中或中专；1=初中及以下	+
		月收入（X4）	4=8001 元以上；3=5001~8000 元；2=3001~5000 元；1=3000 元以下	+
		职业（X5）	6=自由职业；5=退休人员；4=企业工作人员；3=学生；2=医生、教师、科技人员；1=政府或事业单位人员	+
	产品属性	品质（X6）	5=非常同意；4=同意；3=一般同意；2=不同意；1=非常不同意	+
		价格（X7）	5=非常同意；4=同意；3=一般同意；2=不同意；1=非常不同意	.
		质量安全（X8）	5=非常同意；4=同意；3=一般同意；2=不同意；1=非常不同意	+
		品牌（X9）	5=非常同意；4=同意；3=一般同意；2=不同意；1=非常不同意	+
		包装（X10）	5=非常同意；4=同意；3=一般同意；2=不同意；1=非常不同意	+
		宣传程度（X11）	5=非常同意；4=同意；3=一般同意；2=不同意；1=非常不同意	+

续表

变量属性	变量类型	变量名称	变量定义及说明	符号预期
自变量	消费情景	消费环境 （X12）	5＝非常同意；4＝同意；3＝一般同意； 2＝不同意；1＝非常不同意	＋
		购买经验 （X13）	5＝非常同意；4＝同意；3＝一般同意； 2＝不同意；1＝非常不同意	＋
		他人意见 （X14）	5＝非常同意；4＝同意；3＝一般同意； 2＝不同意；1＝非常不同意	＋
		文化因素 （X15）	5＝非常同意；4＝同意；3＝一般同意； 2＝不同意；1＝非常不同意	＋
因变量		是否愿意购买贵州地理标志白酒 Y	1＝是；0＝否	

（三） 回归分析

由表 17-12 可知，消费者个体因素中的年龄、学历及职业对消费者的支付意愿影响是显著的，职业系数为负，不符合预期；产品属性因素中价格和宣传程度显著负向影响消费者的支付意愿，价格系数为负，意味着产品定价越高消费者的支付意愿也许会随之下降，包装与宣传程度系数为负，不符合预期；消费者情景因素中消费环境显著正向影响消费者的支付意愿，从侧面反映出消费是受环境等因素影响的。他人意见与文化因素系数为负，不符合预期。

表 17-12   消费者支付意愿的二元 logistic 分析结果

项	回归系数	标准误	Z 值	Wald X^2	P 值	OR 值	OR 值 95% CI
性别 （X1）	0.355	0.271	1.312	1.721	0.190	1.427	0.839～2.425
年龄 （X2）	0.269**	0.107	2.512	6.310	0.012	1.309	1.061～1.615
文化程度 （X3）	0.479***	0.153	3.134	9.825	0.002	1.614	1.196～2.177

续表

项	回归系数	标准误	Z 值	Wald χ^2	P 值	OR 值	OR 值 95% CI
月收入（X4）	0.140	0.136	1.035	1.071	0.301	1.151	0.882~1.502
职业（X5）	−0.136*	0.080	−1.703	2.900	0.089	0.873	0.747~1.021
品质（X6）	0.154	0.169	0.914	0.835	0.361	1.166	0.838~1.623
价格（X7）	−0.782***	0.248	−3.152	9.935	0.002	0.458	0.281~0.744
质量安全（X8）	0.027	0.240	0.113	0.013	0.910	1.028	0.642~1.644
品牌（X9）	0.125	0.258	0.482	0.233	0.630	1.133	0.683~1.879
包装（X10）	−0.271	0.236	−1.147	1.316	0.251	0.762	0.480~1.212
宣传程度（X11）	−0.397**	0.222	−1.789	3.199	0.074	0.672	0.435~1.039
消费环境（X12）	0.539**	0.266	2.029	4.117	0.042	1.714	1.019~2.886
购买经验（X13）	0.158	0.260	0.605	0.366	0.545	1.171	0.703~1.951
他人意见（X14）	−0.121	0.216	−0.562	0.316	0.574	0.886	0.580~1.352
文化因素（X15）	−0.047	0.163	−0.287	0.082	0.774	0.954	0.693~1.314
截距	−0.611	1.286	−0.475	0.226	0.635	0.543	0.044~6.748
	因变量：Y						
	McFadden R 方：0.117						
	Cox & Snell R 方：0.133						
	Nagelkerke R 方：0.189						

注：*** $P<1\%$、** $P<5\%$、* $P<10\%$

第六节 结论与建议

一、结论

第一，消费者个人基本特征是影响其认知程度的重要因素。性别、年龄、文化程度、居住地、获取信息渠道和职业显著影响消费者的认知程度，消费者月收入和一周锻炼次数没有通过显著检验。

第二，消费者对白酒地理标志产品的支付意愿受个人基本特征的影响。学历和年龄显著正向影响消费者支付意愿，职业对消费者支付意愿的影响是负向显著的。

第三，产品属性影响消费者对白酒地理标志产品支付意愿。价格与宣传程度对消费者支付意愿的影响是显著负向的。

第四，消费情景影响消费者对白酒地理标志产品支付意愿。消费环境显著正向影响消费者的支付意愿。

二、建议

第一，消费者应提高自身的白酒产品安全意识。消费者需要利用多种途径对白酒产品质量安全资讯进行了解，对白酒地理标志产品的概念与知识有一定的认识，以此来提高自身的白酒产品安全意识，进而选择可以放心使用的白酒地理标志产品。消费者作为白酒地理标志产品的最终受益人，应站在更高的层次上，将自己的行为与整个社会结合在一起，对白酒产品质量安全问题进行关注，对白酒产品质量安全隐患进行防范。同时协助政府有关部门对白酒产品质量安全进行监管，对白酒地理标志产品的发展给予支持，与政府和企业一起参与到白酒地理标志产品的建设中来，共同降低白酒产品质量安全问题的发生。

第二，企业要加大广告宣传，提升消费者忠诚度。企业要加速创建白酒地理标志产品信息平台，不仅为消费者提供便捷的资讯获取途径，而且还要提高消费者对白酒地理标志产品的认知及辨别能力，满足其多样化与个性化的消费需要。在进行白酒地理标志产品有关知识的宣传时，可以将重心放在文化程度较低的人身上，另外需要适当加大对白酒地理标志产品附加价值有关资讯的宣传力度。

第三，政府要强化宣传教育，提升消费者对白酒地理标志产品的认知。首先，政府应加强对消费者风险意识的培养。由于多数消费者缺乏白酒产品质量安全方面的专业知识，所以他们对白酒产品的质量安全问题危害性的认识是比较模糊的。白酒产品质量安全问题与消费者的身体健康密切相关，因此政府应引导消费者更加重视这一问题，从而提高消费者的风险意识。其次，政府应充分发挥自己宣传窗口多、发布信息具有权威性的优势，通过互联网等媒介，向广大消费者宣传白酒地理标志产品的概念与相关知识，使消费者加深对白酒地理标志产品的认识，明晰白酒地理标志产品优势，并学会快速有效地将白酒地理标志产品与普通白酒产品区分开来。最后，政府应加强对全民健康教育的普及，提高公众的健康认识。当人们对酒的安全性有了更高的认识后，他们就会更加关注酒的安全性。要结合实际，采取多种形式进行全民健康教育。

第三部分 未来研究的讨论

第十七章　管理启示与展望

第一节　总　　结

在白酒企业的发展过程中，我国白酒企业会面临多种知识产权风险，这些风险不仅会造成企业经济效益的损失，也会出现企业运转不良的问题。白酒企业与科技型企业相比，对知识产权的敏感程度要低很多，大多数企业没有一套完善的知识产权风险防范体系。贵州是我国酱香酒主产地之一，近年来以贵州茅台为首的各酒企积极响应改革的号召，走在改革的前端，发展速度也是与日俱增。本研究项目组对贵州省白酒企业的知识产权风险防控体系进行调研后发现：企业知识产权意识低；知识产权制度不完善；专利类型分布不平衡；知识产权管理结构凌乱；保护意识淡薄；运营能力不足。为此提出相应的解决办法：通过企业内部宣传、培训等方式提高企业员工的知识产权意识；完善知识产权制度，包括员工的各种激励制度；整合知识产权管理部门，组建知识产权保护团队，并通过开展各种知识产权活动提升大家的保护意识；排查历史遗留问题；建立侵犯知识产权预警机制；提升知识产权运营能力，确立白酒知识产权的价值评估标准，让企业认识到知识产权的价值，以及其带来的经济利润。本研究填补了在白酒企业知识产权风险防控体系相关的空白，对于贵州白酒企业在知识时代的发展进程提出了知识产权的保障建议。但受时间限制、文章篇幅限制还有自身研究水平等原因，本研究还没有做到完美，其不足之处在于对于企业的调研还没有特别深入，对于知识产权风险防控体系的研究细节还不够完美。希望未来能够在风险防控体系的细节和量化上再作进一步研究。

第二节 展 望

随着经济和科学技术的迅猛发展，世界已经步入了知识经济的时代，市场的竞争也愈发激烈，而知识产权在新的世纪的科技发展、知识更新及企业竞争方面扮演了重要的角色，知识产权促进了全球的科学技术日新月异的变化与发展，促使了知识的传播与更新，更加推动了同行业之间企业科学技术的不断竞争。知识产权对我国企业的发展无论是现在还是未来都有着非常重要的影响作用，贵州省白酒行业对我国经济发展有着重大的贡献作用，所以知识产权的保护对贵州白酒企业的现在和未来的发展都有重要的影响。在未来的研究中，希望贵州省白酒企业采取更加合理有效的策略来完善和弥补企业知识产权保护中存在的不足。同时也希望政府各部门能够重视白酒企业在知识产权保护的风险，制定出相应的扶持政策，也更希望贵州省白酒企业能够走出国门进入国际市场，并积极申请国外和国际的商标、专利等来保护好自己的品牌和核心技术，取得参与全球经济竞争的主动权；只有掌握了全球经济竞争的主动权，白酒企业方能以自身的优势进入国际市场，才能够创造出中国白酒行业的辉煌。

参 考 文 献

［1］艾丰．品牌价值比较研究的理论探讨［J］．企业文化，1997（4）：9-11.

［2］安书芳．地理标志产品的品牌保护与建设问题研究［D］．扬州：扬州大学，
2009.

［3］鲍春．我国白酒制造业的知识产权风险防控体系研究——以山西杏花村汾酒
集团有限责任公司为例［D］．重庆：重庆理工大学，2018.

［4］暴迪．智力资本信息披露与企业价值相关性研究［J］．市场论坛，2020
（10）：41-45.

［5］卜长利．中国农产品地理标志产品空间分布特征与认证效果研究［D］．西
安：长安大学，2020.

［6］曾洁．中国酒类地理标志保护制度研究［D］．北京：中国农业科学院，
2009.

［7］曾莉，罗晓涵．美日证券市场知识产权信息披露制度及其对我国的启示
［J］．中国注册会计师，2014（4）：119-123.

［8］陈思．中国农产品地理标志保护对策研究［D］．北京：中国农业科学院，
2013.

［9］陈秀秀．科技创新对企业绩效影响研究［J］．合作经济与科技，2021（9）：
108-111.

［10］陈学忠．论农产品地理标志品牌化管理［J］．经济师，2011（11）：66，68.

［11］陈嫣．农产品地理标志原理与实践探索［D］．北京：中国农业科学院，
2008.

［12］陈怡安，张会成，郑晖，孙树特，张倩倩，李东海．我国地理标志的保护
模式选择［J］．农村经济与科技，2018，29（23）：40-42.

［13］程江豪，王秋红．管理者能力、企业技术创新与品牌价值［J］．会计之友，
2019（4）：79-84.

［14］仇云杰，吴磊，张文文．知识产权保护影响企业研发绩效吗——基于微观
数据的实证分析［J］．华中科技大学学报（社会科学版），2016，30（2）：
87-98.

［15］崔风暴，王云川，谢莲碧．川酒原产地地理标志品牌公信力研究——结构，
内涵及措施［J］．酿酒科技，2014（3）：109-112.

［16］崔凌僖．基于EVA的新三板企业价值评估研究［D］．北京：财政部财政科
学研究所，2015.

［17］崔倩．基于调整后Interbrand模型对汾酒品牌价值评估［D］．兰州：兰州财
经大学，2017.

［18］崔艳阳．黑龙江省地理标志农产品区域公共品牌价值评价研究［D］．哈尔
滨：哈尔滨商业大学，2022.

［19］戴浩，柳剑平．政府补助、技术创新投入与科技型中小企业成长［J］．湖
北大学学报（哲学社会科学版），2018，45（6）：138-145.

［20］戴晶．地理标志保护战略研究——浙江省地理标志产品保护战略探析
［J］．法制与社会，2008（29）：9-10.

［21］党鹏．白酒行业持续升级 市场分化并进［N］．中国经营报，2022-05-16
（D01）.

［22］邓义，陈哲，邢慧茹，段凌峰．供给侧改革下提高中国居民粮食产品消费
质量的实证研究——基于全国27个省市区粮食产品消费行为的调研［J］.
消费经济，2018，34（1）：58.64.

［23］邓雨亭，李黎明．面向国家创新体系的专利保护强度影响因素研究［J］.
科学学研究，2021，39（7）：1229-1238.

［24］董大一．中国专利知识讲座［M］．北京：经济管理出版社，1987：11-12.

［25］董涛．"中国特色知识产权理论体系"研究论纲［J］．知识产权，2013
（5）：7-18.

［26］樊增强．知识产权保护的科技创新效应、现存问题与战略选择［J］．科学
管理研究，2018，36（5）：27-30.

［27］ 范晶 . 吉林省城乡居民牛肉消费行为研究 ［J］. 黑龙江畜牧兽医，2017
（22）：6-9，14.

［28］ 范婷婷 . 基于 Interbrand 模型的白酒企业品牌价值评估 ［D］. 青岛：青岛理
工大学，2018.

［29］ 范孝雯 . 基于湛江原产地形象的地理标志品牌营销策略研究 ［J］. 中国产
经，2021 （2）：37-38.

［30］ 范秀成，冷岩 . 品牌价值评估的忠诚因子法 ［J］. 科学管理研究，2000
（5）：50-56.

［31］ 冯晓青 . 知识产权法的价值构造：知识产权法利益平衡机制研究 ［J］. 中
国法学，2007 （1）：67-77.

［32］ 符必勇 . 上市公司知识产权与绩效之间关系的实证研究 ［D］. 广州：暨南
大学，2015.

［33］ 付雪旻 . 白酒行业上市公司知识产权信息披露对企业价值的影响研究
［D］. 重庆：重庆理工大学，2021.

［34］ 高纬光，蒲顺昌，杨建刚，等 . 安徽省白酒研究现状 ［J］. 中国酿造，
2022，41 （10）：13-17.

［35］ 郜尧禹，刘海兰，王德辉，等 . 全国茶叶地理标志产品时空分布及其影响
因素分析 ［J］. 中国茶叶，2022，44 （5）：38-44.

［36］ 葛广宇，陈佳妮，魏向杰 . 上市公司高管薪酬激励对企业绩效的影响研
究——基于服装行业上市公司样本数据 ［J］. 现代管理科学，2021 （6）：
70-79.

［37］ 葛骏，朱和平 . R&amp；D 活动、创新专利与企业绩效——来自上市公司
的经验证据 ［J］. 财会通讯，2016 （1）：32-36.

［38］ 耿熠君 . "莱芜生姜" 地理标志品牌竞争力研究 ［D］. 大庆：黑龙江八一
农垦大学，2021.

［39］ 郭超龙 . 消费者对地理标志农产品购买意愿的影响因素研究 ［D］. 福州：
福建农林大学，2019.

［40］ 郭禾 . 我国地理标志保护发展的应然路径 ［J］. 知识产权，2022 （8）：3-
14.

[41] 郭晓鸣. 论知识产权概念体系下的知识产权系统类概念——基于哲学、逻辑、历史的三角方法结构 [C]. 中国知识产权法学研究会 2015 年年会论文集, 2015: 766-787.

[42] 郭旭, 徐志昆. 贵州白酒品牌体系构建现状、存在问题及对策研究 [J]. 贵州商学院学报, 2020, 33 (4): 19-29.

[43] 韩磊, 谢双玉, 王宏志. 湖北省地理标志产品空间分布及其影响因素研究 [J]. 农业现代化研究, 2018, 39 (5): 865-874.

[44] 韩玉雄, 李怀祖. 关于中国知识产权保护水平的定量分析 [J]. 科学学研究, 2005 (3): 377-382.

[45] 杭冬婷. 对我国地理标志法律体系化完善路径的探讨 [J]. 法制博览, 2021 (22): 24-25.

[46] 郝建强, 伊黎, 周绪宝, 等. 消费者对农产品地理标志认知度和购买行为的分析 [J]. 农产品质量与安全, 2012 (4): 18-21.

[47] 何帆, 陈天华. 论我国白酒知识产权的法律保护 [J]. 法制与社会, 2014 (24): 278-279, 281.

[48] 何华. 中美知识产权认知差异研究 [J]. 科研管理, 2019, 40 (3): 163-170.

[49] 何清. 我国地理标志品牌文化内涵探讨 [J]. 商业经济研究, 2016 (23): 60-61.

[50] 何焰, 黄京华. 地理标志品牌价值提升路径研究 [J]. 商业经济研究, 2022 (15): 57-61.

[51] 胡波. 上海市星级饭店空间分布特征研究 [D]. 上海: 同济大学, 2007.

[52] 胡铭. 基于产业集群理论的农产品地理标志保护与发展 [J]. 农业经济问题, 2008 (5): 26-31.

[53] 胡映雪. 金融结构、科技创新与产业结构升级 [D]. 重庆: 西南大学, 2017.

[54] 胡悦. 老字号品牌价值评估及价值提升策略研究 [D]. 杭州: 浙江财经大学, 2017.

[55] 黄慧化. 乡村振兴背景下地理标志农产品品牌管理策略研究 [J]. 现代农

村科技，2020（4）：7-9.

[56] 黄勤南．知识产权法［M］．北京：法律出版社，2001.

[57] 黄炜杰．大数据背景下的企业知识产权信息披露问题［J］．山西财经大学学报，2022，44（S1）：20-22.

[58] 计慧．畅通城乡经济循环 构建流通大市场［N］．中华合作时报，2021-02-05（A01）.

[59] 纪京九．产权保护对企业科技创新的影响研究［D］．保定：河北大学，2021.

[60] 康伟玲．安溪铁观音地理标志茶叶网购意愿影响因素研究［D］．福州：福建农林大学，2022.

[61] 科技助力贵州白酒产业四年申请专利超2000件［J］．创新科技，2014，173（19）：61.

[62] 李红，吴孟繁．我国创业板上市公司知识产权信息披露现状分析［J］．会计之友，2014（18）：77-80.

[63] 李红英．知识产权与企业绩效的关系实证研究［D］．北京：北京外国语大学，2020.

[64] 李景相，何元凯．广西地理标志空间分布特征及影响因素研究［J］．广西农学报，2022，37（2）：67-73，89.

[65] 李娜娜，邓淑红．陕南地理标志农产品的品牌价值评价研究［J］．湖北农业科学，2019，58（19）：57-60，201.

[66] 李曙光．白酒行业是永恒的朝阳产业［J］．中国食品工业，2021（1）：26.

[67] 李响．基于地理标志的初级农产品品牌化建设研究［D］．天津：天津大学，2009.

[68] 李小钰．《中欧地理标志协定》下我国农产品地理标志保护研究［D］．兰州：西北民族大学，2022.

[69] 李雪岩，翟得芳，杨凤仙．横州茉莉花茶顾客感知价值对购买意愿的影响研究［J］．中国茶叶，2022，44（2）：50-55.

[70] 李永明．论原产地名称的法律保护［J］．中国法学，1994（3）：66.

[71] 李正．企业社会责任与企业价值的相关性研究——来自沪市上市公司的经

验证据 [J]. 中国工业经济, 2006 (2): 77-83.

[72] 林德明, 王宇开, 丁堃. 中日知识产权战略对比研究——战略主题、战略目标和政策工具 [J]. 中国科技论坛, 2018 (11): 168-177.

[73] 林沫含. 消费者对可追溯乳品购买行为选择及影响因素研究 [D]. 沈阳: 沈阳农业大学, 2022.

[74] 林霜. 知识产权保护、技术创新与企业财务绩效 [J]. 财会通讯, 2018 (33): 107-112.

[75] 林秀芹, 孙智. 我国地理标志法律保护的困境及出路 [J]. 云南师范大学学报 (哲学社会科学版), 2020, 52 (1): 49-61.

[76] 蔺豆豆, 衣娇. 地理标志概念探析 [J]. 中外企业家, 2010 (4): 241, 263.

[77] 刘成伟. 加强地理标志的商标保护 [J]. 知识产权, 2002 (1): 34.

[78] 刘春霖. 论原产地名称侵权行为的认定 [J]. 河北法学, 1998 (6): 76.

[79] 刘春田. 知识产权法 [M]. 北京: 中国人民大学出版社, 2000.

[80] 刘春田. 知识产权解析 [J]. 社会观察, 2003 (2): 42.

[81] 刘海兰, 王德辉, 孙杰, 等. 中国中药材地理标志空间分布及影响因素分析 [J]. 中药材, 2021, 44 (3): 548-554.

[82] 刘翰林, 王子蕊. 控股股东股权质押与股价崩盘风险——基于信息披露质量的中介效应研究 [J]. 杭州电子科技大学学报 (社会科学版), 2022, 18 (1): 34-41.

[83] 刘华, 孟奇勋. 知识产权公共政策的模式选择与体系构建 [J]. 中国软科学, 2009 (7): 10-18.

[84] 刘华军. 地理标志的空间分布特征与品牌溢出效应——基于中国三部门地理标志数据的实证研究 [J]. 财经研究, 2011, 37 (10): 48-57.

[85] 刘培峰. 原产地名称的国际保护及我国的构想 [J]. 政治与法律, 1996 (6): 41-44.

[86] 刘帅. 基于 Interbrand 模型的啤酒品牌价值评估 [D]. 北京: 北京建筑大学, 2020.

[87] 刘小青, 陈向东. 专利活动对企业绩效的影响——中国电子信息百强实证

研究［J］．科学学研究，2010，28（1）：26-32.

［88］刘议蔚，王玉斌．消费者特色农产品感知价值、满意度与行为意向——基于山东及河北城镇居民驴肉消费调查［J］．中国农业大学学报，2021，26（5）：232-244.

［89］柳晨．大学生对地理标志农产品购买意愿研究［D］．武汉：中南财经政法大学，2019.

［90］龙丽丽．消费者对地理标志农产品认知及购买意愿的影响因素分析［D］．南宁：广西大学，2020.

［91］龙小宁，林菡馨．专利执行保险的创新激励效应［J］．中国工业经济，2018（3）：116-135.

［92］卢强，李辉．消费者有机农产品网购意愿研究——基于 TAM 模型的实证［J］．当代经济管理，2017，39（1）：15-23.

［93］卢泰宏，黄胜兵，罗纪宁．论品牌资产的定义［J］．中山大学学报（社会科学版），2000（4）：17-22.

［94］卢泰宏，吴水龙，朱辉煌，何云．品牌理论里程碑探析［J］．外国经济与管理，2009，31（1）：32-42.

［95］卢泰宏．品牌资产评估的模型与方法［J］．中山大学学报（社会科学版），2002（3）：88-96.

［96］马冰然．农产品地理标志对消费者购买意愿的影响研究［D］．哈尔滨：哈尔滨工业大学，2018.

［97］马凤，戈咏．高技术产业专利质量、专利保护强度与企业绩效［J］．井冈山大学学报（社会科学版），2022，43（4）：69-76.

［98］马婧．农户认知对其参与农地经营权抵押贷款行为的影响研究［D］．咸阳：西北农林科技大学，2018.

［99］马骏．品牌价值评估方法及应用［D］．重庆：重庆工商大学，2012.

［100］马清学．保护和发展我国地理标志产品管理机制初探［J］．企业经济，2007（2）：62-64.

［101］马芮，张浩娟，鲍新中．上市公司知识产权信息披露指数的构建及实证检验［J］．财会月刊，2019（17）：30-35.

[102] 马思乐，邰晓红．环境信息披露对煤炭上市企业的企业价值影响研究——基于监事会规模的调节效应［J］．科技促进发展，2021，17（7）：1394-1401.

[103] 孟辉．苍山大蒜地理标志品牌保护与建设研究［D］．泰安：山东农业大学，2013.

[104] 苗峻玮．科技创新对经济高质量发展的影响研究［D］．北京：北京交通大学，2021.

[105] 明跃强．全域旅游视角下的阳朔民宿空间分布特征及影响因素研究［D］．桂林：桂林理工大学，2021.

[106] 牟莉莉，汪克夷，冯桂平，于晓丹．专利保护与企业绩效关系研究［J］．科技与管理，2009，11（5）：59-62.

[107] 彭贝贝，周应恒．信息不对称情况下地理标志农产品"柠檬市场"困境——基于淘宝网"碧螺春"交易数据的分析［J］．世界农业，2019（5）：91-95，111.

[108] 平邵鑫．基于平衡计分卡理论的医药企业价值评估［D］．郑州：河南财经政法大学，2019.

[109] 齐斌．证券市场信息披露法律监管［M］．北京：法律出版社，2001.

[110] 秦红彦．基于品牌资产的乳制品品牌价值提升策略研究［D］．天津：天津商业大学，2017.

[111] 卿陶．知识产权保护、技术差距与企业创新［J］．产经评论，2021，12（3）：38-55.

[112] 冉红．地理标志产品的溢价特征及对策［J］．商业时代，2010（16）：137-138.

[113] 任重远．品牌价值内涵与评价体系研究［J］．商业经济，2017（4）：110-112.

[114] 尚豫新．新疆特色农产品区域品牌建设研究［D］．济南：山东大学，2019.

[115] 沈飞，周延，刘峻峰．专利执行保险、技术创新与企业绩效［J］．工业技术经济，2021，40（4）：119-128.

[116] 史宇鹏，顾全林．知识产权保护、异质性企业与创新：来自中国制造业的证据 [J]．金融研究，2013（8）：136-149.

[117] 舒欣，安同良．知识产权保护行为、创新产出与企业绩效——基于江苏省制造业企业微观创新调查 [J]．宏观质量研究，2020，8（5）：70-82.

[118] 宋艳，常菊，陈琳．专利质量对企业绩效的影响研究——技术创新类型的调节作用 [J]．科学学研究，2021，39（8）：1459-1466.

[119] 苏悦娟．从利益相关者的角度对地理标志产品的区域产业品牌培育进行分析 [J]，东南亚纵横，2009（10）：97-100.

[120] 苏悦娟．湘山酒地理标志产品保护分析和产业监管建议 [J]．中国标准导报，2012（10）：33-35.

[121] 孙赫．知识产权保护对我国成长型创新企业自主创新影响的定量分析——以创业板上市企业为例 [J]．科技进步与对策，2017，34（21）：95-102.

[122] 孙铭壕，钱馨蕾，徐建玲．知识产权保护对地区创新的影响路径研究——基于 FDI 视角 [J]．技术经济与管理研究，2019（3）：31-37.

[123] 孙奕驰．上市公司财务绩效评价及其影响因素研究 [D]．沈阳：辽宁大学，2011.

[124] 孙银亭．企业环境信息披露对企业价值的影响研究 [D]．呼和浩特：内蒙古财经大学，2022.

[125] 孙玉芸．美国知识产权战略的实施及其启示 [J]．企业经济，2011，30（2）：187-189.

[126] 孙智．地理标志法律概念溯源及其重新界定——兼论地理标志保护规定（征求意见稿）的修改完善 [J]．知识产权，2022（8）：60-78.

[127] 谭丽玲．消费者参与农产品地理标志品牌价值共创的提升策略研究 [D]．重庆：重庆理工大学，2021.

[128] 唐宏，严婷婷．邛酒品牌视觉形象塑造研究 [J]．美术大观，2018（1）：120-121.

[129] 唐静．消费者对地理标志农产品的认知程度及溢价支付意愿研究 [D]．合肥：安徽农业大学，2020.

[130] 唐玉生，曲立中，孙安龙．品牌价值构成因素的实证研究 [J]．商业研究，

2013（9）：110-116.

[131] 陶然 ."中国白酒金三角"申报地理标志产品保护川酒给知识产权上"保险"[J]. 酿酒科技，2011（2）：50-50.

[132] 汪军能，蒋振华，秦年秀，韦卉敏，王品 . 广西地理标志农产品空间分布与品牌溢出效应研究 [J]. 南宁师范大学学报（自然科学版），2022，39（1）：173-179.

[133] 王成荣，邹珊刚 . 论品牌价值的来源及构成 [J]. 商业研究，2005（9）：7-10.

[134] 王国华 . 消费者对地理标志农产品的认知情况及购买意愿研究——以辽宁省大米地理标志产品为例 [J]. 商业经济，2017（6）：28-30.

[135] 王海忠，赵平 . 品牌原产地效应及其市场策略建议——基于欧、美、日、中四地品牌形象调查分析 [J]. 中国工业经济，2004（1）：78-86.

[136] 王鹤，李静，冯雨瑶 . 八成白酒上市公司营收净利双增　行业稳中向好趋势未变 [N]. 证券日报，2022-11-01（B01）.

[137] 王弘儒，秦文晋 . 中国地理标志产品的空间分布与集聚特征研究 [J]. 世界地理研究，2023，32（6）：157-166.

[138] 王晶，吴晓丽，潘静，何军 . 贺兰山东麓葡萄产业发展现状及品牌升级路径 [J]. 中国果树，2022（2）：93-98.

[139] 王磊 . 中国白酒企业品牌资产价值评估研究 [D]. 北京：北方工业大学，2020.

[140] 王懋楠，王目文 . 山东省农产品地理标志空间分布及影响因素分析 [J]. 科技和产业，2022，22（9）：368-373.

[141] 王盼盼，喻晓玲 . 消费者对地理标志烟台苹果购买意愿分析 [J]. 合作经济与科技，2022（6）：86-87.

[142] 王萍 . TRIPs 和 TPP 背景下我国地理标志保护问题研究 [D]. 厦门：厦门大学，2017.

[143] 王少敏 . 创新价值链视角下科技创新效率的区域差异及动态演变 [D]. 杭州：浙江工商大学，2021.

[144] 王晓灵 . 品牌价值的结构、影响因素及评价指标体系研究 [J]. 现代管理

科学, 2010 (11): 95-97.

[145] 王晓巍, 陈逢博. 创业板上市公司股权结构与企业价值 [J]. 管理科学, 2014, 27 (6): 40-52.

[146] 王笑冰. 德国对地理标志的法律保护 [J]. 中华商标, 2006 (2): 45-47.

[147] 王笑冰. 地理标志的经济分析 [J]. 学术论坛, 2005 (5): 20-26.

[148] 王笑冰. 法国对地理标志的法律保护 [J]. 电子知识产权, 2006 (4): 16-21.

[149] 王笑冰. 瑞士对地理标志的法律保护 [J]. 中华商标, 2006 (3): 59-61.

[150] 王珍愚, 何斌, 单晓光, 周逸颖. 知识产权政策动态调整——韩国案例研究 [J]. 科学学研究, 2017, 35 (10): 1461-1468, 1517.

[151] 魏源, 李臣澜. 海国图志——筹海篇 [M]. 北京: 中国古籍出版社, 1999.

[152] 翁润. 知识产权保护对中国企业创新的影响研究 [D]. 南京: 南京大学, 2019.

[153] 吴彬. 我国地理标志法律保护模式的冲突与完善措施 [J]. 武汉: 华中农业大学学报, 2011 (4): 110-114.

[154] 吴伯明. 知识产权应用指南 [M]. 北京: 经济科学出版社, 1993: 12.

[155] 吴超鹏, 唐菂. 知识产权保护执法力度、技术创新与企业绩效——来自中国上市公司的证据 [J]. 经济研究, 2016, 51 (11): 125-139.

[156] 吴丹乔. 白酒类老字号企业价值评估研究 [D]. 昆明: 云南大学, 2019.

[157] 吴汉东. 论知识产权一体化的国家治理体系——关于立法模式、管理体制与司法体系的研究 [J]. 知识产权, 2017 (6): 3-12.

[158] 吴汉东. 试论《民法通则》中的知识产权制度 [J]. 中南政法学院学报, 1986 (4): 7-11.

[159] 吴汉东. 试论知识产权制度建设的法治观和发展观 [J]. 知识产权, 2019 (6): 3-15.

[160] 吴汉东. 新时代中国知识产权制度建设的思想纲领和行动指南——试论习近平关于知识产权的重要论述 [J]. 法律科学 (西北政法大学学报), 2019, 37 (4): 31-39.

[161] 吴汉东. 中国知识产权法律体系论纲——以《知识产权强国建设纲要 (2021—2035)》为研究文本 [J]. 知识产权, 2022 (6): 3-20.

[162] 吴霞. 辽宁省国家级森林公园空间分布特征分析 [D]. 沈阳: 沈阳农业 大学, 2019.

[163] 吴旭峰. 地理标志的法律保护 [D]. 北京: 中国政法大学, 2004.

[164] 吴志萍, 校建民, 赵鹏. 我国林业上市企业科技创新、社会责任贡献与持 续发展动态关系分析 [J]. 世界林业研究, 2022, 35 (4): 107-112.

[165] 武欣欣. 知识产权保护对我国高新技术产品出口的影响研究 [D]. 合肥: 安徽大学, 2014.

[166] 夏龙, 姜德娟, 隋文香. 中国地理标志农产品的空间分布与增收效应 [J]. 产经评论, 2015, 6 (1): 78-91.

[167] 肖闻. 基于因子分析的贵州白酒产业集聚因素研究 [D]. 贵阳: 贵州师 范大学, 2016.

[168] 肖延高, 刘鑫, 童文锋, 康凯悦. 研发强度、专利行为与企业绩效 [J]. 科学学研究, 2019, 37 (7): 1153-1163.

[169] 谢敏. 地理标志农产品对品牌营销竞争力的影响——以四川省为例 [J]. 中国农业资源与区划, 2017 (4): 207-213.

[170] 邢斐. 加强专利保护对我国创新活动影响的实证研究 [J]. 科学学研究, 2009, 27 (10): 1495-1499.

[171] 熊彼特. 经济发展论 [M]. 北京: 北京经济出版社, 1999.

[172] 徐芳芳. 我国农产品地理标志保护制度完善研究 [D]. 合肥: 安徽财经 大学, 2021.

[173] 徐英, 王秉洪, 李松. 贵州省农产品地理标志空间分布及影响因素研究 [J]. 西北师范大学学报 (自然科学版), 2019, 55 (5): 121-128.

[174] 徐钰婧. 智力资本自愿信息披露对高科技上市公司融资效率的影响 [D]. 上海: 上海外国语大学, 2021.

[175] 许标. 沈阳市地理标志农产品消费者认知状况调查研究 [D]. 沈阳: 沈 阳农业大学, 2017.

[176] 许春明, 单晓光. 中国知识产权保护强度指标体系的构建及验证 [J]. 科

学学研究，2008（4）：715-723.

[177] 许基南，李建军.基于消费者感知的特色农产品区域品牌形象结构分析
[J].当代经济，2010（7）：92-98.

[178] 严鸿雁.高新技术上市公司知识产权、资本结构与企业绩效［J］.财会通
讯，2011（19）：27-29.

[179] 杨彬.上海市五星级饭店空间分布研究［D］.上海：复旦大学旅游学系，
2010.

[180] 杨起全，吕力之.美国知识产权战略研究及其启示［J］.中国科技论坛，
2004（2）：102-105，126.

[181] 杨锐征.地理标志产品经济价值评价［J］.中国农学通报，2011，27（4）：
432-435.

[182] 杨舜.我国地理标志法律保护研究［D］.昆明：云南财经大学，2021.

[183] 杨一翁，孙国辉，张欣瑞.国家品牌效应及其调节变量研究［J］.企业经
济，2016（3）：11-16.

[184] 杨智，许进，姜鑫.绿色认证和论据强度对食品品牌信任的影响——兼论
消费者认知需求的调节效应［J］.湖南农业大学学报（社会科学版），
2016，17（3）：6-11，89.

[185] 杨子怡.白酒企业品牌价值评估体系研究［D］.重庆：西南交通大学，
2015.

[186] 叶天宏.中国白酒产业现状与发展对策研究［J］.产业与科技论坛，
2017，16（10）：12-14.

[187] 易继明，李春晖，石丹，等.中美贸易战及中国未来的发展——北京大学
博士生导师易继明教授访谈录［J］.社会科学家，2018（6）：3-8.

[188] 易先忠，张亚斌，刘智勇.自主创新、国外模仿与后发国知识产权保护
［J］.世界经济，2007（3）：31-40.

[189] 于佳.顾客感知价值对绿色食品购买行为的影响研究［D］.广州：华南
理工大学，2012.

[190] 于洋，李一军.基于多策略评价的绩效指标权重确定方法研究［J］.系统
工程理论与实践，2003（8）：8-15，52.

[191] 于洋，王宇. 知识产权保护与企业创新活动——基于 A 股上市公司创新
    "量"和"质"的研究 [J]. 软科学，2021，35（9）：47-52，67.

[192] 余红红，李娅. 消费者对核桃产品的需求意愿及影响因素分析——基于云
    南省昆明市 1115 份消费者调查数据 [J]. 林业经济，2019，41（10）：
    62，69.

[193] 余琨岳，顾新，赵长轶. 新常态下"中国白酒金三角（川酒）"地理标
    志品牌塑造系统及其构建路径研究 [J]. 决策咨询，2016（5）：35-40.

[194] 喻伟泉. 实用知识产权法学新词典 [M]. 长春：吉林人民出版社，2004.

[195] 袁荧，陈祺恺，戴煜婷，朱苗绘. 消费者对地理标志农产品购买意愿的实
    证分析 [J]. 农村经济与科技，2019，30（9）：118-119，143.

[196] 岳章名. 欧盟地理标志保护的发展及对中国的启示 [D]. 上海：华东政
    法大学，2020.

[197] 詹爱岚，毛姗姗. 绍兴黄酒地理标志管理实践及启示 [J]. 浙江农业科
    学，2012（5）：770-774.

[198] 占辉斌，陈超. 消费者对地理标志产品的认知程度以及购买意愿研究——
    基于黄山地理标志茶叶的个案调查分析 [J]. 消费经济，2010，26（4）：
    55-57.

[199] 占辉斌. 农户地理标志产品的认知研究——基于地理标志产品黄山毛峰、
    太平猴魁保护区 556 户农户的调查 [J]. 黑龙江八一农垦大学学报，
    2015，27（3）：125-128.

[200] 占辉斌. 消费者地理标志产品产地态度及其购买意愿研究——以黄山毛峰
    为例 [J]. 黑龙江八一农垦大学学报，2018，30（3）：108-112.

[201] 张东刚，冯素杰. 近代中国知识产权制度的安排与变迁 [J]. 中国人民大
    学学报，2004（3）：86-92.

[202] 张国政，彭承玉，张芳芳，等. 农产品顾客感知价值及其对购买意愿的影
    响——基于认证农产品的实证分析 [J]. 湖南农业大学学报（社会科学
    版），2017，18（2）：24-28.

[203] 张国政，彭嫔，王坤波，等. 基于联合分析法的消费者对茶叶品牌、价
    格、有机认证与地理标志的偏好分析 [J]. 茶叶通讯，2019，46（2）：

215-220.

[204] 张菊. 我国上市公司知识产权信息披露问题研究 [D]. 重庆：重庆理工大学，2016.

[205] 张来武. 科技创新驱动经济发展方式转变 [J]. 中国软科学，2011（12）：1-5.

[206] 张米尔，任腾飞，包丽春. 知识产权的新形态及相互作用研究——以地理标志与生态标签为例 [J]. 科学学研究，2023，41（8）：1454-1463.

[207] 张启尧，李娜. 感知价值对消费者深加工农产品品牌购买意愿的影响研究 [J]. 江西科学，2022，40（6）：1185-1193.

[208] 张珊珊. 乳制品品牌的消费者支付意愿影响因素研究 [D]. 广州：华南农业大学，2017.

[209] 张曙临. 品牌价值的实质与来源 [J]. 湖南师范大学社会科学学报，2000（2）：38-42.

[210] 张思慧，余序洲，马园庭. "三同"食品感知价值对购买意愿的影响研究——以消费者食品安全态度为调节变量 [J]. 北方经贸，2022（5）：38-43.

[211] 张惟楚. 知识产权保护对我国高技术产业全要素生产率的影响研究 [D]. 西安：西安理工大学，2021.

[212] 张伟，祝红霞，曹丹，等. 知识产权概念新论 [J]. 科技管理研究，2006（2）：163-165，183.

[213] 张晓月，陈鹏龙，赵魏理. 专利质量对企业绩效的作用关系研究——以创业板上市公司为例 [J]. 科技管理研究，2017，37（22）：170-176.

[214] 张雪莹. 研发投入、专利保护对转型经济体创新产出的影响研究 [D]. 南京：南京信息工程大学，2021.

[215] 张莹. 基于Interbrand评估法的老字号酒企品牌价值评估 [D]. 昆明：云南大学，2018.

[216] 张玉敏. 知识产权的概念和法律特征 [J]. 现代法学，2001（5）：103-110.

[217] 张志超. 可持续发展视角下智力资本信息披露对企业价值的影响——基于

我国商贸流通上市企业的实证［J］.商业经济研究，2022（10）：174-177.

［218］赵凤琦.我国白酒产业可持续发展研究［D］.北京：中国社会科学院，2014.

［219］赵艳丽，崔艳阳.地理标志农产品产业集群品牌价值研究综述［J］.经济师，2022（1）：58-59.

［220］赵远亮，周寄中，侯亮，许治.医药企业知识产权与经营绩效的关联性研究［J］.科研管理，2009，30（4）：175-183.

［221］郑成思.WTO中的商标与地理标志［J］.中华商标，1997（4）：9-10.

［222］郑成思.再论知识产权的概念［J］.知识产权，1997（1）：13-22，33.

［223］郑成思.知识产权法教程［M］.北京：法律出版社，1993.

［224］郑成思.知识产权及其在美国的特殊情况［J］.国际贸易问题，1981（1）：52-55，46.

［225］周安宁，应瑞瑶.我国消费者地理标志农产品支付意愿研究［J］.华东经济管理，2012，26（7）：111-114.

［226］周发明.财务视角下农业区域品牌价值评价研究［J］.会计之友，2018（16）：84-87.

［227］周珈亦.地理标志产品发展问题研究——以绍兴黄酒为例［J］.山西农经，2019（14）：29-30.

［228］周洁.知识产权信息披露对上市公司的影响［J］.江苏科技信息，2015（22）：72-74.

［229］周凯.简阳羊肉汤地理标志品牌价值测量与管理研究［D］.重庆：西南科技大学，2019.

［230］周念利，李玉昊.数字知识产权保护问题上中美的矛盾分歧、升级趋向及应对策略［J］.理论学刊，2019（4）：58-66.

［231］周群.我国高新技术企业技术创新影响因素研究［D］.重庆：西南大学，2009.

［232］周应恒.消费者食品安全风险感知与恢复购买行为差异研究——以南京市乳制品消费为例［J］.南京农业大学学报，2014（1）：111-117.

[233] 周玉冰. 中华老字号品牌价值评估研究 [D]. 天津：天津财经大学, 2020.

[234] 周正蜀. "中国白酒金三角（川酒）" 地理标志产品保护研究 [D]. 重庆：西南财经大学, 2013.

[235] 朱其太. 地理标志产品保护让江苏汤沟白酒飘香 [J]. 中国检验检疫, 2011 (3)：55-56.

[236] 朱清香, 赵文辉, 张蓓蕾, 谢姝琳. 自主创新能力对企业绩效的影响——基于技术型董事和知识产权保护的调节作用 [J]. 会计之友, 2022 (1)：82-89.

[237] 朱瑞庭, 许林峰, 李节. 品牌价值的理论、模型及其评估 [J]. 商业时代, 2003 (13)：44-45.

[238] 朱向梅, 张彬. 我国地理标志水果产业竞争格局时空演化研究 [J]. 林业经济, 2022, 44 (3)：78-96.

[239] 朱晓风, 包乾辉, 李佳利, 石淑珍, 戴引, 刘雪. 我国家禽类地理标志保护产品时空特征分析 [J]. 农业机械学报, 2021, 52 (S1)：197-206.

[240] 朱雪忠. 中国知识产权管理 40 年 [J]. 科学学研究, 2018, 36 (12)：2151-2153, 2159.

[241] 庄子银, 贾红静, 李汛. 知识产权保护对企业创新的影响研究——基于企业异质性视角 [J]. 南开管理评论, 2023, 26 (5)：61-73.

[242] 梓烨. 香飘万里伊犁酒 [J]. 消费指南, 2011 (3)：30-31.

[243] Amy Jocelyn Glass, Xiaodong Wu. Intellectual Property Rights and Quality Improvement [J]. *Journal of Development Economics*, 2005, 82 (2).

[244] Arrow K. J. The Economic Implications of Learning by Doing [J]. *The Review of Economic Studies*, 1962, 29 (3)：155-173.

[245] Arvola A., Vassallo M., Dean M., Lampila P., Saba A., Lhteenmaki L. Shepherd R. Predicting Intentionsto Purchase Organic Food：The Role of Affective and Moral Attitudes in the Theory of Planned Behaviour [J]. *Appetite*, 2007, 50 (2)：443-454.

[246] Bernardin H. J., Beatty R. W. *Performance Appraisal：Assessing Human Behavior at Work* [M]. Boston, Ma.：Kent Publishing Company, 1984.

[247] Cacic J. , Tratnik M. , Kljusuric J. G. , et al. Wine with Geographical Indication Awareness of Croatian Consumers [J]. *British Food Journal*, 2011, 113 (1): 66. 77.

[248] Chakrabarti Gargi. Geographical Indications: Analysis of Registered Products Towards Improved Legal Protection in India [J]. *Queen Mary Journal of Intellectual Property*, 2021, 11 (1).

[249] Chidi Oguamanam. Patents and Pharmaceutical R&D: Consolidating Private – Public Partnership Approach to Global Public Health Crises [J]. *The Journal of World Intellectual Property*, 2010, 13 (4).

[250] Cornish W. R. Intellectual Property [J]. Yearbook of European Law, 1992, 12 (1).

[251] Crimmins James C.. Better Measurement and Management of Brand Value [J]. *Journal of Advertising Research*, 2000, 40 (6).

[252] Daniel C. , Smith, C. , Whan Park. The Effects of Brand Extensions on Market Share and Advertising Efficiency [J]. *Journal of Marketing Research*, 1992, 29 (3).

[253] Dodds W. B. , K. B. Monroe, and D. Grewal. The Effects of Price, Brand, and Store Information on Buyers' Product Evaluations [J]. *Journal of Marketing Research*. 1991, 28 (3): 307-319.

[254] Dr. Dwijen Rangnekar. The Law and Economics of Geographical Indications: Introduction to Special Issue of *The Journal of World Intellectual Property* [J]. *The Journal of World Intellectual Property*, 2010.

[255] Ernst H. Patent Applications and Subsequent Changes of Performance: Evidence from Time-series Cross-section Analyses on the Firm Level [J]. *Research Policy*, 2001, 30 (1): 143-157.

[256] Gao, X. M. , Reynolds, A. , & Lec. I. Y.: A Structural Latent Variable Approachte Modelling Cursaner Perception: A Ase Study of Orange Juice [J].

Agribusuness, 1993, 9（4）: 317-324.

［257］ Griliches Z. , Hall B. H. , Pakes A. R&D, Patents, and Market Value Revisited: Is There a Second（technological opportunity）Factor? ［J］. *Economics of Innovation and New Technology*, 1991, 1（3）: 183-201.

［258］ Halkos George, Leonti Aikaterini & Sardianou Eleni. Determinants of Willingness to Pay for Entrance to Urban Parks: A Quantile Regression Analysis ［J］. *Economic Analysis and Policy*, 2022（prepublish）.

［259］ Hausman J. A. , Hall B. H. , & Griliches Z. Econometric Models for Count Data with an Application to the Patents-R&D Relationship ［J］. Econometrica, 1984（6）: 15-21.

［260］ Hung Ngoc Dang, Van Thi Thuy Vu, Xuan Thanh Ngo, et al. Study the Impact of Growth, Firm Size, Capital Structure, and Profitability on Enterprise Value: Evidence of Enterprises in Vietnam ［J］. *Journal of Corporate Accounting & Finance*, 2019, 30（1）: 144-160.

［261］ Juan C. Ginarte, Walter G. Park. Determinants of Patent Rights: A Cross-national Study ［J］. *Research Policy*, 1997, 26（3）.

［262］ Kausik Gangopadhyay, Debasis Mondal. Does Stronger Protection of Intellectual Property Stimulate Innovation? ［J］. *Economics Letters*, 2012, 116（1）.

［263］ Keller Kevin Lane. Conceptualizing, Measuring, and Managing Customer-Based Brand Equity ［J］. *Journal of Marketing*, 1993, 57（1）.

［264］ Kirmani, Amna and Hans Baumgartner. Reference Points Used in Quality and Value Judgments ［J］. *Marketing Letters*, 2000, 11（4）: 299-310.

［265］ Kondo E. K. The Effect of Patent Protection on Foreign Direct Investment ［J］. *Journal of World Trade*, 1995, 29: 97-122.

［266］ Lasić Ines. Pharmaceutical Patents: General Characteristics and Current Issues in the International context ［J］. *Pravni Zapisi*, 2014, 5（1）: 176-196.

［267］ Lesser W. The Effects of TRIPS-mandated Intellectual Property Rights on

Economic Activities in Developing Countries [J]. *World Intellectual Property (WIPO) Studies*, 2001, 1: 1-24.

[268] Liu G., Zhang Q., Yin G., et al. Spatial Distribution of Geographical Indications for Agricultural Products and Their Drivers in China [J]. *Environmental Earth Sciences*, 2016, 75: 1-10.

[269] Lubinga M. H., Ngqangweni S., Van der Walt S., et al. Geographical Indications in the Wine Industry: Does It Matter for South Africa? [J]. *International Journal of Wine Business Research*, 2021, 33 (1): 47-59.

[270] Mansfield Edwin. *Intellectual Property Protection, Direct Investment and Technology Transfer: Germany, Japan, and the United States* [M]. World Bank Publications 1995-09-30.

[271] Marcello De Rosa. The Role of Geographical Indication in Supporting Food Safety: A Not Taken for Granted Nexus [J]. *Italian Journal of Food Safety*, 2015, 4 (4).

[272] Peter H. Farquhar. Managing Brand Equity [J]. *Journal of Advertising Research*, 1990, 30 (4).

[273] Sepúlveda W S, Maza M T, Pardos L, et al. Farmers' attitudes towards lamb meat production under a Protecte Dgeographical Indication [J]. *Small Ruminant Research*, 2010, 94 (1, 3): 90. 97.

[274] Rapp R. T., Rozek R. P.. Benefits and Costs of Intellectual Property Protection in Developing Countries [J]. *World Trade*, 1990, 24: 75.

[275] Romer P. Increasing Return Sand Long-Run Growth [J]. *Journal of Political Economy*, 1986, 94.

[276] Sciarra Alessandro Francesco, Gellman Louise. Geographical Indications: Why Traceability Systems Matter and How They Add to Brand Value [J]. *Journal of Intellectual Property Law & Practice*, 2012, 7 (4).

[277] Sheth J. N., Newman B. I., Gross B. L., Why We Buy What We Buy: A

Theory of Consumption Values [J]. *Journal of Business Research*, 1991, 22 (2): 159-170.

[278] Singh Anupam, Verma Priyanka. Driving Brand Value Through CSR Initiatives: An Empirical Study in Indian Perspective [J]. *Global Business Review*, 2018, 19 (1).

[279] Sinha I., Batara R. The Effect of Consumer Price Consciousness on Private Label Purchase [J]. *International Journal of Research in Marketing*, 2005, 16 (3): 237-251.

[280] Steenkamp, J. B. Conceptual Model of the Quality Perception Process [J]. *Journal of Business Research*, 1990, 21: 30-33.

[281] Stephen Owusu-Ansah. The Impact of Corporate Attribites on the Extent of Mandatory Disclosure and Reporting by Listed Companies in Zimbabwe [J]. *International Journal of Accounting*, 1998, 33 (5).

[282] Sunil Kanwar. Business Enterprise R & amp; D, Technological Change, and Intellectual Property Protection [J]. *Economics Letters*, 2006, 96 (1).

[283] Ted O'Donoghue, Josef Zweimüller. Patents in a Model of Endogenous Growth [J]. *Journal of Economic Growth*, 2004, 9 (1).

[284] Umesh Sharma, Qianyu Wang, Howard Davey, et al. Intellectual Capital Disclosure by Chinese and Indian Information Technology Companies [J]. *Journal of Intellectual Capital*, 2016, 17 (3): 507-529.

[285] Walter G. Park. International Patent Protection: 1960—2005 [J]. *Research Policy*, 2008, 37 (4).

[286] William Van Caenegem, Kana Nakano. Standard Trade Marks, Geographical Indications and Provenance Branding in Australia: What We Can Learn from King Island [J]. *The Journal of World Intellectual Property*, 2020, 23 (5-6).

[287] Woo E, Kim Y. G. Consumer Attitudes and Buying Behavior for Green Food

Products: From the Aspect of Green Perceived Value (GPV) [J]. *British Food Journal*, 2019.

[288] Zeghal D., Ahmed, S. A. Comparison of Social Responsibility Disclosure Media Used by Canadian Firms [J]. *Accounting Auditing and Accountability Journal*, 1990 (3): 38-53.

[289] Zeithaml V A. Consumer Perceptions of Price, Quality, and Value: A Means-end Model and Synthesis of Evidence [J]. *Journal of Marketing*, 1988, 52 (3): 2-22.

后　记

　　随着《贵州省白酒行业知识产权保护研究》这本专著的篇章落幕，我们不仅仅是结束了一场学术探索，更是为贵州省白酒行业的发展提供了一份厚重的参考资料。本研究从宏观和微观两个层面，深入分析了知识产权保护在白酒产业中的核心地位及其对产业发展的推动作用。通过对贵州省白酒行业现状的梳理，我们发现，尽管贵州茅台酒在全球范围内享有盛誉，但在知识产权保护方面，尤其是地理标志保护、商标权利运用、专利技术创新及无形文化遗产的传承方面，仍存在诸多亟待解决的问题。

　　我们详细考察了贵州省白酒企业在知识产权申请、运用、保护和管理方面的实践情况，特别是以茅台酒作为研究案例，展现了其在保护知识产权方面的先进做法及面临的挑战。通过这些深入的案例分析，我们试图为读者揭示知识产权保护不仅是法律问题，更是一个涉及企业战略、产业升级、文化传承与创新发展的复杂议题。

　　在提出解决方案的过程中，我们强调了构建多方参与的知识产权保护机制的重要性。政府、企业、行业协会以及社会各界都应发挥各自的作用，形成合力，共同推动贵州省白酒行业的知识产权保护工作。具体而言，政策制定者需要进一步完善法律法规，提高侵权成本，加大执法力度；企业则应加强知识产权意识，积极进行知识产权的申请与运用，通过技术创新和品牌建设提升自身的核心竞争力；行业协会和专业机构则应发挥桥梁和纽带作用，为企业提供知识产权信息服务，开展培训和宣传，提高整个行业的知识产权保护水平。

　　我们还特别关注了知识产权保护与文化遗产保护的融合。贵州省白酒行业的发展离不开丰富的文化底蕴和传统工艺，保护知识产权的同时，也应致力于无形文化遗产的保护与传承。通过案例分析，本研究展示了如何在尊重传统的基础上进行创新，如何将传统工艺与现代市场需求相结合，实现文化与经济的双重增值。

　　未来，随着全球化进程的加快和国际竞争的激化，知识产权将成为企业乃至整个产业竞争的关键。《贵州省白酒行业知识产权保护研究》的完成，旨在为贵州省乃至全国的白酒行业提供一个参考框架，帮助其在全球化的大背景下，更好地利用知识，在竞争中保持领先地位，强化自我保护，提升国际影响力。

　　本书的完成，得益于多方面的支持与协助。首先，要感谢参与本研究的所有专家学者和业界人士，他们的见解和宝贵经验为本书的质量提供了坚实的保障。特别要感谢贵州省知识产权局为本书的撰写提供了大量的资料，感谢茅台学院仇敏、王芳、游媛、高洁、吴梦丽、罗丹、王玉芳、王兵、张艺萌、王泽、杨璟菡等同学的辛勤付出！同时，也要感谢家人和朋友的理解支持，没有他们的鼓励，完成这样一项庞大工程是不可能的。

　　回望过去，我们充满感慨；展望未来，我们充满希望。随着知识产权保护意识的不断提高和保护力度的不断加强，相信贵州省白酒行业将会迎来更加繁荣的发展前景。愿本书的出版能够为贵州白酒行业的发展贡献一份力量，也希望更多的人能够关注并参与知识产权保护的伟大事业中来。